普通高等院校经济管理类"十四五"应用型精品教材

【市场营销系列】

营销渠道管理

MARKETING CHANNEL
MANAGEMENT

第 4 版

郑锐洪 编著

机械工业出版社
CHINA MACHINE PRESS

营销渠道是构成经典营销4P组合的核心要素，现代企业可以通过营销渠道的规划建设创建竞争优势。本书立足渠道管理的实际工作过程，遵循营销渠道认知、营销渠道建设、营销渠道管理、营销渠道维护与创新的实践逻辑编写，突出了理论的系统性、可读性和策略方法的本土化、实用性。

本书凝结了作者多年的渠道管理经验，理论精练，案例丰富，配套资源完善，适合作为普通高等院校市场营销等专业的教材，也可作为MBA及企业内训的专业参考书。

图书在版编目（CIP）数据

营销渠道管理/郑锐洪编著．—4版．—北京：机械工业出版社，2024.5（2025.7重印）

普通高等院校经济管理类"十四五"应用型精品教材．市场营销系列

ISBN 978-7-111-75335-3

Ⅰ.①营⋯　Ⅱ.①郑⋯　Ⅲ.①购销渠道－营销管理－高等学校－教材　Ⅳ.①F713.1

中国国家版本馆CIP数据核字（2024）第054870号

机械工业出版社（北京市百万庄大街22号　邮政编码100037）
策划编辑：施琳琳　　　　　责任编辑：施琳琳
责任校对：高凯月　张　薇　责任印制：张　博
北京铭成印刷有限公司印刷
2025年7月第4版第3次印刷
185mm×260mm・16印张・356千字
标准书号：ISBN 978-7-111-75335-3
定价：49.00元

电话服务　　　　　　　　网络服务
客服电话：010-88361066　机　工　官　网：www.cmpbook.com
　　　　　010-88379833　机　工　官　博：weibo.com/cmp1952
　　　　　010-68326294　金　书　网：www.golden-book.com
封底无防伪标均为盗版　　机工教育服务网：www.cmpedu.com

PREFACE 前言

渠道如水，顺势而为

营销大师菲利普·科特勒认为，营销的本质是"顾客价值"的创造与传递，而营销渠道正是企业传递、实现顾客价值的重要途径。换句话说，渠道的作用在于使产品或服务从生产者转移到消费者的过程顺畅、高效，其本质在于为顾客创造价值。营销渠道是构成经典营销 4P 组合的重要环节，因为"企业要想通过产品、价格或促销战略获得持续性竞争优势已经变得越来越困难"（伯特·罗森布洛姆）。从产品角度，任何一家企业希望通过产品差异化获取持续的竞争优势都是相当困难的；从价格角度，随着经济全球化与共享经济等新业态的出现，价格竞争的空间会越来越小；从促销角度，因为信息爆炸，即使很高明的促销策略其生命周期也变得非常短暂。但是，从渠道角度，构建差异化的渠道结构对企业来说是有可能的，而且独特的、本土化的渠道可以形成持久竞争优势。党的二十大报告提出，应当加快构建新发展格局，着力推动高质量发展，并指出"高质量发展是全面建设社会主义现代化国家的首要任务"。在加快构建以国内大循环为主体、国内国际双循环相互促进的新发展格局进程中，企业营销渠道的规划、建设、管理、创新都将发挥重要作用。

纵观现代消费品的营销"价值链"，渠道是其中最为复杂微妙、最难以掌控又最具潜在能量和张力的要素。在整个营销体系中，渠道作为一条主线，将企业的产品、品牌、服务、价格、促销以及货物、资金、人力、信息、管理等营销要素有机地串联起来，产生了协同效应，实现了营销的价值。打个比方，就好像一条"珍珠项链"，如果各种营销要素是那一颗颗的"珍珠"，渠道就是串联起所有营销"珍珠"的那条"链子"，它在企业营销工作中的地位举足轻重。渠道日益成为企业创建持久竞争优势的主要力量，不少企业将渠道作为无形资产来经营。事实上，我国营销实务界也有"渠道驱动"和"品牌驱动"两大流派的分野。根据"渠道驱动"论，企业可以通过渠道规划与建设创建自己的竞争优势并形成核心竞争力，特别是对中小企业来说，渠道的地位与作用尤为显著。

从教学角度，渠道管理属于市场营销专业深化拓展课程，是整体营销理论体系的重要组成部分。鉴于渠道管理在企业营销中的重要地位，很多本科、高职院校和 MBA 教育机构陆续开设了该门课程。但问题是，由于渠道管理十分注重实战性，因此高校渠道管理教学往往缺乏师资，好的渠道管理教材也不多，这是影响这门学科发展的重要原因，所幸这种情况正在改观，渠道管理课程也在各高校陆续开设。

从教材来看，国外具有代表性的教材包括伯特·罗森布洛姆的《营销渠道：管理的视野》和安妮·T. 科兰等人的《营销渠道》等。虽然其内容具有系统性、逻辑性，案例丰富，印制精美，但文字有些晦涩，方法不具有充分的可操作性，因为案例大多来自美国，不适合我国国情，这是大多数译著的通病。国内现有的渠道管理教材大多是借鉴美国学者的渠道管理理论和美国的实践经验，缺乏可读性和实用性，不能有效解决本土渠道管理问题。面对复杂多样的中国市场环境，仅仅依靠西方的渠道管理理论来解决中国的渠道管理问题是远远不够的，但要编写一本具有实用价值的渠道管理教材也不是一件容易的事情，它对编著者的理论水平和实践经验提出了挑战。所幸笔者曾在企业任销售经理八年，对渠道管理有着丰富的经验和深刻的感悟，又在高校任教讲授渠道管理课程十余年，在此期间发表了多篇有关渠道的研究论文，这为本教材的编著质量和应用价值提供了强有力的保障。

本教材定位为应用型本科以及高职院校的专业应用型教材，编著时是以企业渠道管理的"实际工作过程"为逻辑展开的。全书本着渠道系统论、动力论与控制论的思想，从营销渠道认知、营销渠道战略模式、营销渠道结构设计、营销渠道成员选择、营销渠道成员激励、营销渠道权力与控制、营销渠道冲突与解决、营销渠道维护与创新等八个方面诠释了企业营销渠道管理的真谛。本教材特别设置了深度分销与渠道扁平化，直销、传销与非法传销，渠道的"逆向重构"，渠道成员选择的误区，渠道激励的"三大法宝"，渠道"助销模式"，建立渠道"伙伴关系"，新零售时代的全渠道营销等专题，其中很多章节都是独家原创内容，是编者多年企业渠道管理经验的结晶，具有很强的可操作性和宝贵的实用价值，特别适合本科院校和高职院校市场营销等经济管理类专业教学，也是 MBA 教学和企业内训不可多得的专业参考书。

为了奉献一本学生好学、教师好用的经典好教材，编者特别注重渠道理论的创新性以及方法策略的可操作性，注重理论与实践的融合，注重方法策略向管理技能的转化。全书站在生产企业的角度谈渠道管理，突出渠道管理的战略及策略内容，体现出理论的系统性、可读性和方法策略的本土化、实用性，同时融入思政教育，体现时代特征。

本教材具有以下几个特点。

1. 体系完整

本教材遵循企业营销渠道管理的"认知→战略→设计→成员选择→激励→控制→冲突与解决→维护与创新"的实践逻辑设计结构内容，构建渠道管理课程循序渐进的知识模块和能力模块，便于学生学习和理解掌握。

2. 理论可读

本教材在编写过程中尽量避免使用晦涩的语言和冗长的语句阐述理论，力求深入浅出、清晰流畅，本着"理论够用"的原则，用简明扼要的语言准确传达渠道管理的思想、策略与方法要领，同时紧跟本领域最新发展，补充渠道管理的前沿知识。

3. 方法实用

本教材特别重视充实操作策略与方法部分的内容，其中不少策略与方法都是编者多年营销经验的总结，如寻找客户的"反向追踪法"、处理客情关系的"距离感原则"、应收账款的过程控制、渠道的窜货问题及其治理方法等。

4. 案例丰富

渠道管理具有很强的实践性，因此，本教材在编写过程中采用了大量案例，且尽量采用本土化案例、新近的案例以及发生在我们身边的案例，有些甚至是编者根据亲身经历编写的案例，以增强案例的贴切性与说服力。

5. 与时俱进

营销渠道的功能在于解决企业产品或服务的有效分销以及消费者购买（消费）的便利性问题，这既是一个企业经营问题，也是一个社会民生问题，而营销渠道的建设与完善担负着及时、快速、有效地满足人民群众美好生活需要的重任。本教材以习近平新时代中国特色社会主义思想为指导，充分体现新时代营销渠道管理的新要求、新趋势，并将课程思政元素融入教材。

《营销渠道管理》自2012年出版以来，得到国内各本科院校和高职院校师生的广泛认同，后经历两次再版，发行量累计超过10万册。本着打造一本中国特色渠道管理精品教材的思想，出版社和编者决定修订出版第4版，目的是与时俱进，补充渠道管理领域的新理论、新知识、新方法、新案例，以适应新的企业竞争环境。近年来，电子商务特别是移动终端的兴起对传统渠道形成了巨大的冲击，渠道管理领域也出现了一些新的情况、新的问题，为此，本次修订特别关注了当下新媒体渠道、新零售与全渠道管理问题，充实了相关知识与案例。为便于学习与训练，本教材各章均设计了开篇案例与综合案例分析，各章都配备了测试题和训练设计。同时，为了给教学提供方便，我们在配套资源库中提供了课程PPT、模拟考试试卷、思政教学大纲、电子教案等资料，用书教师可向出版社或编者索取。

本教材由天津工业大学经济与管理学院郑锐洪教授独立编著。书中纳入了编者多年的理论研究成果，也凝聚了编者多年的教学经验和渠道管理经验，是编者十多年来对渠道思考和研究的力作，其中不乏独特的感悟和独创的操作方法，以及丰富的、具有说服力的案例。本教材参考和借鉴了国内外营销同仁的部分成果，也借用了媒体上的一些精彩案例，编者在此表达诚挚的谢意！感谢全国高校师生及同仁对本教材的厚爱，感谢机械工业出版社为本教材出版所做出的努力，这本教材是我们共同努力的结果。最后想说，即便编者在编写和修订过程中付出了十分的努力，但由于个人知识、能力所限，掌握的资料也有限，还是觉得有不尽如人意的地方，也难免有错漏和不足之处，还望各位专家、读者不吝批评指正。

编者邮箱：ruihong2003@126.com。

编者

2024年1月

教学建议 SUGGESTIONS

教学目的

营销渠道管理属于具有实践性的营销专业拓展课程，要求渠道管理理论要与市场实际相结合，以解决我国市场的渠道管理问题。同时，渠道管理的策略和方法还要具有实效性和可操作性。因此，本课程教学的目的在于通过营销渠道管理专题理论的演绎和典型案例的分析讨论，使学生能够树立现代渠道观，能够用系统论、动力论、控制论的思维去审视渠道和运营渠道，掌握渠道管理的前沿理论知识，了解中国特色渠道管理的系统策略和方法，从而帮助企业提高渠道管理工作绩效，服务于社会主义现代化强国建设。

前期需要掌握的知识

管理学原理、市场营销学等课程相关知识。

课时分布建议

教学内容	学习要点	课时安排		案例使用建议
		市场营销专业	非市场营销专业及 MBA 学员	
第1章 营销渠道认知	1. 了解营销渠道的概念与内涵 2. 认识营销渠道的功能和特点 3. 讨论营销渠道的地位与作用 4. 分析我国营销渠道领域的新发展 5. 讨论深度分销与渠道扁平化趋势	4	2	综合案例
第2章 营销渠道战略模式	1. 了解商品分销的战略选择 2. 讨论传统渠道与新兴渠道模式 3. 分析复合渠道模式与其他无店铺渠道模式 4. 探讨现代新媒体渠道特征 5. 讨论直销、传销与非法传销	6	4	综合案例
第3章 营销渠道结构设计	1. 认识渠道设计的原则和目标 2. 熟悉渠道设计的环节和过程 3. 了解渠道设计的影响因素 4. 掌握渠道设计的策略与方法 5. 讨论渠道的"逆向重构"	4	4	综合案例

（续）

教学内容	学习要点	课时安排		案例使用建议
		市场营销专业	非市场营销专业及 MBA 学员	
第 4 章 营销渠道成员选择	1. 确立渠道成员选择的原则 2. 认识渠道成员选择的标准 3. 了解渠道成员选择的途径与方法 4. 学习渠道成员资信评估与风险防范方法 5. 讨论渠道成员选择的误区	4	4	综合案例
第 5 章 营销渠道成员激励	1. 了解渠道激励的概念与内涵 2. 认识渠道激励的地位和作用 3. 领会渠道激励的原则和内容 4. 掌握渠道激励的策略与方法 5. 讨论返利和渠道促销的操作 6. 讨论渠道激励的"三大法宝"	6	4	综合案例
第 6 章 营销渠道权力与控制	1. 了解渠道权力的概念与内涵 2. 认识渠道控制的实质与特点 3. 掌握提高渠道控制力的策略与方法 4. 讨论应收账款的过程控制问题 5. 讨论商品"助销模式"的软控制	6	4	综合案例
第 7 章 营销渠道冲突与解决	1. 了解渠道冲突的内涵 2. 认识渠道冲突的根源及实质 3. 分析渠道冲突的表现形式 4. 掌握渠道冲突的处理策略 5. 讨论窜货及其治理问题 6. 讨论渠道伙伴关系的建立	6	4	综合案例
第 8 章 营销渠道维护与创新	1. 了解渠道产品优化与渠道维护 2. 认识渠道价格的协调与控制 3. 探讨渠道促销的力度与频度 4. 讨论渠道客情关系维护问题 5. 分析渠道调整与完善问题 6. 探讨我国营销渠道的创新发展	6	2	综合案例
复习考试	随堂考试	3	2	—
课时总计		45	30	—

说明：

（1）在课时安排上，对于市场营销专业，作为专业核心课程建议按照 45 个学时安排；对于非市场营销专业及 MBA 学员，作为专业拓展课程建议按照 30 个学时安排。

（2）课堂讨论、案例分析的时间已经包含在各个章节的教学课时中。

目录 CONTENTS

前言
教学建议

第 1 章　营销渠道认知 / 1

开篇案例　三只松鼠的线上渠道与线下布局 / 1

1.1　营销渠道的概念界定 / 2
1.2　营销渠道的功能及特点 / 6
1.3　营销渠道的地位和作用 / 11
1.4　我国营销渠道的演进与新变化 / 15

专题一　深度分销与渠道扁平化 / 21
测试题 / 24
训练设计 / 25
综合案例　海天下沉渠道，深耕市场 / 25

第 2 章　营销渠道战略模式 / 27

开篇案例　小米电商渠道模式的新发展 / 27

2.1　商品分销的战略选择 / 28
2.2　传统营销渠道模式 / 32
2.3　新兴营销渠道模式 / 37
2.4　其他无店铺渠道模式 / 46

专题二　直销、传销与非法传销 / 53
测试题 / 57
训练设计 / 58
综合案例　盒马鲜生 OAO 双店模式颠覆传统零售概念 / 58

第 3 章　营销渠道结构设计 / 60

开篇案例　屈臣氏公司的渠道组合设计 / 60

3.1　渠道设计的内涵 / 61
3.2　渠道设计的原则和目标 / 67
3.3　渠道设计的影响因素 / 71
3.4　渠道设计的过程和方法 / 76

专题三　渠道的"逆向重构" / 81
测试题 / 84
训练设计 / 85
综合案例　DHC 独特的通信销售渠道设计 / 85

第 4 章　营销渠道成员选择 / 87

开篇案例　好的渠道商实在太稀缺了 / 87

4.1　渠道成员选择的原则 / 88
4.2　渠道成员选择的标准 / 90
4.3　渠道成员选择的途径与方法 / 97

4.4 渠道成员资信评估与信用管理 / 104

专题四 渠道成员选择的误区 / 109

测试题 / 112

训练设计 / 112

综合案例 M 瓷砖选择和培育经销商的成功心法 / 113

第 5 章 营销渠道成员激励 / 115

开篇案例 LG 电子是如何激活渠道的 / 115

5.1 激励与渠道激励 / 116

5.2 渠道激励的内容与形式 / 121

5.3 渠道激励的原则和方法 / 124

5.4 返利与渠道促销 / 126

专题五 渠道激励的"三大法宝" / 135

测试题 / 137

训练设计 / 138

综合案例 可口可乐的分层渠道激励 / 138

第 6 章 营销渠道权力与控制 / 140

开篇案例 中国移动与渠道商的战略合作 / 140

6.1 渠道权力 / 141

6.2 渠道控制 / 144

6.3 渠道控制的策略与方法 / 151

6.4 应收账款的过程控制 / 156

专题六 渠道"助销模式" / 165

测试题 / 168

训练设计 / 168

综合案例 相宜本草：多渠道协调平衡 / 169

第 7 章 营销渠道冲突与解决 / 171

开篇案例 樱花卫厨如何利用渠道冲突 / 171

7.1 渠道冲突及其类型 / 172

7.2 渠道冲突的实质和根源 / 179

7.3 渠道冲突的处理策略 / 184

7.4 窜货及其治理方法 / 187

专题七 建立渠道"伙伴关系" / 195

测试题 / 199

训练设计 / 200

综合案例 小米应该如何化解渠道冲突 / 200

第 8 章 营销渠道维护与创新 / 203

开篇案例 鲁花靠真情投入赢得客户 / 203

8.1 渠道产品优化决策 / 204

8.2 渠道价格体系控制 / 207

8.3 渠道促销节奏平衡 / 212

8.4 渠道客情关系维护 / 217

8.5 渠道的调整与完善 / 221

8.6 我国营销渠道的创新发展 / 225

专题八 新零售时代的全渠道营销 / 238

测试题 / 242

训练设计 / 243

综合案例 公牛：精细化渠道运作与维护 / 243

参考文献 / 246

CHAPTER 1　第 1 章

营销渠道认知

章首语

从企业角度,营销渠道的功能在于帮助企业实现产品或服务的销售、传递、实现企业的经营价值;从顾客角度,营销渠道的作用在于为消费者购买、消费产品或服务提供场所和机会,解决消费者购买的便利性问题。党的二十大报告明确提出,要全面建成社会主义现代化强国。渠道的建设与完善担负着及时、快速、有效地满足人民群众美好生活需要的责任,影响着人们的生活质量及幸福感、满足感。渠道建设应在我国商品流通与经济建设过程中贡献自己的力量,助力形成中国特色的商品流通解决方案。

学习目标

1. 了解营销渠道的概念与内涵。
2. 认识营销渠道的功能和特点。
3. 讨论营销渠道的地位与作用。
4. 分析我国营销渠道领域的新发展。
5. 讨论深度分销与渠道扁平化趋势。

开篇案例

三只松鼠的线上渠道与线下布局

安徽三只松鼠电子商务有限公司(简称三只松鼠)2012 年成立于安徽芜湖,是一个以互联网为依托,利用天猫、京东、当当等 B2C 平台从事坚果、干货、茶叶等"森林食品"经营的公司,也是一家通过线上销售崛起的明星食品企业。翻看过往的业绩,三只松鼠成功打造出多款"现象级"坚果产品,创造了一个又一个销售"神话",其每日坚果系列产品销售额近年来稳居天猫混合坚果品类前列。据 2020 年财务报告显示,三只松鼠营业收入为 97.94 亿元,其中坚果类产品营业收入为 48.48 亿元,超过竞争品牌良品铺子、洽洽、百草味及其母公司好想你 2020 年坚果类产品营业收入之和。

2021年以后，三只松鼠在发挥其线上渠道优势的同时，重点布局拓展线下分销业务，开展全新渠道营销。在近几年线下经济整体不景气的背景下，有极少数企业逆流而上，扎进线下的竞争大潮中，其中要数三只松鼠最具代表性。依靠互联网起家，已成为电子商务（简称电商）领域发展传奇的三只松鼠开始大规模招聘销售"战区"/省区主管以及分销管理培训生等多个岗位人才，而且十分明确地要求候选人具备线下快速消费品销售经验、商超运营管理经验、经销商客户资源。三只松鼠在九周年庆当天正式发布了"聚焦坚果 多品牌 全球化"的经营战略，直指到2030年实现"千亿目标"的愿景，三只松鼠要实现"千亿目标"必然要依靠线上、线下分销业务的全面发力。

三只松鼠对于线下分销业务已经做好了战略层面与战术层面的全面规划。此次三只松鼠针对线下的布局，可谓是乘胜之威，统筹线上线下营销结构，为三只松鼠下一步的高速增长蓄力。从产品、渠道到组织架构，三只松鼠的线下战略并不是简简单单开店而已。新的业务、品牌及渠道战略已经开启，不破不立的三只松鼠大力开启调整，作为首个销售额破百亿的休闲零食企业，我们期待三只松鼠给市场带来创新与发展。

资料来源：根据三只松鼠官方网站相关资料整理编写。

问题思考：三只松鼠在营销渠道建设方面有什么特点？

1.1 营销渠道的概念界定

营销渠道的建立是为了解决企业产品或服务的价值传递、价值实现以及消费者购买的便利性问题。现代消费者期望更简单、更便捷和更加无缝对接的购物体验，为了能够获得想要的产品和服务，消费者需要更多、更优质的营销渠道，即考虑何时、何地和以何种方式便利地获得的问题，因此，加强营销渠道建设是企业经营的重要问题、重要环节。

1.1.1 营销渠道

在汉语中，"渠道"二字原意为"沟渠、河道"，即"在河湖或水库等的周围开挖的水道，用来引水排灌"。对于企业的销售工作而言，渠道的寓意很明显，就是首先要有河湖或水库（源源不断的产品），其次就是需要开挖水道（建设渠道网络），目的是引水排灌（实现销售和满足需求）。我们用"渠道"来描述商品流通的现象，认为在商品从制造商到消费者的流通过程中，自然形成了商品分销的轨迹，即商品的营销渠道。

根据美国学者伯特·罗森布洛姆的观点，"营销渠道是为实现分销目标而受管理控制的外部关联组织"，"营销渠道的本质——使消费者能够方便地在任何时间、任何地点以任何方式购买到他们想要的产品与服务"，企业通过渠道建立"与消费者的接触"，渠道充当了企业与消费者之间的"桥梁"功能。

美国学者安妮·T.科兰认为，"营销渠道不仅以适当的地点、价格、数量和质量来提供商品和服务以满足人们的需求，而且能通过有关单位（如零售商、批发商、企业销售部、办事处）的促销活动刺激需求。因此，我们应当把营销渠道看成一个和谐的网络系统，它通过提供时间、地点、销售形式、产品和服务为最终用户创造价值"。

而营销大师菲利普·科特勒则认为，营销的根本在于创造顾客价值和传递顾客价值，企业通过渠道"传递产品或服务价值，实现顾客价值"。

本书采用美国市场营销协会（American Marketing Association，AMA）关于渠道的定义：分销渠道又被称为营销渠道，是指参与商品所有权转移或商品买卖交易活动的中间商所组成的统一体。渠道成员包括商品或服务的提供者、中间分销机构和顾客。

一个更加通俗的定义是：企业赖以将其产品或服务有效销售出去的所有中间环节或过程，构成该企业的营销渠道。因此，营销渠道也被称为"销售通路""流通渠道"或"分销渠道"，它是企业分销活动的载体。

在这里，商品分销渠道的起点是制造商（供应商），终点是消费者（个人或组织），中间分销机构（分销商）环节包括经销商、批发商、代理商、终端零售商、电商平台、经纪人等，这些共同构成了商品分销的链条（chain），即分销链。需要说明的是，本书中制造商与供应商、中间商与分销商、分销渠道与营销渠道经常在同一意义上使用。企业营销渠道可直接可间接，可长可短，可宽可窄，视具体企业、具体商品的情况而设计，不同层级的消费品营销渠道如图1-1所示。

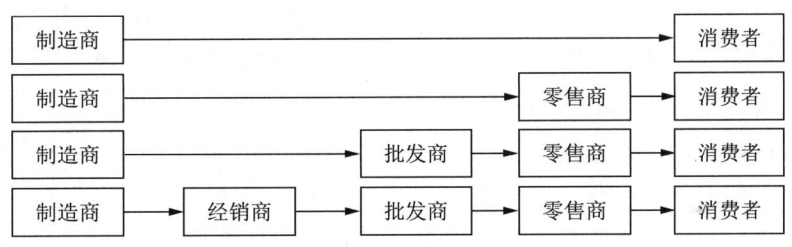

图1-1 不同层级的消费品营销渠道

营销渠道的概念可以从制造商（供应商）、中间商（分销商）、消费者（顾客）和营销研究者四个视角来理解。在生产企业看来，它需要集中不同的中间商，将自己生产的产品送到消费者手中，因而，通常以产品在不同渠道成员之间的流转来理解营销渠道。

国内外学者或机构对分销渠道/营销渠道的概念进行了不同的界定，如表1-1所示。

表1-1 国内外学者或机构对分销渠道/营销渠道的界定

学者或机构	对分销渠道/营销渠道的界定
美国市场营销协会	"企业内部和外部的代理商和经销商的组织机构，通过它们的运作，商品才得以上市销售"
著名的营销学家斯特恩	"分销渠道是促使产品或服务顺利流通到消费者手中，被消费或使用的一整套相互依存的组织"
美国学者迈克尔·R.辛科塔等	"分销渠道又叫作营销渠道，是由为消费者和商业用户创造时间、地点和所有权效用的机构所构成的网络"
美国学者伯特·罗森布洛姆	"营销渠道是为实现分销目标而受管理控制的外部关联组织"，企业通过渠道建立"与消费者的接触"。"营销渠道的本质是使消费者能够方便地在任何时间、任何地点以任何方式购买到他们想要的产品与服务"
美国学者佩尔顿	"在获得、消费、处置产品和服务的过程中，为了创造顾客价值而建立的各种交换关系"

(续)

学者或机构	对分销渠道/营销渠道的界定
美国学者菲利普·科特勒	"大多数生产商都要和营销中介机构打交道,以便将其产品提供给市场,营销中介机构组成了分销渠道(也称为贸易渠道或营销渠道),分销渠道是促使产品或服务顺利地被使用或消费的一整套相互依存的组织"
美国学者艾斯利、科兰等	"营销渠道可以看成一系列相互独立的组织机构,它主要从事为最终的消费或使用提供产品或服务的活动。""营销渠道不仅以适当的地点、价格、数量和质量来提供商品和服务以满足人们的需求,而且能通过有关单位(如零售商、批发商、企业销售部、办事处)的促销活动刺激需求。因此,我们应当把营销渠道看成一个和谐的网络系统,它通过提供时间、地点、销售形式、产品和服务为最终用户创造价值"
我国学者李飞	"分销渠道是指商品所有权从生产者或商人手中转移至消费者手中所经过的路径;营销渠道是指采购原材料和销售产成品引起所有权转移所经过的路径"

其中分销的概念是相对于直销而言的,分销体现出销售的多个层次和环节,体现了销售的过程性。分销相对于直销还显示出对目标市场的扩散效应,具有市场覆盖的优势,往往为大多数消费品企业所采用。而在我国营销界,大多把"分销渠道"和"营销渠道"等同使用,不去做严格的区分。

1.1.2 营销渠道是一个系统

美国学者伯特·罗森布洛姆认为,"这些营销渠道和参与其中的人员构成了一个复杂、动态的系统"。根据系统论的思想,系统是由多个相互联系的个体要素所组成的统一体。系统各要素之间相互影响、相互作用、相互制约,并且和外部进行着物质和能量的交换,由此形成系统的运行动力。系统存在于一定的环境当中,在与环境进行物质、能量和信息交换的同时,在投入、转换、产出的过程中不断进行着自我调节,以获得自身的发展。

营销渠道是一个自循环的系统。系统本身具有其内在的动力源泉,那就是渠道利益的分配,其控制机制在于渠道利益的平衡。渠道系统具有开放性、整体性、能动性的特点。

换句话说,渠道各要素、各成员之间因为利益关系而成为一个上下游相互紧密衔接、互动的交易整体和系统,成为一条渠道"价值链",体现出营销渠道作为一个系统的特征。企业的产品、服务和品牌通过在这条渠道价值链中的流动实现其价值增值,顾客也在其中满足自己的需求和获得使用价值,并由此达到企业的经营目标,如图1-2所示。

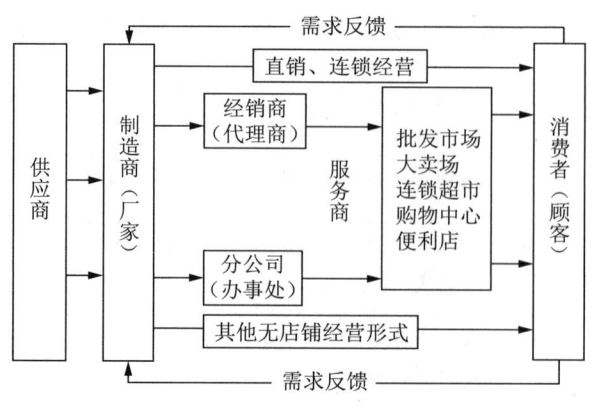

图1-2 企业营销渠道运作系统

1.1.3 分销渠道与营销渠道

在经典营销 4P 理论结构中,营销渠道是市场营销 4P 组合策略的重要组成部分(见表 1-2),它解决如何把产品卖出去把钱收回来的问题,构成企业营销策略的重要内容。企业发展的实践证明,"能够把产品卖出去、把货款收回来才是硬道理",怎么卖?通过什么方式卖?怎样卖才更加有效?这些就是营销渠道管理需要解决的问题。

表 1-2 经典营销理论框架结构

经典营销学理论板块	核心内容
一、市场营销理念	营销基本概念、主要营销观念
二、营销环境与机会分析	营销环境分析、消费者行为分析、市场调研
三、市场营销战略(STP)	市场细分(segmentation)、目标市场选择(targeting)、市场定位(positioning)
四、市场营销 4P 组合策略	产品(product)、价格(price)、渠道(place)、促销(promotion)
五、营销管理与创新	营销管理与控制、市场营销创新

资料来源:作者整理。

在西方营销 4P 理论中,place 原意是指实现销售的地点、区域,我国学者在翻译西方营销著作时将 place 意译为渠道、通路,堪比自然界的"渠道""通路",形象传神,体现出中文的逼真性、微妙性,能够很生动地体现出"营销渠道"的行为特征。

其实,在英文中,分销(distribution)及渠道(channel)另有其词,前者指下游的销售,与中文没有歧义,后者指的是管道,如水管、隧道等,组合在一起构成"分销渠道"(distribution channel),有人又将此翻译成"销售通路",意义大致一样,只是用于形象比喻的对象不同而已。后来又有人创造出"营销渠道"(marketing channel),其内容与"分销渠道"也没有太大区别,而且大家习惯了不做具体细分。

在我国的教科书中,大多没有对分销渠道与营销渠道做严格的区别,大多是在同一意义上交替使用。但根据我国学者郭国庆、李飞等人的研究,严格来讲,分销渠道与营销渠道这两个概念是有区别的,两者的内涵大小存在差异,如图 1-3 所示。

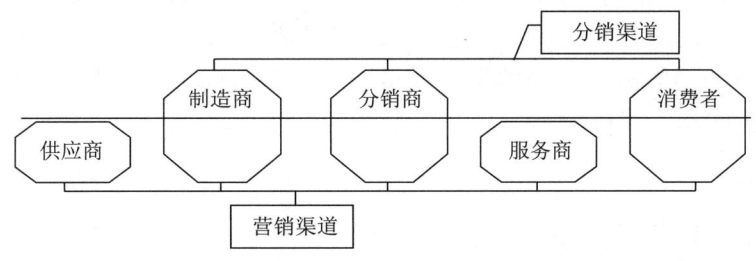

图 1-3 分销渠道与营销渠道区别示意图

一般来讲,分销渠道由制造商→中间商(分销商)→消费者构成,表明的是一个企业的产品从生产→流通→消费的过程,专指产品价值实现的过程,这是专业"分销"的内涵;而营销渠道包括供应商→制造商→中间商(分销商)→服务商→消费者,其价值链更长,内涵更丰富,环节更多、更复杂,除"分销"的内容外,还包含原材料供应过程、分销过程及其他服务机构的管理等。

具体来讲，分销渠道包括：厂家→分销商（经销商、批发商、代理商、终端零售商、经纪人等）→消费者（个人或组织）。

营销渠道包括：供应商（原材料、人力资源、资金等）→厂家→分销商（经销商、批发商、代理商、终端零售商、经纪人等）→服务商（调研、广告、咨询、会计、法律、投资等机构）→消费者（个人或组织）。比如，我们早上喝的一杯咖啡，它的咖啡豆也许来源于哥伦比亚的山区，由山区农民采集，由小贩进山收集，再卖给咖啡原料供应商；供应商再卖给咖啡生产厂家，经过长途货运（或者船运），咖啡豆到达工厂；工厂进一步加工咖啡，进行调味和分装，设计包装和进行营业推广，在这个过程中，市场调研公司、营销咨询公司、广告公司、公共关系公司甚至银行、律师事务所、会计师事务所都可能参与其中，成品咖啡由此进入营销渠道领域，再经过经销商、批发商、零售商等环节，进入百姓家庭，我们才能喝到香浓的咖啡。

显然，营销渠道的内涵和范围要比分销渠道大。我们可以将分销渠道理解为狭义的营销渠道，而广义的营销渠道不但包括商品或服务的分销渠道，还包括供应链和服务链环节。

1.2 营销渠道的功能及特点

在现代企业经营活动中，渠道承担着产品和服务所有权转移的功能。渠道的功能在于使产品从生产者转移到消费者的过程顺畅、高效，其本质在于为顾客创造价值。伯特·罗森布洛姆认为，"营销渠道反过来又影响着成千上万名消费者的生活，使得他们能够借助于营销渠道，从而方便、快捷地享受来自全球的商品和服务"，实际上营销渠道也承担着改善人们生活的重要功能。

1.2.1 营销渠道的流程

营销渠道的各种功能在实际运作中表现为各种流程，使用"流"（flow）的概念，是为了更加形象地表现渠道的系统性、动态性、流动性的特征，企业的产品、服务和品牌通过在渠道中的"流动"实现价值和增值，而消费者因此"流动"获得自己需要的使用价值。这些渠道的功能流由不同的渠道成员在不同的时间、地点和不同的情景下完成，体现出内在的程序性、逻辑性。

1. 实体流

实体流是指产品实体与服务从生产制造商处转移到中间商、零售商处，然后通过中间机构转移到最终消费者处的实体流转过程。

2. 所有权流

随着产品或服务的流转，产品所有权从一个渠道成员转移到另一个渠道成员，这种实际流动构成产品或服务的所有权流。

3. 促销流

促销流是指一个渠道成员通过广告、人员推销、宣传报道、销售促进等活动，对另一个渠道成员或消费者施加影响的过程。

4. 洽谈流

洽谈流是指产品实体和所有权在各渠道成员之间进行流转时，对价格、促销和交易条件所进行的谈判活动和过程。

5. 融资流

融资流是指渠道成员伴随着商品所有权转移而进行的资金融通的活动和过程。渠道成员相互之间可以提供资金融通，如销售商在货物售出后，再向制造商支付货款，就是制造商为销售商提供了资金融通服务，为其提供流动资金。而如果是销售商预付货款，就是销售商为制造商提供资金，从事生产活动。如果是销售商允许消费者以分期付款的方式购买商品，就是销售商为消费者提供了消费融通服务。

6. 风险流

风险流是指各种风险伴随着商品所有权的转移在渠道成员之间的流转。

7. 订货流

订货流是指渠道的下游成员向上游成员发送订单的过程。

8. 支付流

支付流是指货款从下游渠道成员向上游渠道成员流动的过程。如顾客向零售商购买，支付货款，零售商通过银行或其他金融机构向上一级渠道成员支付货款，直到货款到达制造商处。

9. 信息流

信息流是指渠道各个成员之间为了开发新品和促进商品流通而相互传递市场信息的活动。

如上所述，渠道具有九个功能流，如图1-4所示。

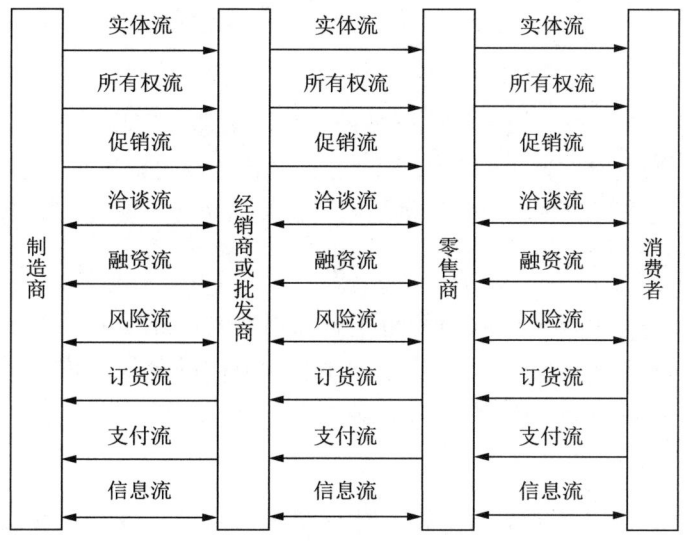

图1-4 营销渠道的运作流程

由此可见,在此九种渠道流程中,实体流、所有权流、促销流是前向流程,即从制造商流向消费者。订货流和支付流是后向流程,是从消费者流向制造商,而洽谈流、融资流、风险流、信息流是双向的。

1.2.2 营销渠道的功能

营销渠道的主要功能是能够使消费者在任何时间、任何地点,以任何方式便利地购买到他们想要的产品与服务。其中,营销渠道在企业营销活动中执行的主要功能是销售,使商品或服务顺利地转移到最终用户手中,同时也发挥着其他一系列辅助功能。营销渠道所发挥的功能主要体现在以下几个方面。

1. 销售功能

企业通过渠道实现产品销售,达到企业经营目标,赢取利润,这是渠道具有的最直接、最基本也是最有效的功能。渠道成员通过富于创造力的方式,把能够满足顾客需要的产品和服务的信息,以顾客乐于接受的形式,传递给消费者,满足消费者需求,实现产品价值,达到赢利目标和市场占有目标。

2. 沟通功能

渠道具有沟通上下游商品信息、联系渠道成员之间客情关系的功能。商品的营销渠道是以产品的流通为载体,实现企业与供应商、中间分销机构及终端消费者相互沟通的桥梁或纽带。通过渠道开展的促销活动,其实质就是与客户之间的沟通。

3. 洽谈功能

洽谈是生产者或经营者寻找潜在的购买者,并与之接触,实现交易的活动。渠道成员之间的关系是交易关系,交易对象的寻找、交易条件的形成、渠道成员之间的权利和义务关系等都需要通过谈判来完成。在具体工作中,洽谈表现为争取订单、形成订单和接受订单等一系列活动。

4. 服务功能

渠道还承担着为下游渠道成员提供服务的功能。从延伸产品的角度来说,服务构成了产品价值的一个重要组成部分,随着产品同质化,现代企业间竞争的焦点在服务,企业通过渠道实现的服务主要指为最终用户所提供的服务,包括送货、安装、维修、信息、培训等。

5. 信息功能

营销渠道成员通过市场调研收集和整理有关消费者、竞争者及市场营销环境中的其他影响者的信息,并通过各种途径将信息传递给渠道内的其他渠道成员。营销渠道通过双向的信息反馈,为企业营销决策提供依据。

6. 物流功能

物流主要是商品在流通环节的运输、储存及配送活动。商品从制造商处出厂到最终用户消费,中间要经过实体产品的运输、储存及配送的过程。渠道就是商品流通的"沟渠"和"水道",是商品流通和实现交易的"通道"。

7. 承担风险功能

承担风险是指在商品流通的过程中,随着商品所有权的转移,市场风险在渠道成员之间的转换和分担。渠道是一个"分销链",有很多个渠道成员或环节,每个渠道成员承担各自的分销责任、获取各自的分销利益、承担各自的分销风险。

8. 融资功能

渠道也是一个融资的通道。不论是制造商品,还是销售商品,都需要投入资金,以完成商品所有权转移和实体流转的任务。渠道成员为执行渠道功能需要进行独立的投资,产品通过渠道的销售实现产品价值的同时实现资金的流通。渠道组织的独立融资,使生产厂家能够很快地回收资金,提高其资金的使用效率。

1.2.3 营销渠道的特点

渠道要素是所有营销要素中最为复杂的要素,产品、品牌、价格、资金、人员、广告、促销、客户关系、服务等都通过渠道这条"价值链"来整合和实现其价值。渠道又是千变万化的,随着经济发展水平的差异,地区文化、习惯的不同,渠道表现出明显的差异。但从总体来讲,渠道具有以下几个方面的特点。

1. 本地化

由于每一个地区消费者的购物习惯不同,因此每一个企业在每一个地区的营销渠道都具有本地的特征,都打上了当地人们消费文化的烙印。比如,上海人购物喜欢去超市,因为超市环境好,产品质量有保障,购物有面子,所以,上海的连锁超市非常发达;反观广州就不一样,广州人比较喜欢平民化生活,购物还是喜欢去自由市场(如菜市场),甚至喜欢就在楼下小巷里的小店里买东西,所以,广东的"士多店"很发达。

2. 排他性

渠道的排他性指的是有些渠道中如果某一类产品被某一个企业或品牌抢先占领,那么其他企业或品牌就很难进入,就可能被排斥到该渠道之外。比如,某学校的食堂,这是一个特殊渠道,又叫"特殊通道",每个月会消耗大量的大米、食用油、味精等,因此是一个很好的大客户,如果大米用了"中粮"、食用油用了"福临门"、味精用了"莲花",其他品牌就很难打入,要进入也要花大力气。所以,渠道的排他性决定了企业应该抢先占领一些优质渠道、特殊通道,以获取渠道竞争优势。

3. 独特性

渠道的独特性是指每一个企业的渠道网络都和其他企业的渠道不同,每一个地区的渠道结构都和其他地区的渠道结构不同,每一种渠道模式都有其不同的特征。换句话说,每一个都可以在其目标市场建立自己独特的渠道结构和模式,通过渠道的差异化开展差异化的营销，形成企业独特的渠道竞争优势。比如娃哈哈的"联销体"渠道结构、格力的"区域股份制公司"渠道模式、戴尔的直销模式、京东的自建物流渠道模式、小米的电商全渠道模式等，都是具有显著独特性的渠道结构模式，形成了企业的竞争优势。

4. 不可复制性

渠道的不可复制性又叫不可替代性，这是由渠道的本地化和独特性决定的。一个企业在某一个国家、某一个地区具有优势的、完善的渠道网络，但它不能将其搬到另一个国家或另一个地区，目标市场渠道网络的建设都必须从头开始，一步一步地构建，没有什么捷径可走。比如，"欧莱雅"在欧洲可谓网络密布，销售畅顺，但到了中国市场，除了请中国影星代言外，重点是建设其系列产品在中国的销售渠道，包括经销商、直营和专柜、专卖店、电商业务等，还花大本钱收购"小护士"的渠道。渠道不像产品那样可以大规模生产和复制，这就决定了渠道建设和渠道管理的复杂性和艰巨性。

📍 案例 1-1

京东与众不同的渠道构建

京东，中国自营式电商企业，由刘强东于 1998 年 6 月 18 日在北京中关村创立，是一家《财富》世界 500 强企业。它最初是一家在线磁光商店，很快就开始多元化发展，销售手机、电脑和类似产品，到现在已经发展成为销售电子产品、服装百货、食品、图书等全品类的综合电子商务销售平台，受到消费者青睐，与淘宝形成激烈竞争。除了当初"有钱、任性"与淘宝进行"价格战"之外，它独特的分销渠道构建策略也为其创造了竞争优势。

在谁拥有渠道谁就拥有未来的时代，京东电商平台京东商城在发展初期就制定了用户体验至上、满足顾客的需求、保证正品无假货的渠道战略，并且以低于实体店 10%~20% 的价格销售。京东还花巨资自建全国物流配送系统（建中转仓库、购入配送车辆、招聘配送人员），依靠其强大的渠道流程管理，使产品、资金、所有权、信息、促销方案等在渠道中得以顺利传递，促进了其业务的发展。在采购线方面，为了克服供货渠道的瓶颈，京东坚持要和厂商建立直接联系，当条件适当的时候，找厂商直接签约实现直供，比如刚开始向惠普笔记本的各个代理商要货，后来则与惠普公司直接签订代理合同。

在渠道的构建方面，京东有自己的特点。

（1）提高对百货业务的重视程度，尤其对服装品类的扶持力度比较大。

（2）重视与供货商和品牌商的关系构建。从成本和效率上竞争是京东商城采购策略的主旋律，通过规范操作流程，最大限度保护供应商利益。

（3）完善特色的物流体系和售后服务。资料显示，京东商城大家电配送体系已覆盖全国 60 多个核心城市，建立了一套全国范围物流仓储辐射机制，京东商城的电商贴心服务更符合消费者的心理，这是京东商城超过传统家电模式的最大优势。

（4）加强渠道诚信建设，保证正品无假货。针对目前消费者对电子商务行业诚信现状的担忧，为了更好地推进诚信建设，带动电子商务行业健康有序发展，京东商城联合众多供应商，发起成立了"京东商城供应商诚信联盟"。

（5）为了适应消费者线下体验的需求，京东也在全国各大中城市建立线下体验店。这类小型店铺既是京东的体验店、销售点，也是物流配送网点，使顾客体验和消费更便利。

可以说，一个零售企业能在供应链和成本这两点上实现提升，那么它就是有竞争力的，甚至是具有颠覆性实力的，京东正是做到了这点，还利用网络的特殊优势，降低了成本从而让利于消费者。相较于不少传统百货商场的高成本、低效率，京东商城通过自己独特的渠道策略获得了分销渠道上的特殊优势，因此才取得了今天骄人的业绩。

资料来源：根据相关网络资料整理编写。

问题思考：京东的渠道建设有什么特点和优势？

1.3 营销渠道的地位和作用

在渠道专家伯特·罗森布洛姆看来，企业要想通过产品、价格或促销战略获得"持续性竞争优势"已经变得越来越困难，而渠道战略是一条可行的路径，因为"渠道战略一旦形成就很难在短期内被竞争对手所模仿"，更难取代或超越，而"建立有效的渠道战略需要长期的承诺和对组织与人力资源的大量投资"。菲利普·科特勒也认为，在产品和市场竞争高度同质化的今天，唯有"传播"和"渠道"才能创造真正差异化的竞争优势，因此，营销渠道的建设在企业经营和创建企业竞争优势方面具有重要的战略意义。

1.3.1 营销渠道的地位

在整个营销的运作体系中，渠道作为一条主线，将企业的产品、品牌、服务、价格、促销以及货物、资金、人力、信息、管理等营销要素有机地串联起来，产生了协同效应，实现了营销的价值。正如前言中提到的，如果整个营销体系像一条"珍珠项链"的话，营销渠道就是串联各个营销"珍珠"的那条"链子"，它在营销体系中具有举足轻重的地位。

在中国营销实务界也存在两大流派的分野：一是渠道驱动；二是品牌驱动。换句话说，有人认为渠道建设更重要，有人认为品牌建设更重要，迄今没有得出最后的结论。事实上，企业在初创阶段，需要渠道推力实现产品销售，随着企业产品通过渠道流通逐渐被消费者接受，会形成品牌效应，品牌的拉力又反过来带动渠道、促进渠道发展。可以说，企业通过在渠道中的产品渗透、扩散可以形成品牌，提高企业及品牌知名度，反过来，品牌知名度高，对渠道的建设也是有帮助的，这叫"水到渠成"，两者相辅相成、互相促进，这是广大中小企业可借鉴的发展之路，"海天""老干妈"的成功就是最好的例证。对于中国企业而言，渠道驱动也许比品牌驱动更加重要，渠道建设是它们获取竞争优势的关键要素之一，很多企业把渠道建设作为其营销发展的优先策略。

1. 谁拥有渠道，谁将拥有未来

随着市场经济的深入发展，企业越来越感受到销售的艰难，都知道"只有把产品销售出去才是硬道理",由此,有人提出"谁拥有渠道,谁将拥有未来"的观点。事实上,从 2000 年开始,营销界的目光开始投向渠道,并掀起了一轮"渠道革命",渠道日益取代广告、品牌成为企业竞争的焦点。生产企业积极建构和调整自己的营销渠道,流通企业则加大力度并购、扩张自己的终端零售网络,一时间风起云涌,对渠道的争夺日趋白热化。

2000 年中石化与中石油对加油站的争夺是一个标志,2001 年 TCL 对自身销售队伍和网络进行整顿,娃哈哈实施"蜘蛛战役",以及达能的中国并购布局,宝洁的经销商职能调整,沃尔玛、家乐福、麦德龙的大步推进,华润、民润、联华等连锁企业的快速并购扩张,苏宁、国美等家电连锁渠道的兴起,无不体现中国企业营销战对渠道的关注和争夺,可以说,在产品、广告、促销等营销手段泛化和高度同质化的今天,渠道以其特有的本地化、排他性、独特性以及不可复制性(不可替代性)成为企业营销的亮点,成为企业间竞争制胜的关键。娃哈哈、联想、TCL、格力等成功企业,以其对渠道的成功建构和运作,为中国企业树立了典范,同时展示出渠道本身所具有的内在力量以及营销渠道在现代企业竞争中所处的举足轻重的地位,同时开启了一个"渠道制胜"的时代。

在当今电子商务蓬勃发展的时代,除了直销与连锁经营外,小米、携程、淘宝、京东、苏宁易购等电子商务渠道代表着新渠道的未来趋势,甚至可以说,现代企业不触网就没有未来,现代渠道正在步入移动终端引领的全渠道新零售时代。

2. 渠道日益成为企业竞争力的主要力量

企业竞争力,实质上是一种比较竞争优势,它是保证企业持续发展的力量。然而,现代企业越发感觉到,很难塑造自己持续发展的独特竞争优势,信息技术的发展、资本的力量,使得科技信息的透明度提高,产品的创新容易模仿、跟进,很难构建技术壁垒,很难形成持久的技术优势,而广告特别是促销,由于这几年的超常规发展,同质化比较严重,也很难形成一种持久的独特性。这时,企业不约而同地将眼光聚焦于渠道,因为稳定、高效的营销渠道网络很难建成,而这种网络一经形成,它便能发挥其有效性、经济性、可控性、持久性优势,成为推动企业发展的一种持久的动力,成为在竞争中甩开对手、克敌制胜的一种无形而可怕的力量。用营销大师菲利普·科特勒的话讲,在产品和市场竞争高度同质化的今天,唯有"传播"和"渠道"才能创造真正差异化的竞争优势。小米的线上线下联动的电商模式、京东自建物流的电商平台渠道模式、拼多多的低价团购模式、新东方的中英文直播带货直销模式的成功都说明了这个道理。

3. 将渠道看作无形资产来经营

品牌是企业的无形资产,品牌、形象、服务能够为企业创造价值,这一点毋庸置疑,但将渠道看作企业的无形资产,去投资,去经营,还属于新思维。过去,我们往往将渠道的投入和建设视为成本,而不是把它看作一种资源。人们得知小天鹅洗衣机在合资过程中以其渠道折价 1.6 亿元入股时,才真切感觉到了渠道的价值。人们得知脑白金在企业转卖过程中其营销渠道网络折价 4 亿元时,才真正感受到了渠道的"可贵"。渠道在营销过程中作用的增强、地位的提高,使得越来越多的企业开始关注渠道,开始经营渠道,将渠道的建设作为一种战略性的投入加以重视,这是一种趋势,它预示着渠道制胜时代的来临。如京东创业之初不惧连年亏损,不断融资"烧钱"自建全国范围的物流配送中心,自购送货车辆,自建配送队伍,很多人不理解,现在人们才开始领会创始人的高起点、战略眼光,理解这种战略性的投入,京东自建物流系统的优势正在逐渐显现出来,不少买家将注意力中心转向了京东。

案例 1-2

"项庄舞剑,意在沛公":轩尼诗收购文君酒

文君酒发轫于明朝万历年间的临邛寇氏烧房,有"一曲凤求凰,千古文君酒"的美誉。在 20 世纪 80 年代末,文君酒曾一度跃居川酒前列,年销售额近 3 亿元,而之后该品牌光芒渐去。2007 年时,文君酒厂年产各类饮料酒 3 万多吨,拥有文君品牌系列产品 100 多种,年产原酒能力 2 800 吨,文君酒本身品牌价值巨大,极具收购价值。继帝亚吉欧成功收购水井坊 17% 的股份之后,剑南春旗下的文君酒被法国轩尼诗控股收至麾下,这是为什么?

轩尼诗一直在高端酒产品中位于三甲行列,而其背后庞大的路威酩轩(LVMH)集团已经成为全球最大的奢侈品集团,旗下品牌涵盖了奢侈品的所有行业,其中包括路易威登(Louis-Vuitton)。白酒业内人士认为,轩尼诗收购的真实意图是以文君酒为跳板收购文君酒背后的剑南春,以全面铺开其产品在中国市场的销售渠道。轩尼诗作为干邑的领导品牌,与大多数洋酒一样,目前的销售渠道大多局限于娱乐场所等即饮市场,在消费量更大的中餐即饮市场上,远不是中国本土白酒的对手。因此,借助控股中国传统白酒,洋酒品牌将进一步借道白酒销售渠道,延伸自己的营销渠道网络。

目前在我国整个白酒行业,营销渠道成为中外酒业集团市场争夺中的稀缺资源。国内酒业企业近来也明显加快了渠道扩张的步伐和加大了渠道网络建设的力度。而洋酒巨头要想快速建立渠道优势,并购合作无疑是最有效的选择。而剑南春已完成改制,销售网络遍布全国,且利用旗下金剑南、银剑南等子品牌进行了有效的渠道扩张,其旗下的文君子品牌不仅有品牌历史积淀,而且规模适中,销售网络成熟,可以给轩尼诗增加不少渠道筹码。

资料来源:根据网络资料整理编写。

问题思考: 洋酒品牌轩尼诗为什么要收购文君酒?

1.3.2 营销渠道的作用

对于企业来说,营销渠道战略模式选择、营销渠道结构设计与营销渠道成员选择直接决定了产品或服务能否顺利到达消费者的手中,科学的营销渠道结构设计与完善的营销渠道管控是企业市场竞争力的直接体现,而营销渠道的管理与控制和谐、有效则是产品稳定销售的保障,关乎企业的可持续发展前景。因此,营销渠道不仅是一个基本营销要素,还是企业参与市场竞争的有力武器,甚至成为不少企业构建竞争优势的重要途

径。多年来，与其他因素相比，营销渠道的重要性似乎曾经下降，许多企业通常是在考虑了产品、价格和促销这些因素之后才关注营销渠道问题。不过，近些年，企业忽视营销渠道的情况有所改变。

营销渠道的作用主要表现在以下几个方面。

1. 可以帮助企业保持竞争优势

营销渠道策略有三个重要特点：①它是长期的，即为了建立和维持一个顺畅而高效的营销渠道系统，企业需要长期地立足于市场，保持持久的竞争优势；②它需要通过组织机构和人来实施，既要有较大的人力资源的投入，又要有较大的财务投入的支持；③要基于企业间关系和企业间人员的互动，即为满足营销渠道系统顺畅且高效地运行的要求，所有渠道参与者都需要密切配合。正因为营销渠道策略有这些特点，所以，一旦通过渠道策略获得竞争优势，其他企业就难以在短期内模仿。因此，它比产品、价格和促销等要素更能提供可持续的竞争优势。

2. 有助于实现与中间商协作共赢

近20年，渠道权力正在从生产制造商向中间商转移。这种趋势在西方发达国家已经表现得非常明显，比如一些大型零售商（沃尔玛、家乐福、麦德龙等），已经成为营销渠道的控制者或渠道运行中的主要角色。在中国，这种趋势也已经出现。中国家电产品的营销渠道正面临着深刻的变化：综合性家电连锁企业（国美、苏宁、三联）对传统的营销渠道构成了严重的威胁。它们最显著的特征是经营规模大、资本雄厚、跨地域连锁经营、掌握着庞大的销售网络，是一个高效率、专业化的零售终端。凭借雄厚的资本和巨大的规模，这些家电连锁企业以承担市场风险的方式（一次性买断一定批量的产品）获得生产企业最大限度的让利，这使它们在零售价格上具有明显的优势。它们的出现，不仅仅意味着家电营销渠道的格局要重新构造，更意味着市场的主控权可能将由厂家转移到商家。

零售商越来越把自己看成消费者的采购代理人，而非生产制造商的销售代理人。它们以低毛利、低价格的方式经营，在与生产制造商打交道时，讨价还价的力量越来越大。这一趋势要求生产制造商必须认真地考虑营销渠道策略，与中间商既合作又竞争，以求达到双赢的局面。

3. 有利于企业节约流通环节费用

有效的营销渠道管理可为企业节约大量的产品流通费用。一方面，企业在削减制造成本和内部营运成本方面已经花费了大量的精力，如组织重组并购、流程再造和组织扁平化等，都是为了削减成本。不过，企业在节约制造成本和内部营运成本方面成果越是显著，就说明在这些方面进一步节约成本与费用的潜力越小。另一方面，随着市场竞争越来越激烈，营销渠道费用越来越高，这两个方面的共同作用，使得企业越来越重视流通费用的节约，也比过去需要更加专注于营销渠道设计和管理。

4. 有助于企业维持效益可持续增长

在激烈竞争的市场上，企业效益可持续增长的压力越来越大，也越来越困难。企业常常要回答这样的问题：企业如何在成熟的市场或增长缓慢的市场上迅速成长？这时，企业除了争夺竞争对手的市场，别无他途。这就要求企业一方面少失误或不犯错误，另一方面要有中间商的支持与合作。高效率的营销渠道是企业实现销售目标、维持效益增长的源泉。

案例 1-3

晨光文具下功夫编织渠道大网

如果细心观察，我们会发现，身边很多文具店的门头换成了红黑相间的"M&G"，"M&G"正是上海晨光文具股份有限公司（简称晨光文具）的 Logo。

作为近年来崛起的本土文具企业的代表，晨光文具的发展势头很猛，在文具这个不太起眼的市场里，取得了骄人的成绩，2022 年总营业收入达到 199.96 亿元。目前，晨光文具在全国各地覆盖近 7 万家零售终端，它的产品也走出国门，远销日本、东南亚、中东、欧洲、美洲等地。

晨光文具的成功得益于其渠道的创新，创始人陈湖雄有十余年的推销生涯，使他对渠道的特点和操作手法有着很高的领悟力。他认识到，如果沿用以前聘用众多销售员去全国各地跑业务的做法不仅开支大、效果不见得好，而且很难百分之百地覆盖全国市场。再加上单品价格不高，利润微薄，并不是加大投入就能有更多的回报。如何在较短的时间内以最少的人力取得最好的渠道铺设效果。陈湖雄想到了借力。他将快速消费品的渠道分销模式引入文具行业，结合保险行业的直销模式，创造性地推出了"快速消费品大流通模式+直销模式"，构建了一个伙伴金字塔式的销售网络。在具体执行上，晨光文具先是以省级为单位培育一级市场的经销商，通过学习、培训、指导、辅助等方式将一级市场的经销商培育成单品牌的经销商。在站稳一级市场之后，由一级市场的经销商培育二级市场的经销商。层层递进之后，陈湖雄逐渐编织起一张蜘蛛网般的营销渠道大网。

晨光文具在全国建立了 30 个分公司，分公司下边建立省级代理，省级代理下发展市级代理，市级代理下边是县级代理，直到乡镇的销售终端，分销渠道分为四个层级。目前，晨光文具拥有 28 个省级配送中心，1 800 多个二级、三级渠道合作伙伴，数万个直控零售终端。同时，晨光文具与家乐福、沃尔玛、乐购、易初莲花等大型超市与便利店建立了长期合作关系。强大的销售渠道网络确保了晨光文具的产品能够在 7 天内抵达中国的每一个城市。

资料来源：根据晨光文具官方网站资料整理编写。

1.4 我国营销渠道的演进与新变化

1.4.1 改革开放 40 多年营销渠道的演进

改革开放以来，中国的营销环境风云变幻，中国经销商在短短的几十年中经受了无数次的市场洗礼，经历了从官商、坐商到行商、服务商，再到分销物流商的角色演变过程，我国市场主流营销渠道也经历了国营配销体系→批发市场→经销商（代理商）→零售商连锁经营→基于电子渠道的直销与网络营销的不断发展的过程。究其原因，这是社会经济和科学技术发展的结果，也是渠道演进的结果，是营销革命的必然。

1. 20世纪80年代的国营配销体系：官商

20世纪80年代的中国仍然是计划经济的中国，其主要的商业流通形式是国营配销体系，如供销社、糖酒公司、百货公司等。那时的"经销商"实际上并不是真正意义上的经销商，而是配销商，是官商，它们不需要去开拓市场，不需要去提供服务，更不需要让顾客满意。国营企业掌握着商品，因而主导着配销体系。那是一个产品短缺的年代，是崇尚产品制胜的时代，谁拥有商品，谁就享有制约百姓生活水平的权力。

2. 20世纪90年代初批发市场兴起：坐商

20世纪90年代，我国个体经济开始跃上历史舞台。随着1992年邓小平南方谈话对中国改革开放和市场经济的充分肯定，中国个体经济的能量充分释放出来，当时一些有胆量、有头脑、有眼光的人士开始从事个体经营，国营企业中的有识之士也纷纷下海，自立门户，一时间中国流通市场如火如荼，像浙江义乌、广东大沥、武汉汉正街等一大批具有强大渗透能力的商品批发市场如雨后春笋般涌现出来，其吞吐量之大、辐射力之强让人惊叹。批发网络显示出巨大的能量，取代保守、灵活性不足的国营配销系统，成为整个20世纪90年代初的商业主角。那是一个市场饥渴的年代，只要有产品，就不愁销售。那是一个广告制胜的时代，只要大力度投放广告，很快就会打出一个"名牌"来，产品很快就会畅销大江南北。伴随着批发市场的兴起，经销商（代理商）成为那个时代营销渠道的主角。

当然，那也是一个浮躁的时代，经销商都是坐商，等客上门，等着收钱，依赖有好的产品，依赖厂家的广告投入，同时不择手段，甚至不顾厂家的价格体系肆意冲货，造成了市场混乱。随着市场竞争的加剧，坐商的弊端开始显现出来，批发市场模式也受到挑战，曾经风光无限的批发市场开始走向衰落，批发商需要转变经营方式。

终端卖场的崛起直接冲击批发市场，消费者对便利、实惠和购买服务的要求直接促进了深度分销、直销和连锁经营业态的兴起，特别是连锁商业的蓬勃兴起和电子商务的全面开展，批发面临生存挑战，批发商正处在大型零售商和生产制造商的两面夹击之中，只能承担一些零碎的功能和扮演次要的角色。一方面，许多零售商直接向生产制造商进货，并在销售时扮演批发商的角色，将商品批量廉价出售给消费者，如麦德龙、沃尔玛、家乐福等；另一方面，许多大型生产制造商也纷纷设立自己的销售机构，将产品直接批售给零售商，甚至直接卖给最终消费者。这时的批发商必须走出去，主动开拓市场、服务市场。

3. 20世纪90年代末连锁经营业态兴起：行商（服务商）

以1997年家乐福上海曲阳店开张为标志，沃尔玛、麦德龙、欧尚等国际零售巨头陆续登陆中国，展开中国布局，本土企业联华、华联、农工商、华润、苏果等也加速连锁扩张，一时间，批发市场衰落，零售终端连锁经营兴起，中国商业进入连锁经营和终端制胜时代。连锁经营正在各行各业逐步展开，如零售业、百货业、家电业、家居业、服装业、化妆品业、药品行业、餐饮行业、美容行业、汽车销售等，可以预测，连锁经营在相当长的时期内都是我国商品流通的主要渠道。

此时的经销商（代理商）、批发商面临转型，不得不转型为行商和服务商。大型零售终端和连锁企业的加速扩张，不断挤压经销商的生存空间。一方面，大型零售和连锁企业不断要求和厂家直接合作，撇开经销商；另一方面，经销商也因为不能承受零售企业巨额的通路费用而主动放弃一些零售终端。此时的经销商已经沦为配角，要在夹缝中生存，必须走出去，积极主动开拓业务，送货上门，充当行商和服务商的角色，做好服务工作，以服务取胜，去覆盖一些大型零售商业不能覆盖的地方，同时，厂家也需要经销商去对大部分连锁企业提供销售和配送服务，这对经销商在开拓、管理、配送、服务方面提出更高的要求。由此，很多经销商顺应了形势，成为这个时代厂家进行深度分销和终端配送的主力军，在终端制胜的环境中找到了自己的位置，有的甚至干脆直接从经销商转变成为零售商，创建属于自己的连锁企业。

4. 新世纪渠道新趋势：基于电子渠道的直销与网络营销

新的世纪到来，互联网的龙卷风是从大洋彼岸的美国无比强劲地刮过来的，当时主要以互联网公司股票构成的纳斯达克综合指数从1991年4月的500点一路上涨，到1999年12月逼近5 000点，市场的繁荣把人们对互联网的热情推向沸腾，从此开启了全球互联网的时代。以互联网络为核心的信息技术在很大程度上改变了人们生活和管理的方式，也带来了全方位的挑战，一种以互联网络、计算机通信和数字交换等系统工具为基础的营销方式——网络营销兴起。

随着科技的发展和数字技术的普及，互联网络成了人们生活的一个重要组成部分，在营销渠道领域也表现为，传统渠道逐渐衰落，基于电子渠道的直销与网络营销蓬勃兴起，并逐渐发展成为新的渠道主潮流。网络渠道是一种企业和顾客间即时反应的交互式信息交流、交换渠道形式，其主要优势在于即时性、开放性、直接性、交互性特征。在我国，携程旅行、淘宝网、当当网、卓越网、美团网、苏宁易购、京东的经营成功为业界树立了榜样，以戴尔、小米、三只松鼠为代表的网络直销模式的成效有目共睹。目前，在全国已经形成了一股电子商务的风潮，可以说"不触网，无企业"，大大小小的企业都建立起自己的网络平台，开启了新时代电子化营销渠道布局。不少企业在新冠疫情期间市场环境不利的情况下尝试直销带货等渠道营销创新举措，不断开拓全渠道，开创了渠道建设的新局面。

案例1-4

蓬勃兴起的电商直播

电商直播一直存在，只是以前一直"蛰伏"于淘宝等平台上的一些小版面中，但一些知名主播就是从这些小版面中走出来的。或许是受2020年全球新冠疫情对线下消费的影响，又或许是因为头部效应，让原本在2019年就火爆的直播带货，在2020年实现了全面爆发。一场场带货直播的销售额"爆棚",触动了每个厂家、商家。"再不做直播带货,就被淘汰了!"这是当时品牌方常说的一句话,随后便是各个品牌的CEO纷纷入局直播带货,创造了带货全新纪录。直播带货也成为现下最流行的销售方式之一。

2020年4月1日,锤子科技创始人罗永浩在抖音平台开启"直播带货首秀",销售额达1.8亿元。

2020年4月6日,央视新闻"谢谢你为湖北拼单"公益行动首场带货直播开播,直接带动数亿元成交额。

2020年4月24日,格力电器董事长董明珠开启"抖音直播间首秀"。董明珠在快手平台直播3小时创造的销售额达3.1亿元;在格力•京东十周年店庆活动期间,董明珠现身直播间,一场直播的成交额突破7.03亿元;格力"智惠618•健康生活家"主题直播活动期间,董明珠直播带货的销售额高达102.7亿元。在董明珠和罗永浩的带动下,众多品牌的CEO都直接下场直播。

2020年6月8日,搜狐公司创始人张朝阳在搜狐视频app开启了个人"直播带货首秀"。

2020年6月11日,网易公司创始人丁磊的直播间当晚累积观看人数达1 600万,整晚创造销售额达7 547.21万元。

2022年,新东方旗下的主播用中英文双语直播带货,一边卖东西,一边教英语,迅速成为"网红"。

1.4.2 我国营销渠道领域的新变化

近年来,随着市场经济的深入开展,我国市场环境的不断变化,消费者购买心理与行为也在发生变化,企业间竞争加剧,市场营销渠道也不断发生变革,以适应现代竞争的要求。从企业渠道管理的层面看,我国营销渠道的发展显示出以下趋势和特征。

1. 渠道体系由金字塔式向扁平化方向转变

传统的营销渠道的模式是:厂家→总经销商→二级批发商→三级批发商→零售商→消费者。这种金字塔式渠道体系存在以下缺陷:一是厂家难以有效控制销售渠道,厂家的销售政策不能得到有效落实;二是多层结构不利于提高效率,商品的中间环节加价多,零售价格高,不利于竞争;三是单向式、多层次的流通使信息不能准确、及时地反馈;四是渠道层次多,增加了渠道风险。物流供应链架构的复杂性导致每个分销环节都潜藏着风险,过多的分销层次增大了资金积压和囤货风险,如果一家公司出现问题,可能会产生连锁反应,影响到供应链上的多家公司。

渠道体系扁平化是指企业依据自身的条件,利用现代化的管理方法和高科技手段,最大限度地使生产者直接把商品出售(传递)给最终消费者,以减少营销渠道的销售层级。具体说来,就是由多层次的批发变为一层批发,即渠道结构成为制造商→经销商→零售商的模式。一些企业在大城市设立配送中心,直接面向经销商和零售商提供服务。渠道体系扁平化发展有利于改善传统渠道体系的缺陷,能够增加网点、降低成本、提高制造商对渠道的控制力。

2. 渠道运作由以总经销商为中心变为以终端市场建设为中心

销售要解决两个问题：一是如何把产品铺到消费者的面前，让消费者见得到；二是如何把产品铺到消费者心中，让消费者乐意买。不同时期，企业解决这两个问题的方式不同。直到20世纪90年代后期，企业多是在销售通路的顶端，通过大户政策来开展工作，但当市场饱和时，其弊端明显。

（1）厂家把产品交给经销商，经销商逐级分销下去，由于网络不健全、通路不畅、终端市场铺开率不高、渗透深度不足等，经销商无法将产品分销到厂家所希望的目标市场上。结果厂家的广告在电视上天天见，但消费者在零售店却见不到产品。

（2）产品进入零售店后摆放在什么位置，如何展示陈列，POP（point of purchase，即售卖场所）广告如何张贴，补货能否及时等，这些终端工作经销商往往做得不到位，因而影响终端销售力。

（3）厂家的销售政策无法得到经销商的全面执行，其结果是，厂家促销力度大而促销效果差。

（4）厂家、经销商利益矛盾，使厂家无法确保一个稳定的市场，经销商无序经营、窜货、降价倾销现象严重。

（5）厂家为调动经销商的积极性，花费成本高，导致厂家经营无利。

针对这些情况，厂家开始以终端建设为中心来运作市场。在终端市场进行各种各样的促销活动，激发消费者的购买欲望，使消费者乐意买；同时，通过对代理商、经销商、零售商各环节的服务与监督，使产品及时到达终端，提高产品的铺市率，使消费者买得到。

3. 渠道建设中渠道成员之间的关系由交易关系向伙伴关系转变

在交易式关系中，每个渠道成员是独立的经营实体，每个成员追求个体利益最大化，甚至不惜牺牲渠道和整体利益。在伙伴式渠道关系中，厂家和经销商一体化经营，厂家对渠道实现集团控制，经销商形成整合的体系，渠道成员为实现自己和大家的共同目标努力，通过建立渠道"伙伴关系"实现双赢或多赢。建立关系型渠道的方式如下。

（1）联合促销。例如，共同做广告，即经销商发布广告，厂家给予补贴；陪同销售，即厂家派销售人员协助经销商向其下级客户销售；厂家提供销售工具，即厂家为经销商提供样品、POP等。

（2）专门产品。厂家为经销商提供专门产品，可以增强销售网络的凝聚力，减少消费者购买时的价格比较。例如，厂家为大型零售商专门生产某一产品，经销商买断某一品牌的经销权等。

（3）信息共享。共享市场调查、竞争形势、消费者动向等方面的信息。

（4）加强培训。厂家为渠道成员提供专业培训，促进市场理念共识的形成。

4. 市场重心由大城市向小城市和农村市场延伸

以前企业以大城市为重心开发目标市场，在省会城市设销售机构，在大城市进行竞争。目前，一些企业则将市场重心移到地区市场，在地级、县级市场设立销售机构。例如，双汇集团在一个省设立的办事处达到 20 多个。以大城市为重心设立销售中心，容易出现市场空白点；重心下移，在地区设销售中心，能够做好地区市场；以县为中心设办事处，能够做好县城、乡镇、村级市场。一句话，"渠道扁平化""渠道重心下移"已成为一种趋势。

企业对经销商的政策也发生了变化，从重点扶持大客户转移到重点扶持二、三级经销商。例如，美的的新渠道战略是"弱化一级（经销商），加强二级（经销商），决胜三级（终端分销商）"。美的集团的小家电经销商以前都在大城市，现在要让地级、县级经销商占总经销商的 2/3，一级经销商只负责给美的提供资金，二、三级经销商做市场。给二、三级经销商提供强有力的支持，提高其竞争力，通过做"小方块"，实现更广泛的市场覆盖。

5. 渠道激励由给经销商钱变为让经销商掌握赚钱的方法

一些经销商是从个体户为基础发展起来的，经营素质不高，他们往往有四点不足：市场开发能力不足、促销能力不足、管理能力不足、自我提高能力不足。所以，厂家对经销商的激励措施不应该仅仅是让利，而是进行培训，让其掌握赚钱的方法。正所谓"授人以渔"，而不是"授人以鱼"。厂家对经销商的激励从直接给钱变成重点提供学习培训机会，以提高他们的经营能力为重点。有的企业安排经销商去国内外的知名大学学习 MBA 课程，作为厂家送给经销商的福利，获得了长远的利益。

6. 渠道电子化、虚拟化并与社交媒介融合，新零售兴起

互联网的出现改变了人类的生活方式、工作方式，也改变了企业商业活动的渠道模式，同时，电商模式的出现也导致了消费者购买行为的变化。现阶段我国传统分销模式正在受到来自互联网、移动互联网、物联网等新兴渠道的冲击，网络平台交易已经成为当今商品交易的重要渠道，我国电子商务正逐步走向成熟，淘宝、京东、苏宁易购、当当、唯品会、大众点评、携程等电商平台大行其道。

随着信息科技的发展和消费者购物习惯的改变，渠道电子化、虚拟化并与社交媒介融合，以手机为主要工具的新零售业态兴起，线上线下融合、厂商与消费者无缝对接的全渠道营销正在发展成为一种新的趋势。互联网特别是移动互联网终端已经成为商品交易的主要载体和平台，如 QQ、微信、小红书、微博等社交平台正在逐渐拓展其销售功能，演变成为人们乐于采用的消费和交易方式，成为新媒体渠道。但现代电商渠道、新零售的异军突起也为我国企业渠道管理带来了新的变化、新的挑战。

◉ 知识延伸

网店会不会完全取代实体店

面对近些年实体店大量倒闭的现实，有人提出"实体店将会在未来十几年内彻底消失"的观点。他们认为，实体店由于店铺租金与人工成本高，无法拥有网店的价格优势，因此，实体店被网店取代是情理之中的事。那么网店是否确实能完全取代实体店

呢？事情并不是那么简单。以网上超市为例，网上超市的成本包括流量成本、运营成本、仓储成本、包装成本、采购运输成本和物流配送成本等，这些成本的降低空间非常有限。如果网上超市模式没有突破，则经营效率与成本大致与大卖场实体店相当。

实体店的真正劣势表现在以下方面。

（1）选择空间的限制。受资源约束，实体店限制了消费者在产品功能、价格和品牌上的选择空间。

（2）购物空间的限制。消费者到实体店购物受到时间和空间的限制，不可能花很多时间光顾实体店。

（3）信息束缚的限制。消费者光顾实体店后往往很难形成一种全面、公平的认知。

以下方面是网店真正的优势。

（1）网店利用网络特性让消费者拥有足够大的选择空间。

（2）网店克服了时空限制，消费者不论何时或身在何处几乎都可以随意浏览和购买商品。

（3）信息开放。多数网店的产品描述都非常详细，将产品性能、特点、价格等信息充分公开。

网店的真正优势并不仅仅在于价格，还在于顺应了现代人的生活方式、购买方式的变化趋势，让消费者获得了更多自主、自由的购物休闲空间。而相对于网店，实体店的现场体验优势则更为明显。"逛"各类实体店给顾客带来的体验感更好，这是网店购物所无法达到的。逛商场也是一种生活方式，特别是对于女性消费者。此外，实体店大卖场经营大宗生鲜商品的优势也是网店无法具备的，按照万达集团董事长王健林的说法，像餐馆、按摩店、美容院等服务型终端是无法通过电商完成服务的，但"触电"（利用互联网）也是必然的选择。

其实，尽管这些年来随着科技的发展、移动终端的兴起以及新一代消费者对购买便利性需求的提升，网店的优势愈加明显，但网店也有局限性，实体店不会被网店完全取代，因为线下实体店还可承担多种功能：体验空间、销售窗口、物流配送站、广告牌（品牌展示）等。明智的做法是线上与线下结合，相互引流、相得益彰，事实上，以特色电商起家的三只松鼠、小米、京东等早已开始布局线下，走线上线下融合的新零售之路。

资料来源：胡介埙.分销渠道管理[M].5版.大连：东北财经大学出版社，2021.

问题思考：网店有什么局限？实体店的优势有哪些？

专题一

深度分销与渠道扁平化

1. 深度分销是一种市场趋势

"深度分销"是指企业通过一定的手段和方法，将产品尽可能销售到目标市场的每一个层次和每一个角落，达到渠道充满和随手可及。"深度分销"是一种渠道技术，同时也是很多企业都希望达到的分销目标。其中，横向的深度分销指的是区域市场的密集分销，即找更多的客户进行分销，目的是实现"渠道充满"；纵向的深度分销指的是"渠道重心下移"，深入基层市场开展分销，目的是实现目标市场的精耕细作。

如青岛啤酒在某市的销售，不但进入市里的卖场、连锁超市、便利店、批发市场，还进入菜市场、酒店、餐馆以及娱乐城等任何可能的场所销售，这就是横向的深度分销；同时，该品牌啤酒借助经销商的力量，不但在中心城区销售，还深入郊区，到郊县下属的村镇进行销售，这就是纵向的深度分销。

在目前的中国消费品市场中，深度分销是一种趋势，只有开展深度分销，才能实现销量最大化和市场占有率的最大化。中国经销商群体是中国市场"深度分销"的主要力量。因为中国市场地域辽阔，地区经济发展不平衡，各地区风土人情差异很大，各行业特点也不一样，因此，必须重视经销商群体，利用经销商的力量，发挥其本地化的分销优势，进行"深度分销"，才能达成企业的经营目标。像宝洁、娃哈哈、格兰仕等成功企业，始终高举"深度分销"的大旗，充分利用经销商的资源，将产品分销到了市场的各个层次、各个角落，获得了巨大的市场回报。据统计，目前以卖场、连锁为代表的新兴渠道尽管在中心城市势头强劲，但从全国的总体销量看，其份额不足30%，就商业发达的北京、上海、广州而言，其份额也不超过50%，也就是说，以经销、批发为代表的传统营销渠道仍然是中国流通商业的主流渠道，经销商的分销功能在相当长的时期内不可忽视。

然而，"深度分销"究竟该多深？这是业界争论的问题。是越深越好吗？显然不能完全认同。消费品企业必须开展"深度分销"，这是不争的事实，但"深度分销"也有一个"度"的问题，横向的深度分销可以无孔不入，但纵向的深度分销必须给分销商保留一定的市场空间，要有一定的市场容量才能吸引和留住分销商。目前，很多成功的企业已经将分销机构设置到了县级市，甚至重点乡镇。

2. 渠道扁平化是一种管理必然

渠道扁平化是指企业通过减少中间分销商层级，使产品通过最简短的销售体系流向消费者，目的是提高渠道管理效率和销售的有效性。企业也可以通过建立更多的直接销售渠道，包括直供零售商（直接面对零售终端）和自建销售渠道（直接面对消费者），以加强企业对零售终端和终端消费者的把控，提高整体渠道运营与管理效率。

其实，"扁平化"是一种组织管理思想，目的是通过增加管理幅度，减少管理层次和中间环节，提高组织管理的效率。业界将这一思想运用于营销渠道管理，提出"渠道扁平化"，旨在通过精简渠道环节，来提高渠道管理的效率和效益，增强渠道的可控性，同时更加有效地接近消费者。可以说，渠道扁平化思想的核心就是减少渠道层次和环节，增加渠道管理幅度，实现渠道重心下移，实现目标市场的细分经营。

事实上，现代整合营销4C理论强调便利性和与消费者沟通，要建立与消费者有效沟通的平台，渠道必须向消费者有效靠近和延伸，客观上支持渠道向扁平化方向发展。"渠道扁平化"的典型形式有"分公司制"（直营制）"自营连锁""直销""渠道重心下移"等，它的确可以通过减少中间渠道环节及费用，使得价格更加具有比较优势，使得服务更加直接到位，使得信息反馈更加准确快捷，能够有效提高渠道运作的有效性。

直销、连锁经营、网络营销等新兴渠道的兴起，越来越要求与厂家建立直接的供货关系，客观上推动了"渠道扁平化"的进程，让很多厂家头疼的经销商管理问题也促使一些厂家希望通过直供（减少中间环节）来提高渠道效率和加强对渠道的控制，加之最近几年商业竞争加剧，产品和价格的竞争白热化，迫使生产企业将渠道重心下移，贴近终端市场，与基层市场的终端商建立直接的业务关系，以及把眼光瞄准广大的农村乡镇市场，去获取渠道纵深环节的市场份额与利润。这一系列举措，也加深了人们对"渠道扁平化"思想的认同。

案例1-5

可口可乐的深度分销玩法

可口可乐公司作为一家大型的跨国消费品企业，其经营理念可以简单概括为：消费者乐于买、买得起、买得到。为了实现市场全面覆盖，可口可乐遵从区域精耕与通路精耕的原则，采用的是直控终端的深度分销战略，其渠道结构是以间接渠道（经销）和宽渠道为主要形式、多级渠道并存的深度分销模式。

可口可乐实施区域精耕，以中国市场为例，就是把中国市场划分成多个不同的局部区域，在区域内实施直控终端的模式。而直控终端，通俗一点来说，就是企业直接对终端的销售、管理进行干预与控制，从而省略了中间一些不必要的渠道流通环节，通过强化对终端的掌控力度，加强对终端的管理，来达到销售规模最大化的最终目的。

可口可乐实施通路精耕，简单来讲就是将渠道细化，并由不同的业务员负责不同的渠道。可口可乐将大卖场以外的渠道细分为小店、批发商、小超市、餐饮店、工厂、学校、军事机构、医药企业等类型，由不同的业务员负责，一个业务员负责一两种渠道，工作范围不是按区域划分而是按渠道类型划分，进行细分化责任制管理。

无论是区域精耕还是通路精耕，可口可乐都始终强调对终端的控制，强调铺市率最大化，主张开拓、占据一切可能的终端销售网点。此外，在终端产品陈列及品牌宣传上，可口可乐在整个饮料行业也是有口皆碑的。

可口可乐的主要分销系统是这样运作的：一是通过重要客户（新业态零售商）将产品送到消费者身边；二是通过直营通道（餐馆、酒店、百货店）卖出产品；三是通过批发商卖给零售商，零售商再卖给消费者。各个层面的经销商各有分工，各有职责，还有可口可乐公司的"有约在先"，将渠道管理进行合同化规范管理，在合同中专列条文，说明各自的义务和责任，预先设计可能出现的价格和市场混乱的制约条款，保证了销售渠道的有序和流畅。

可口可乐在中国市场上的物流配送功能是由特定的渠道客户承担的，这些渠道客户服务于可口可乐公司，承担产品配送和物流的职责，公司只给予这些渠道客户配送货物的奖励，其实是让他们远离流通渠道，这也避免了他们与批发客户争夺下线客户，消除了渠道间窜货的隐患。

资料来源：根据网络资料整理编写。

案例 1-6

联想渠道：从多层级到扁平化转型

作为中国IT行业的领先者，联想最初执行的是代理渠道模式，其营销渠道塑造经历了三个具有标志性的阶段。20世纪90年代中期，联想实行代理渠道制，这是第一个阶段。在全国范围内，联想拥有几千家代理商，从代理商再铺到零售商。渠道过长，导致管理混乱甚至失控，尤其是随着联想产品线的增长，渠道已达不到共享的效率。1998年，联想开始第二阶段渠道模式的构建，引入专卖店特许经营模式，加速构建直营店，2000年年底，联想专卖店的销售增长超过分销和代理渠道。2022年，由于戴尔电脑直销模式在中国市场迅速发展，联想再次进行渠道改造，建立第三阶段的新渠道扁平化模式"渠道短链+客户营销"，以更短的渠道、更少的层次和强化以客户为中心的营销模式赢得竞争优势。

从联想渠道演进的路径可以看出，联想早期以层级较长的分销为主，虽然最大限度地利用了社会资源，但企业对渠道的控制力被削弱，并且增加了产品成本。而第二、三阶段渠道模式以终端为突破口，贴近最终用户，并通过加盟专卖店塑造了品牌形象。

渠道扁平化的好处显而易见，但由于扁平化的路径和方式不同，渠道扁平化也存在一定的风险。中国本土企业渠道扁平化的典型路径有：调整渠道结构使渠道重心下沉、自建渠道和基于互联网技术建立"e渠道"等。其中自建渠道的风险最大，在增强企业控制力的同时，带来成本的巨大风险，耗费企业大量资金、人力、精力。因此，自建渠道的扁平化策略，需要企业在收益与成本之间进行权衡，联想在这些方面充满信心。

自建渠道的初衷在于实现渠道扁平化，以增加对渠道的控制，使公司应对市场竞争的响应加快，利于公司多品牌和多品种的市场推进。然而，当自建渠道大幅增加企业成本时，企业只能进行渠道改造，通过基于信息技术的渠道"瘦身"举措，降低渠道成本，以提高渠道整体效率。联想高层认为，公司渠道扁平化目标从"渠道控制第一"转向"渠道效率第一"，才能适应当今市场环境的急剧变化，以更好满足顾客便利和体验的需要。

联想近年来采取销售渠道向"扁平化"转型的发展战略，改变了原销售渠道过长、销售管理较为混乱的状况，目的在于加速直营店和特许经销店的建设，并通过推广"渠道短链+客户营销"的新渠道营销理念，强化以客户为中心的营销模式来增强竞争力。

资料来源：根据联想企业网站资料整理编写，有删改。

测试题

一、名词解释

1. 营销渠道
2. 深度分销
3. 渠道扁平化

第1章
测试题参考答案

二、选择题

1. 分销渠道又叫营销渠道，是指参与商品所有权转移或商品买卖交易活动的_____所组成的统一体。
   A. 制造商　　　　B. 中间商　　　　C. 服务商　　　　D. 消费者
2. 商品分销渠道的起点是制造商，终点是_____（个人或组织），与中间分销机构包括经销商、批发商、代理商、终端零售商等，共同构成了商品的分销链条。
   A. 制造商　　　　B. 消费者　　　　C. 中间商　　　　D. 服务商
3. 渠道具有本地化、排他性、独特性、_____的特点，因此，渠道要素日益成为企业竞争力的主要力量。
   A. 可复制性　　　B. 不可复制性　　C. 同一性　　　　D. 分散性
4. 在我国渠道管理的变化趋势中，渠道成员之间的关系正在由交易关系向_____转变。
   A. 竞争关系　　　B. 伙伴关系　　　C. 管理关系　　　D. 对立关系

三、简答题

1. 从内涵上讲，分销渠道与营销渠道有什么区别？
2. 营销渠道在企业营销活动中承担了哪些主要功能？
3. 近年来，我国营销渠道领域发生了哪些新的变化？

四、论述题

1. 谈谈我国市场营销渠道发展的未来趋势。
2. 你认为网络渠道未来会完全取代传统渠道吗？

训练设计

设计一场学生辩论赛，辩论主题是"现代企业营销是渠道驱动还是品牌驱动"，换句话说，在企业营销活动中，你认为"是渠道更重要还是品牌更重要"。将学生分成若干小组，让学生自由选择正方或者反方，或者抽签决定正方或者反方，准备时间为一周，然后在课堂上安排辩论，组建临时评委会点评和打分，作为小组平时成绩，最后由老师点评。

综合案例

海天下沉渠道，深耕市场

"海天"在中国是家喻户晓的调味品品牌。经过几十年的精耕细作，佛山市海天调味食品股份有限公司（简称海天）对城市和农村市场分层布局，构建出一幅在快消品品牌中居于领先地位的销售渠道版图，其经销网络已经从城市深入到广大的农村，在县级网络及农村市场的销量和市场份额逐年提升。其中，"刷墙的智慧"是海天在农村市场精耕的利器。

1. 产品、品牌、渠道：海天的"三板斧"

人们很容易首先关注海天产品多年经营积累的产品和品牌口碑，却忽视海天在背后几十年如一日精心编织的一张渠道大网。从2019年的年报中可以看到，海天的销售网络已100%覆盖中国地级市及以上城市，在中国内陆省份中，90%的省份销售额超过亿元，通过多年的深度精耕，覆盖率逐年提升，覆盖范围扩大与销量增长基本同步。

2. 到农村去，农村大有可为

2003年，海天正式启用新的品牌标识及广告语"四海一家中国味"，全面启动农村销售，确定了"全面开发县份市场，启动农村销售"的销售政策，着手推动县级市场经销商开发和扶持。这也标志着海天已提前完成城市市场布局，开始将目光转向广大的农村消费市场，这个阶段海天的主要着力点在县级市场。

3. 万镇行动，"亮剑"乡镇市场

2015年，阿里巴巴、京东等电商企业陆续下沉渠道，向农村扩张。虽然是传统制造企业，但海天却拥有互联网公司的敏锐基因。彼时的海天，县级市场布局已经完成，也开始将目光转向了更下一级的市场——乡镇。海天启动了样板店战略，即在每个乡镇和村里面培育一家能发挥带头作用的销售网点，海天对网点形象进行升级，免费投入材质更精致的商店招牌以及宣传物料。同时，各地经销商的业务人员日常也要协助小店经营，对小店的品种、陈列等进行维护。目前国内有4万多个乡镇级行政区划单位，海天采取分级推进的方式，根据乡镇人口规模、经济指标、产品销量、经销商分布等指标对全国的乡镇进行分级，优先布局人口规模较大、经济指标好、产品销量高、经销商有能力覆盖的乡镇，并逐年拓展。

4. 有人烟处，就有海天

据海天官方网站的数据，截至2020年，海天已在全国建成了全方位、立体式的营销渠道网络，其中有经销商5 000多家，联盟商16 000多家，直控终端销售网点50多万个，销售网络覆盖31个省级行政区域、320多个地级市、1 400多个县级市场，产品遍布全国各大连锁超市、各级批发农贸市场、城乡便利店、镇村零售店，并出口全球100多个国家和地区。线上，在B2C、B2B、新零售等各个版块，海天已分别与天猫、京东、苏宁、唯品会、盒马鲜生、缤果盒子、零售通、新通路等主流电商平台建立了良好合作关系，线上、线下渠道融合，销量稳步增长。

资料来源：海天集团官方网站；《销售与市场》2019年第11期，内容有删减。

问题讨论：

1. 海天品牌是靠什么做到家喻户晓的？
2. 海天在销售渠道建设方面有什么特点？

CHAPTER 2　第 2 章

营销渠道战略模式

📍 章首语

有人认为,现代企业的竞争已经由原来的资源、人才、产品、品牌的竞争转向经营模式的竞争,最为重要的是做好顶层设计。我们要客观认识、评价各种渠道模式的优势与局限,在销售渠道模式的设计与选择上需立足中国国情,体现中国思维,着力本土化创新,设计、创造出中国特色营销渠道模式。党的二十大报告强调,加快构建新发展格局,着力推动高质量发展,营销渠道也应研究、选择、形成中国特色的商品流通解决方案。

⚙ 学习目标

1. 了解商品分销的战略选择。
2. 讨论传统渠道与新兴渠道模式。
3. 分析复合渠道模式与其他无店铺渠道模式。
4. 探讨现代新媒体渠道特征。
5. 讨论直销与非法传销。

📍 开篇案例

小米电商渠道模式的新发展

小米是国内成功的电商企业典型,创业之初主要依赖互联网渠道销售,创造了中国企业营销的传奇。而事实是,光靠互联网,小米是做不到现在的规模和市场份额的。随着小米产品线的拓展与营销的深入,小米近年来在巩固网络渠道的同时,着力拓展了线下连锁专卖店渠道,线上线下相互配合,形成掎角之势,取得了相得益彰的效果。

小米具体是怎样做的呢? 比如,小米的 1S,官方售价 1 499 元。小米实施饥饿营销,号称放出 20 万台小米 1S 让网民来抢购,但实际上只放出了 5 万台,其余全部以 1 379 元的批发价放给了联通全国代理商爱施德,爱施德加价 100 元放给各大零售终端,零售终端再以建议零售价 1 799 元销售给消费者。小米公司主要负责产品和话题的炒作，并着力建立口碑进而形成品牌影响力，制造小米紧俏抢手的声势，经销商则负责其线下的销售。

很多人在网上抢不到小米手机，饥饿营销的效果就出现了。实际上不是你抢不到，而是小米压根儿不想以这个零售价卖给你。说到底，也不是小米不想以这个零售价卖给你，而是如果小米在网上满足了你的需求，线下渠道就只能"啃骨头"了，那线下渠道还怎么生存呢？小米的这种做法实质上是对线下渠道的保护。小米创始人雷军很清楚，在偌大的中国市场，不做线下渠道的话，小米很难做成超大规模。虽然线下手机渠道被冲击得很厉害，但就全国范围而言，线下渠道依然分布广泛，老百姓仍有店铺购物的习惯，不做线下渠道就不会有足够的渗透率。事实上，小米销售收入中约有 50% 来自线下，联通全国代理商爱施德在小米的渠道拓展中立下了汗马功劳。近年来，小米在全国各个大中城市广泛开设线下体验店小米之家（MI），为潜在顾客提供产品与品牌推广的体验平台、销售窗口与物流配送的经营网点。

资料来源：胡介埙. 分销渠道管理 [M]. 5 版. 大连：东北财经大学出版社，2021.

问题思考： 怎样看待小米电商渠道模式的新发展？

2.1　商品分销的战略选择

企业在进入某地开拓市场之前，销售经理必先进行目标市场的分销方式的战略选择：是密集分销，还是独家分销，抑或是选择分销。三种方式明显互相排斥，销售经理只能选择其中一种方式进行操作。因为这三种分销方式有显著的不同，各自存在自己的优势和劣势，经理人只有根据自身的产品特点、企业资源情况、分销环境条件及需要进行选择，才能选择合适的分销方式，一经选择就确定了目标市场渠道建设的未来方向。下面让我们首先看看三种典型分销战略各自的优势和劣势（见表 2-1）。

表 2-1　三种典型分销战略的优劣对比分析

三种分销战略	优势	劣势
密集分销	能够快速实现市场覆盖 迅速提高销量和扩大影响力 利用经销商资源以节省费用	容易出现恶性竞争 容易出现乱价、窜货 渠道控制难度大
独家分销	能够保证市场秩序 分销层次和价格层次稳定 业务管理相对简单	渠道无竞争、无活力 渠道价格偏高、难控制 能力有局限、风险大
选择分销	能够实现市场覆盖最大化 能够保证销量、兼顾利润 合理组合、能够防范风险 优势互补、便于渠道控制	需要协调、组合 考验整体运筹能力

2.1.1　密集分销

所谓密集分销，即厂家在一个目标市场尽可能通过更多的经销商、批发商、零售商等分销机构销售其产品。密集分销是一种宽渠道结构。

在密集分销这种分销方式中，因为制造商在同一层次的中间环节中选用尽可能多的中间商分销自己的产品，使产品在目标市场上的销售有铺天盖地之势，从而达到最广泛地覆盖目标市场的目的，达到尽快地实现销量最大化和市场份额最大化的目标。在市场上，日用消费品和大部分食品、工业品中的标准化产品及通用化商品、需要经常补充和替换或用于维修的商品、替代性强的商品等大多采用这种营销渠道方式。

进行密集分销的好处主要有：市场拓展迅速，市场覆盖面大，能够短时间内实现销量最大化；分销商多，客户多，顾客接触率高，能够迅速提升产品及品牌知名度，能够迅速提高销售业绩；分销支持力度强，能够充分利用中间商的力量。

密集分销优势显著，劣势也很明显：厂家控制渠道较难，容易出现价格战并导致价格混乱；厂家前期需花费大量的人力、物力（寻找客户，铺货，广告轰炸，促销）；分销商之间竞争会异常激烈，容易引发渠道冲突；容易导致分销商不忠诚，有钱赚就销售，没钱赚就放弃。

总之，密集分销能够在短时间内达到目标市场分销最大化的效果，但对厂家的渠道管理能力是一个巨大的挑战，若处理不好，会因为分销商之间的恶性竞争和价格战而崩溃，出现昙花一现的情况。所以，采用密集分销必然要求设计随后的市场治理方案。

2.1.2 独家分销

独家分销是指厂家在一个目标市场只通过一家中间商销售其产品。独家分销又称为区域总经销，属于窄渠道结构。

在独家分销这种分销方式中，因为制造商在同一层次的中间环节中只选用唯一的一家中间商来进行商品的分销，所以，从速度上来看，市场开拓的进展不是很快，可谓不温不火；从分销的规模（即覆盖面）来看，不少潜在销售点还没有进入；从价格体系来看，倒是没有什么问题，只是零售价相对高一些；从市场秩序来看，应该井井有条，没有激烈的竞争和冲突。其实，这些就是独家分销的特点。它是一种最为极端的专营型营销渠道，主要适用于一些技术性强、价值高的商品，大众消费品是不太适合采用独家分销的。

采用独家分销的好处有：分销管理工作比较简单，在一个地区只要服务好一个分销商就好了；市场井然有序，从某种意义上说，渠道容易控制；分销商竞争程度低，价格体系比较稳定，价格及促销容易控制；厂家不需要投入太多的渠道开拓费用，渠道费用少；市场秩序稳定，不容易出现地区渠道冲突，出现市场问题也容易解决。

但独家分销也有不利的一面：因为是独家分销，在该市场没有直接的竞争，所以容易固守市场，不思进取，渠道没有活力；市场覆盖面有限，容易出现市场空白；推广人员、服务人员有限，顾客接触率低；厂家会过分依赖该中间商，容易出现大户问题，使该渠道反而难以控制。所以，如果选择独家分销，分销协议必须对双方的权利和义务详细约定，否则，日后很容易出现争议和冲突。

总之，一个分销商的能力毕竟是有限的，在市场上往往既有强项又有弱项，不可能满足厂家对一个市场开拓管理的全方位需求。因此，选择独家分销是要冒很大的管理风险和市场风险的。

2.1.3 选择分销

选择分销是指厂家在一个目标市场通过精心挑选的一家或几家特约经销机构进行渠道组合以销售其产品。选择分销属于组合型渠道结构。

在选择分销这种分销方式中，制造商在同一层次的中间环节中选择少数中间商（如两三家）分别组合进行商品的分销。选择性营销渠道政策，是根据一定的标准对销售该企业产品的分销商进行选择和组合，以形成合理分工及高效合作型的销售渠道。这类渠道方式多为产品线较多的消费品企业、消费品中的选购品和特殊品、工业品中的零配件销售等采用，是一种中等宽度的渠道结构形式。通过选择营销渠道成员并进行渠道成员组合销售，厂家对该市场渠道的控制力得到加强。

采用这种选择分销方式，分销商的选择和组合是关键。经销商的选择主要考虑其经营特点（商超型、批发型、小店型、周边开发型）、渠道网络及范围、销售规模、销售能力、管理能力、资金实力、诚信状况、价格遵守度、协作水平、物流能力和信息处理能力等。选择范围不只限于批发商、经销商、代理商，还包括特定的零售商及中介机构等。

采用选择分销的好处有：可以选择不同类型、特点，具有不同资源优势的分销机构，充分发挥分销商的功能；通过选择组合，可以实现市场覆盖面的最大化、销量最大化；有选择和渠道组合就有竞争，有利于渠道控制；通过选择和渠道组合，顾客接触率较高，有利于提高销售效率。

采用选择分销可能存在的问题有：难以选择到合适的具有不同特点和资源优势的中间商；因为对目标市场渠道层次类型的划分有难度，所以难以做到选择的高度匹配；对多个分销商的协调和资源整合也具有挑战性，特别在价格体系的平衡、渠道界线的划分方面，弄不好会引发渠道冲突；企业选定的是少数经销商，存在一定的风险，与未选择的客户之间也存在协调问题；经销商也可以选择销售竞争对手的产品，企业不能完全控制经销商。

2.1.4 选择分销的操作策略

一般来讲，消费品企业既要实现目标市场销量的最大化和市场份额的最大化，又要能够保持市场的稳定和生意的持续发展，采用选择分销的渠道组合策略是一个不错的选择。企业可以在一个地区选择2～3家甚至3～5家分销机构分销自己的产品，这样，分销商不会太多，也不会太少，可以最有效地分销，又能实现渠道控制，其中选择什么样的经销商、怎样组合最为关键，其中一个重要的指导思想就是，选择的分销商要实现错位经营、优势互补，才能达到最好的组合分销效果，避免选择同一类型同样特点的分销商而引发恶性竞争。

分销商的组合选择可以遵循以下思路。

1. 因地域选择

根据目标市场的地理分界进行划分，每个分地区选择一个分销商负责分销。如武汉市场，因为自然划分为武昌、汉阳、汉口，只要在这三个区域各寻找一个经销商即可。这是最初级的选择组合方法，由于现代商业连锁和电子商务的发展打破了自然地理的界线，这种方式受到质疑和挑战，其局限也非常明显。

2. 因产品线选择

有的企业有多条产品线，关联度高的产品可以选择同样的渠道（分销商）进行分销，但如果企业有多条不太关联的产品线，则可以因产品线不同分别寻找不同的分销商进行分销，组建不同的营销渠道网络，实现销售的有效性和组合销量的最大化。比如，TCL有白色家电（空调、洗衣机等）、黑色家电（彩电、抽油烟机等）、电话、手机、电脑等关联度不大的产品线，在目标市场中就可以根据产品线特征选择不同的分销商进行分销。

3. 因渠道层次类型选择

一个目标市场的渠道可以根据各渠道成员的经营特点区分为不同的渠道层次。以一个城市的消费品渠道为例，主要有零售类（购物中心、大卖场、连锁超市、专营店、专卖店）、批发类（批发市场、周边分销、小店）和特殊通道（含集团消费），这三种渠道类型在经营方式、利益追求、服务要求等方面都存在显著差异。零售类分销机构要求高促销，需要高费用，讲究终端营销和品牌；批发类分销机构不用高服务，喜欢低价格；特殊通道分销机构讲究高毛利，多采用灰色营销手段。所以，企业可以根据自身产品的特点和企业的分销目标要求选择具有不同优势特点的分销商，负责不同类型渠道的分销，以发挥渠道资源的整合优势。

案例 2-1

鹰金钱成都市场的渠道组合

广州鹰金钱（罐头）集团进入成都开拓市场时，范经理考虑到大卖场、连锁超市、批发市场、周边分销、特殊通道有各自不同的特点和要求，决定选择多个经销商协作经营。选择一个善于经营商超的经销商负责大卖场、连锁店的分销，选择一个批发市场的批发商负责小店、菜市场的分销以及周边市场的开发，再选择一个善于搞公共关系的客户专门负责开发集团消费和特殊通道的销售，三家分销商组成了鹰金钱罐头食品在成都市场的分销结构，由范经理负责协调。三家分销商分别属于个体、集体和国营，各有自己的优势和特点，在市场上是对手，有竞争，平时是朋友，互通有无，大家分工合作，其乐融融，"鹰金钱"的销量上去了，品牌知名度提高了，厂家投入加大了，大家赚的钱也更多了。范经理运筹市场也是左右逢源，游刃有余。实践证明，营销渠道的选择性组合能够实现公司产品的最有效分销和渠道的有效管理，当然也对销售经理的管理协调能力提出挑战。

资料来源：作者编写。

2.2 传统营销渠道模式

我国发展市场经济不过 40 多年，企业开展市场营销的时间也较短，在发展历程中，中国营销展现出了明显的自身特色。就营销渠道而言，中国市场经历了国营配销体系→分散的批发市场→专业化分销（经销商、代理商、分公司）→直销、连锁经营兴起→电子渠道等新兴渠道模式涌现的发展历程。从目前市场实际看，尽管目前直销、连锁经营、网络营销等新兴渠道蓬勃兴起，成为营销渠道领域的新潮流，但以经销商、代理商、分公司为主体的传统渠道的商品分销份额仍然大过新兴渠道的贡献，主要因为中国市场巨大，市场发展不平衡，广大的农村乡镇市场和不发达地区市场仍然需要众多经销商、代理商去完成商品的分销工作，它们是企业实现深度分销的重要力量，因此，可以说，在相当长的一个时期内，以经销商、分公司为代表的传统分销模式仍将在中国市场存在并扮演重要的角色。

2.2.1 经销商模式

1. 认识经销及代理关系

经销是指经销商从厂家那里先把产品买来，然后制定适当的价格进行分销。厂家可以在经销商把产品卖给最终顾客前收回货款，使资金尽快回笼。如果产品卖不完，经销商一般不退还厂家，只能自行处理产品，有时甚至因此而出现亏损。经销使原本属于生产厂家的一部分利润，转化为经销商的风险收入。经销有利于提高经销商对产品销售的积极性和压力。

经销商是指将购入的产品以批量销售的形式通过自己所拥有的营销渠道向零售商、批发商或其他组织和个人销售以获取利润的商业机构。经销商有独家经销商和特约经销商等不同形式。代理商的性质与经销商基本一致，都是借助厂家产品的销售获利的商业机构，厂家要借助它们来实现产品分销的目的，所以，我们把代理商也归为经销商模式这一类。只是经销商拥有产品的所有权，靠产品差价赢利；代理商不拥有产品的所有权，靠代理的佣金获益。

2. 经销商与代理商的区别

虽然经销商与代理商在功能和作用上有较多相似之处，但两者所获得的回报和承担的风险是不一样的，原因就在于两者在经营性质和工作流程上存在多个层面的差异。经销商与代理商的根本区别在于经销商在渠道中拥有商品的所有权，可以自由定价，而代理商不拥有商品的所有权，只能执行厂家的价格政策。经销商与代理商在经营性质上的具体差异如表 2-2 所示。

表 2-2 经销商与代理商在经营性质上的区别

项目	经销商	代理商
双方关系	与厂家是一种买卖关系	与厂家是一种委托代理关系
经营地位	以独立法人的身份签订合同	与第三方签订合同时需以厂家的名义签订

(续)

项目	经销商	代理商
利润来源	获得经营利润（差价）	赚取佣金（提成）
库存	保持适当的库存	代理商多半只有样品而无存货，按照订单进货
经营自主性	经营活动过程不受或很少受供货商限制	经营活动完全受供货商指导和限制
所有权	拥有商品的所有权	不拥有商品的所有权
独立性	独立的经营机构	不一定是独立机构
对称性	与供货商责权对等	供货方权力较大
角色	以自己的名义从事销售	以厂家的名义从事销售
售后服务	在售后服务方面，一般是自己承担	在售后服务方面，一般在合同中注明不负此责任
售后责任	发生索赔事件时，一般是自己承担	对索赔事件，一般在合同中注明对此不负责任

3. 经销商模式的优缺点分析

世界上没有十全十美的事物，任何一种渠道模式都有其存在的理由，又都有其发挥作用的特定环境和条件。经销商模式曾经是20世纪90年代以来我国市场分销渠道的主流模式，它在我国经济发展过程中发挥了重要的作用。经销商模式优缺点如表2-3所示。

表2-3 经销商模式的优缺点分析比较

优点	1. 经济性	能够利用经销商的渠道资源（包括资金、人员、销售网络等），成本费用比较低，比较经济
	2. 有效性	能够利用经销商的分销、配送优势，实现产品的快速销售和市场覆盖，比较有效
	3. 专业化	可以利用经销商的人脉、商誉、社会关系，发挥其本地化、专业化分销优势
缺点	1. 应收账款风险	根据中国国情，经销商大多要求赊销，因而会伴随应收账款问题，可能出现呆账坏账
	2. 市场支持风险	经销商有自己的经营目标，有其独立的利益，可能出现对厂家的产品、品牌推广支持不力
	3. 渠道控制风险	经销商是独立的经济实体，拥有商品所有权，厂家对其产品的价格和流向可能很难控制
适用范围及条件	1. 企业发展初级阶段	在企业发展的初级阶段，由于经济实力不足，往往需要借助经销商的力量分销其产品
	2. 单位价值较低的大众化产品	大众化产品的销售追求市场覆盖率，需要借助经销商的辐射、扩散功能才能实现销量和份额最大化
	3. 经济欠发达和渠道较分散地区	边远落后的地区渠道分散，分销成本高，因此，需要借助经销商以降低成本和提高有效性

4. 经销商模式在我国不可或缺

由于中国市场过于辽阔和复杂，各地区经济环境不同，各地消费者的购买和消费行为差异很大，加上各行业经营特点不一样，所以，在我国实现渠道的完全"扁平化"是很困难的，因此，消费品的分销工作必须借助经销商的力量，发挥其本地化的分销优势，开展"深度分销"，才能实现企业产品的最大化分销。像宝洁、娃哈哈、格兰仕、美的、联想等成功企业，始终高举"深度分销"的大旗，充分利用经销商的力量，将产品分销到了市场的各个角落，获得了巨大的市场回报。换句话说，在中国市场上，完全"非中间化"还只是一种梦想，经销商的作用不可替代，经销商的地位仍然不可或缺。

在中心城市市场，零售终端扮演主角，但不能覆盖市场的全部，分散的消费群，特别是中国广大的农村、乡镇市场，仍然需要经销商、分销商去覆盖，去承担深度分销和物流的重要功能。因为中国市场的复杂性，任何一个企业都无力将分公司或连锁店建到中国所有的县和乡镇，就算机构建到这一层次，也会无力支撑其巨额的渠道运作费用，无力承担这一庞杂体系的管理工作。此外，随着大终端的扩展，对厂家的配送能力也是一个考验，在厂家不能直接送达的城市和地区，还需借助经销商的储运力量，为大终端提供及时准确的配送服务。因此，经销商虽然不再成为现代城市商业的主角，但它仍然是广大中国市场流通商业的主要力量。而且，中国几十年的市场经济发展在各个行业都锤炼出一批有实力且理念和能力超群的经销商，他们最了解中国市场，他们最了解中国消费者，他们具有本地化资源优势，因而他们最专业，他们是中国市场进行"深度分销"的中坚力量。

所以，业界有人主张：厂家要和经销商均衡合作，厂家就不应再承担过多的流通职能；经销商能做好的，都交给经销商去做；能利用社会资源的，就不越俎代庖。相应地，厂家不要一味地缩减经销商的规模和经营区域，不能弱化经销商职能。

案例 2-2

娃哈哈的"联销体"渠道模式

娃哈哈公司的"联销体"是国内快消品界广为人知的一种经销网络搭建模式，也正是这个独特的经销网络，曾经迅速成就了娃哈哈在国内饮料界首屈一指的地位。那么，娃哈哈公司的联销体到底有何特殊之处，联销体又是如何为娃哈哈公司的发展助跑的呢？

娃哈哈联销体初步形成于 20 世纪 90 年代末国内快消品渠道由大流通市场向流通与现代渠道并存的转型阶段。在该转型阶段，娃哈哈公司逐步摒弃了各地以国营糖酒公司为主的经销商群体，转而发展个体经营的经销批发客户为地区经销商，同时，娃哈哈公司借助自己的品牌实力和层出不穷的高竞争力产品，向各新兴经销商收取经销保证金。

每到年末（12 月），娃哈哈公司都会在杭州总部召开全国经销商大会，而参会经销商的一个最基本条件就是要交清来年的保证金，并与娃哈哈公司签订新年度的经销合同。保证金的交纳额度为全年度任务额的 15%～20%（签订合同的条件为如数交纳保证金）。

经销商向娃哈哈公司交纳的保证金，以预付款的形式存入娃哈哈公司的账户，娃哈哈公司以高于中国人民银行的同期利率向经销商支付利息，同时要求经销商在每次用预付款提货后的 15 个工作日内将预付款补齐。这样不只保证了经销商的利益，更保证了娃哈哈公司在经销商群体中的号召力。

当有经销商受不了娃哈哈的"折磨"，或因羽翼丰满而不愿合作时，娃哈哈公司的策略也很简单，那就是立刻再去寻找发展新的合作伙伴，以做到宁缺毋滥，从而确保公司强权政策的推行。娃哈哈公司很清楚，在中国快消品市场，像自己这样同时具备品牌实力和赢利能力的公司是少之又少的。许多经销商也清楚，虽然与娃哈哈合作"钱累、心也累"，但是一年下来也能稳赚几十万元。做生意本就没有那么一帆风顺，毕竟比娃哈哈公司差得远的公司太多了！这也是保证娃哈哈联销体顺利运行并日趋成熟的关键因素。

资料来源：根据渠道网相关资料编写。

2.2.2 分公司模式

1. 分公司模式的含义

分公司模式是指制造企业在各目标市场成立自己的分公司或办事处，开展自主经营（或叫直营），以独立核算和控制销售渠道及终端的渠道模式。其中，制造商的自营销售组织与制造企业生产部门相对独立，它实际承担着企业产品的分销职能，是企业前向一体化的战略体现。当制造企业由于这种或那种原因决定不采用或仅部分利用中间商时，公司的销售机构就要设置独立的销售分支机构，并负责完成应由中间商完成的职能。

例如，海尔营销渠道模式最大的特点就在于海尔几乎在全国每个省份都建立了自己的销售分公司——海尔工贸公司。海尔工贸公司直接向零售商供货并提供相应支持，并且将很多零售商改造成了海尔专卖店。当然，海尔也有一些批发商，但海尔分销网络的重点并不是批发商，而是更希望和零售商直接做生意，构建一个属于自己的零售分销体系。

2. 分公司模式的优势和劣势

一般认为，企业建立分公司开展直营是一种主动型、控制型的渠道模式，它具有销售及时有效、信息沟通便捷、利于管理、便于服务、减少环节、提高效率以及方便控制的优势，为一些大企业在重点市场采用，我国大型国资企业大多采用这种模式。具体如表 2-4 所示。

表 2-4 分公司模式的优劣势分析

优势	劣势	适用范围及适用条件
1. 有利于企业制定针对性的销售策略，有利于渠道控制 2. 进入目标市场渠道的谈判成本低，开拓市场速度更快 3. 独立性强，不会受制于大型中间商 4. 政策灵活，在竞争中更容易拥有主动权 5. 更容易获得企业在人、财、物、技术等方面的支持 6. 制造企业自营销售组织及其成员对企业的忠诚度更高	1. 前期组建成本很高 2. 对企业的管理能力要求很高 3. 售后服务和维修成本需要自己承担 4. 不易形成规模效应 5. 容易产生惰性和企业腐败 6. 退出成本很高	1. 企业发展成熟阶段 2. 经济发达地区、渠道密集地区、中心城市市场 3. 单位价值较高的产品 4. 销量足以支持费用时 5. 管理水平足以控制时 6. 目标在于渠道掌控时

案例 2-3

TCL 自建销售公司赢得渠道主动权

早期的 TCL 是一家位于广东惠州、以磁带、电话机等的生产制造起家的国有企业，后进入家电行业，经过多年的努力，发展成为我国家电行业实施一体化经营的知名跨国企业。TCL 科技集团股份有限公司在其发展的过程中，成功地采用了企业自建营销渠道（建立分公司）的策略。

1. 实行"分公司"模式

对 TCL 来讲，主要有两种渠道可供选择：一是像其他彩色电视机生产厂家那样，通过批发商实现产品分销；二是绕过批发商直接面对零售商。为配合彩色电视机产品的全国市场销售，1993 年开始就正式组建了 TCL 电器销售公司，并在各个省份成立分公司，成为国内最早建立和拥有自己独立营销网络的电子企业之一。

销售公司成立后，按照大区→分公司→经营部→分销商的组织结构，步步为营，精耕细作，把网络一直建到了城乡接合部。TCL 将全国划分为 7 个大区，建立了 32 家分公司、200 家经营部、400 家分销点和 800 多个特约维修专营店，并拥有数千家由各个省份分公司授权的经销商，直属用户服务网遍及全国。TCL 具有当时中国家电行业最庞大、最细腻的营销服务网络。鼎盛时期销售网络员工 6 000 余人，其中约 1 500 人从事上门服务，约 1 500 人从事一线导购，约 1 200 人从事业务及客户管理，约 1 200 人从事各机构财务管理，其余约 500 人从事网络内的人事、信息、市场推广等管理工作。营销网络中的管理层次可分为大区总监、分公司总经理、经营部经理和产品经理三个级别。

2. 对"分公司"的管理

TCL 渠道的管理特色主要表现在两个方面：一是人员管理；二是经销商管理。

在人员管理上，TCL 主要推行以下五方面的做法。一是人员本地化。二是靠企业文化凝聚人。TCL 公司认为，员工要有一个共同的企业核心价值观。企业核心价值观是企业经营目标、观念和行为准则的基础，是企业的凝聚力所在。TCL 作为一个大型企业集团，每个所属企业的管理风格可以有所不同，但核心价值观应该都是"敬业、团队、创新"。TCL 企业文化在渠道管理中的运用主要体现在对员工的信任、授权和培训；为经销商、消费者创造价值，保证他们的利益，灌输 TCL 品牌概念；对社会承担必要的义务与责任。三是为每一个员工发展提供机会。四是注意提高员工素质。五是激励机制，除较高的奖励与福利外，公司还以公司股份作为重要的激励手段。在 TCL 公司，股份的 49% 是员工的，按公司规定，只要在公司工作，员工无论在什么岗位，工作满一年就可以分到不同份额的股份。

在经销商管理上，TCL 把厂、商看作一个利益共同体。因此，管理好经销商的关键在于只有双方具有共同的未来，才会有长期稳定的合作和双赢。因而他们首先加强在理念上的沟通，力求经销商能够理解和接受 TCL 的理念；其次，在双方利益一致的基础上，要有共创品牌的意识，即共创名牌商品和名牌商号。TCL 通过加强客情关系管理，增进了厂、商之间的感情，厂、商共同发展，获得了双赢。

资料来源：改编自渠道网相关报道。

2.3 新兴营销渠道模式

中国市场的分销渠道具有很强的代表性,不仅因为中国市场巨大,渠道结构复杂,存在多样化的商品分销渠道,而且因为中国市场环境日新月异,渠道模式多变,新兴渠道模式在不断涌现。20 世纪 90 年代以来,直销、连锁经营在我国兴起,并逐渐发展成为消费者喜欢、企业乐于采用的商品分销模式。而 21 世纪随着信息技术的发展,以互联网为平台的分销渠道吸引了消费者的眼球,渠道变得越来越短,市场反应越来越迅速,消费者越来越喜欢新兴的渠道购物方式,电子渠道等其他无店铺经营模式越来越显示出强大的生命力。

案例 2-4

汽车新兴渠道模式:城市展厅

近年来,在汽车市场上出现了不同于传统汽车 4S 店的汽车展厅模式,这些被叫作汽车展厅的店面通常建在城市中心,交通相对便利,大小不一,除了展示车型外,一部分店面仅有单纯销售的功能,一部分除了车辆销售功能外还承担了售后维修等功能。

目前市场上的城市展厅实际上存在两种情况:一类城市展厅,是不需要专门的土地资源新建网点,可以选择在城市的已有建筑物内通过改建、扩充建构服务网点。它承担的功能,比 4S 店简单。4S 展厅包括整车销售、零配件、售后服务、客户服务及公司日常行政办公等用途,而城市展厅除了销售车辆的功能之外,同时也发挥了形象展示的窗口作用。另一类城市展厅,如奥迪正在全国建设的城市展厅,打造的就是一种全球统一高标准的 4S 店模式。

其实城市展厅并不是新鲜事物,它曾经是 4S 店的原始存在方式之一,到了后来又伴随着 4S 店的不断扩张而慢慢衍生。在两年前,城市展厅模式被一些实力不济的经销商所利用,然而因为 4S 店盛行,它们没有多少生存空间,但是随着终端市场越来越呈现复杂性,各品牌之间的竞争越来越激烈,4S 店也需要把触角伸展到各个角落,尤其是直接把产品送到顾客眼前或者手中,许多城市展厅就作为 4S 店的二级店出现了。当厂家意识到这是一种便捷有效的方式的时候,当 4S 店的弊端凸显的时候,才把城市展厅模式扶正,不仅对 4S 店私自建设二级店的做法视而不见,还允许新加盟的经销商采用城市展厅的营销形式。

资料来源:根据 MSN 汽车网(http://msnauto.com.cn)相关资料整理编写。

2.3.1 直销模式

1. 什么是直销模式

如果制造商不经过中间商环节,直接将产品或服务出售给消费者或最终用户,则这种渠道模式被称为直接销售模式,简称直销模式(也叫直接分销、自产自销或者直接销售)。直销(直营)模式属于"非中间化"的渠道模式。如果制造商经过中间经销商、批发商、零售商，将产品或服务出售给消费者或最终用户，则这种渠道模式被称为间接销售模式。

这种"非中间化"的直销模式的特点是尽量减少中间环节而直接将产品或服务销售给消费者，这种销售模式能够减少中间环节，降低渠道运作费用，提高渠道效率，同时，企业实施直销模式使得渠道信息反馈更快捷更准确，便于渠道决策，使得渠道服务更方便更到位，便于增进和维护客情关系，而且便于控制渠道价格和加快资金周转的频率，正因为如此，不少企业开始探索和采用直销模式这种新兴的渠道模式，比如雅芳采用的就是典型的有店铺的直销，戴尔采用的是典型的网络直销，而平安保险采用的则主要是人员直销，其他如天津天狮、中山完美、上海玫琳凯等都是采用直销模式的成功典范。

特别是互联网的普及和网络生活的丰富，使得通过电子渠道的直销成为企业一种新的销售方式，通过互联网的购买行为也成为普通百姓一种新的生活方式，通过建立企业网站或建立网店等电子商务平台进行产品分销在企业已经非常普遍，已经形成一种商务潮流和趋势，可以预料，网络化的直销必将成为未来营销的趋势，主宰未来渠道。

直销的形式表现出广泛的多样化，并不断有新的形式出现，我们将这些形式归纳为两类：有店铺的直销和无店铺的直销，如表 2-5 所示。

表 2-5　有店铺的直销与无店铺的直销

1. 有店铺的直销	2. 无店铺的直销
（1）制造商专卖店 （2）销售门市部 （3）销售陈列室 （4）销售服务部 （5）合资分销店 （6）租赁卖场	（1）人员直销 （2）网络直销 （3）电视直销 （4）电话直销 （5）直接邮购 （6）目录营销（DM） （7）自动售货机 （8）其他媒体营销（手机、电台、报刊）

2. 直销模式的优势、劣势分析

直销有助于企业更好地按照顾客的需求提供产品和服务，并与顾客建立更为密切而牢靠的关系。这种优势主要表现在，直销渠道实现了生产与消费两者的紧密结合，使得两者之间的相互理解和依赖关系得到了最有效的实现。与间接销售相比，在直销方式下，生产者与消费者之间的陌生、隔阂乃至矛盾（如时间矛盾、空间矛盾、品种与数量矛盾、价格矛盾、产品设计与实际需求的矛盾、信息隔阂等），由于生产者与消费者的直接接触，都能很好地减轻和化解。

直接销售的优势主要表现在以下几个方面。

（1）免去了层层加价、多次倒手、多次搬运等环节，有利于降低营销成本和售价，提高渠道产品竞争能力和市场分销效率。

（2）生产者与购买者、消费者直接接触，既有利于改进产品和服务，也便于控制价格。

（3）生产者与购买者、消费者直接接触，为人们获得高水平的销售服务提供了可能。

（4）直接销售减少了中间环节，实现了应收账款控制，使回款更为迅速，加快了企业资金周转速度。

在现代营销渠道管理中，虽然承认生产商对营销渠道的控制权，但是实际上用中间商进行商品分销的方式中，具有非常高的交易费用和风险。要控制零售价就要防止层层加价，势必要极其全面、仔细地监督中间商的行为。生产商要求迅速返回货款，可是经常会碰到中间商不配合的情况。而在直接销售方式下，这些问题都迎刃而解了。企业采用直销模式有相当大的自主权和选择余地，来优化销售活动的过程。

但是，并不是说任何企业在任何情况下采用直接销售方式都是最佳的选择。一般来讲，企业考虑是否进行直接营销，取决于生产与消费在时间、空间、数量上矛盾的大小与企业解决上述矛盾的能力。如果企业的产品保质期短、体积大、单位价值大，或者渠道控制的愿望强烈，都可考虑采用直接营销渠道来完成商品销售。

采用直接销售可能带来的负面效应主要表现在以下几个方面。

（1）由于一切流通职能均由生产者承担，增加资金占用时间和固定投入费用；

（2）生产者承担全部市场营销风险，无法利用中间商资源和渠道分担；

（3）由于直接销售具有一定的指向性，所以市场覆盖范围也许有局限。

因为消费者居住分散，购买数量零星，因而单凭企业自己的力量，不借助中间商，无法使产品接触到广大消费者。但是，在当今互联网时代，这些负面因素都可以在一定程度上得到克服，因为网络生活模糊了人们生活的疆界，也极大地拓展了企业的商业空间。由此看来，直接销售与间接销售的优缺点是相互补充的。企业应当根据所面临的市场环境和自身条件，合理地选择直销渠道或间接渠道的分销方式。

案例 2-5

戴尔的直销模式

戴尔电脑以直销模式掀起了个人电脑行业的一次革命，凭借直销模式，戴尔电脑已经成为全球个人电脑销量第一的公司。

1. 戴尔的网上直销模式

电子商务的出现，给非直销企业提供了采用直销模式的商机。戴尔采用的网上直销模式是第三方连锁直销平台。戴尔在美国销售更多的是依靠网络，基本上可以不要门店。但在中国市场，不但用户上网率较低，单就消费习惯而言，美国消费者在网上看好产品就会决定购买，中国消费者必须看到实物且亲身体验了以后还得反复考虑才能下决心购买。中国的直销企业根据国情推出了一种本土化的直销模式——电脑直销。用户在直销店，如果看中了样品，只要留下电话和地址，就可以放心地回家等待和样品一模一样的产品送到手上，货到之后如果满意再付款。这是一种建立在连锁经营网络之上的直销模式，配送不再是由厂家配送给经销商，而是直接交到用户手中。

2. 戴尔网上直销的流程

下面以戴尔公司的直销网站（http//:www.dell.com）为例来分析和说明其物流过程。

戴尔公司的网站实际提供了一个跟踪和查询消费者订货状况的接口，消费者可以查询从发出订单到货物送到消费者手中整个过程的订货状况，戴尔对待任何消费者（个人、公司或单位）都采用定制的方式销售计算机，所以其物流服务也是配合这一政策而制定的。戴尔的物流从确认订货开始，确认订货以收到货款为标志，在收到货款之后需要两天时间进行生产准备、生产、测试、包装、发运准备等。戴尔在中国的工厂设在厦门，其物流委托了一家货运公司完成，并承诺在款到后2~5天送货上门，对某些偏远地区的用户每台计算机还要加收200~300元的运费。

3. 戴尔直销模式的管理

（1）直接的客户关系。戴尔的销售部门分成两部分，即负责大客户的LCA和负责小型机构和家庭消费者的HSB。销售代表客户建立与直接的关系，固定的销售代表负责固定的客户，专业的销售团队负责一个固定的区域或者一个固定的行业。客户有任何要求，都可以找到固定的人员来提供服务。由于戴尔与客户之间没有中间商，戴尔直接控制着与客户的关系。戴尔的竞争对手通过经销商进行销售，这些PC厂家无法像戴尔这样直接响应客户的要求。对于重要客户，戴尔还免费向客户提供优选网站，客户可以得到特殊的折扣并直接在网上下订单，查阅生产状况、运输状况、维修记录和采购记录。

（2）按订单生产。产品销售出去后，销售代表将客户的订单传给生产线，工人按照客户的订单进行生产并进行检测。而且，戴尔可以按照客户的要求，将客户需要的各种各样的硬件和软件在工厂集成到电脑里，并一起进行测试。然后，戴尔可以按照客户的要求将电脑运输到客户指定的任何地点。其他竞争对手却不同——在客户采购电脑的时候，电脑已经生产出来了，经销商只能根据客户的要求重新调整配置。这样，既造成成本的增加，也造成质量的下降。

（3）专业的支持和服务。客户收到电脑的第二天，技术工程师亲自上门安装，任何开箱时的质量问题都在第一时间得到解决。客户还享受到终身的技术支持服务。客户遇到故障时，可以通过免费的800电话向提供技术支持的工程师咨询。如果是硬件故障或者其他需要上门解决的故障，工程师在第二个工作日上门维修。只要客户采购了戴尔电脑，以上的所有服务都是免费的。另外，戴尔还建立了专门的服务网站，提供每周七天、每天二十四小时的服务。

（4）以客户为导向的研究和开发体系。戴尔并不专注于专有技术的开发，而是向客户提供最需要的技术。戴尔的销售代表与客户有直接的关系，他们听取客户的意见并把这些意见反馈给研发部门，研发部门以客户需求为导向来设计产品。这使得戴尔电脑的技术不断得到更新，生命周期更长。

销售代表是公司的英雄。在戴尔公司的客户服务中心有一面大锣。如果有一个大订单进来，赢得订单的销售代表就重敲一下，整个公司都回荡起锣声，只有销售代表有这样的殊荣。销售代表的薪水也很高。戴尔的销售代表超额完成任务后，他的奖金是以工资的40%为基数乘以4。常有销售代表一个季度可以拿到十几万元的薪水和工资，甚至超过公司的总经理。戴尔公司经常实行年终抽奖，完成销售任务的销售代表甚至可以参与抽取宝马轿车。

4. 戴尔直销模式在中国遇到的挑战

在中国市场，戴尔的直销模式也曾经面临挑战，这些挑战主要来自信息到达、物流配送和中国消费者的购买习惯。中国市场地域辽阔，当时科技不够发达，各地市场发展也不均衡，在网络还不普及的情况下，商品信息难以到达，物流配送有时也很困难，而且，当时多数中国消费者习惯在实体店里购物，所以，十年前戴尔不得不做出渠道策略调整，学习联想的方式尝试分销，以适应中国市场的竞争环境。

事实上，戴尔线下分销模式的建立是戴尔战略变革的一个信号。戴尔未来在中国的销售模式将是在一至三级城市仍以网络直销为主，在四到六级城市将建立以分销为主要特征的复合渠道模式。可以肯定的是，戴尔"直销＋分销"的混合销售模式将在一定时期内共同存在。

资料来源：根据渠道网相关内容整理编写。

2.3.2 连锁经营模式

连锁经营在发达国家已经取得了巨大的成功。在我国，连锁经营自20世纪80年代后期起步，20世纪90年代初逐渐兴起，并得到了迅猛发展。尤其在上海、北京、深圳、广州等城市，连锁经营正在以超乎想象的速度迅速发展。连锁店正以一种强大的力量进入我们的生活，并影响和改变着都市人的消费习惯和生活方式。我国的连锁经营已进入了加速发展阶段，我们可以认为，它将是21世纪我国零售业最具增长活力的经营模式。

1. 连锁经营

连锁经营是指经营同类商品或服务的若干企业，以一定的形式组成一个联合体，对企业形象和经营业务进行标准化管理，从而实现规模经营的渠道模式。

有人认为，连锁经营是指企业以同样的方式、同样的价格在多处以同样名称命名的店铺里出售某一类商品或提供某种服务的经营模式。美国贸易法规定，连锁企业是至少有在一家总店控制下的10家以上的经营相同业务的分店。而在我们的文化和常识里，三家以上的名称、形象、经营内容和管理方式相同的具有业务联系的销售门店，就可以称为连锁经营商店。

自20世纪90年代以来，连锁经营作为一种新兴的零售商业模式，已经在我国各行业蓬勃兴起，如家电行业的苏宁、国美，零售行业的华联、联华、华润，IT行业的联想"1+1专卖店"、清华同方，服装行业的李宁、雅戈尔，餐饮行业的小肥羊、谭鱼头等，其他如美容美发、化妆品、家居、装修、教育、图书、音像制品等行业都大力开展连锁经营，甚至有人说，现在卖牛腩粉都要"连锁经营"，可见连锁经营模式的魅力。

2. 连锁经营的特征

连锁经营的本质是把独立的、分散的商店联合起来，形成覆盖面很广的大规模销售体系。它是现代化工业发展到一定阶段的产物，其实质是把社会大生产的分工理论运用到商业领域，体系中的各个部分分工明确，相互协调，形成规模效应，共同提升企业的竞争力。连锁经营模式具有以下显著的特征。

（1）经营理念的统一。经营理念是一个企业的灵魂，是企业经营方式、经营构想等经营活动的根据。一个成员店作为连锁商店的一分子，无论其规模大小、地区差异，都必须持有一个共同的经营理念。这一经营理念体现在与购物有关的一切物质和精神环境上，例如要为消费者提供"优雅的购买环境""快捷的服务""衷心的关怀""流行的消费"等。

（2）识别系统的统一。连锁商店要在众多店铺中建立统一的企业形象，既包括外部视觉形象又包括内部的装修与商品陈列等。这种统一的企业识别系统（corporate identity system，CIS）和经营商标不但有利于消费者识别该企业，更重要的是使消费者产生一种深刻的认同感。

（3）商品和服务的统一。连锁经营商店各店铺经营的商品都是精心挑选的，有统一的产品和规格，按消费者的消费需求而做了最佳商品组合，并不时更新，提供的服务也经过统一的规划，对所有店铺的服务实行标准化，使消费者对连锁商店形成稳定的预期，即消费者无论到哪家店铺，都保证可以买到连锁商店所提供的一致的商品和享受到一致的服务。

（4）经营管理的统一。连锁经营商店接受总店统一管理，实施统一的经营战略和营销策略，遵循统一的规章制度，包括员工统一作息、统一着装以及统一考核和奖励，各连锁店统一采购、统一配送、统一确定价格、统一调整价格和促销等，以提高管理效率和规范性。

连锁经营商店就是在上述四个统一的前提下，实行专业化管理及集中规划，形成协同效应，使企业加快资金周转，增强讨价还价的能力，使物流综合配套自成体系，从而取得规模效应。四个统一是连锁经营模式的精髓，它有助于保障连锁企业的产品和服务质量，有助于形成连锁企业的品牌效应，有利于进行快速复制和扩张，有利于开展规模经营。

3. 连锁经营的优势

连锁经营是当今我国市场产品分销渠道的主流模式，它部分地取代了传统批发市场的功能，并因其巨大的网络覆盖、顾客购买的便利性和体验性，以及成为名牌渠道的品牌效应，越来越受到顾客的青睐，也越来越得到企业的重视。连锁经营的主要优势如表 2-6 所示。

表 2-6 连锁经营的主要优势

主要优势	具体表现
1. 大量采购优势	连锁经营企业大多成立采购中心，统一采购，因为是规模化采购，所以具有讨价还价的能力，可以降低采购费用，从而降低产品价格
2. 市场覆盖优势	连锁店由若干连锁网点构成，形成一个产品分销的网络，具有对目标市场进行占领的功能和强大的市场影响力
3. 品牌影响优势	连锁经营实行标准化经营与管理，具有统一的品牌形象标识，具有强大的品牌形象影响力，能够形成"品牌渠道"
4. 联合促销优势	连锁经营企业的最大资源就是拥有众多的连锁门店，可以利用各门店之间的联合促销，提升促销效果，获得规模效应

(续)

主要优势	具体表现
5. 成本分摊优势	连锁经营企业下属若干连锁门店，可以分担总公司的管理费用和经营费用，如采购、人工、物流、市场推广等费用，以降低风险
6. 内部化优势	连锁经营企业各连锁门店之间还可以实现信息共享、资源共享，通过互相沟通、学习和联合，协调解决经营中的困难，共享成果

📍 案例 2-6

蜜雪冰城用连锁模式扩张

1997 年，蜜雪冰城在郑州创立，是一家以经营新式茶饮、冰淇淋为主的全国连锁企业，从开业就确立了蜜雪冰城的经营使命："让全球每个人享受高质平价的美味。"截至 2023 年年底，蜜雪冰城在全国各地的门店已突破 29 000 家，数量居于茶饮品牌第一。

蜜雪冰城采用连锁加盟的经营模式。这种经营模式意味着蜜雪冰城各机构能够分工明确、相互协调，形成覆盖面很广的大规模销售体系。经营模式的统一能够更好地让品牌进行迅速扩张复制，这也是蜜雪冰城在全国各大中小城市均有门店的重要前提，也是其能够成为全国门店数量最多的茶饮品牌的主要原因。

蜜雪冰城所有的原材料均为总部提供，统一采购，统一发货。其总部位于农业大省河南省郑州市，在原材料价格具有本土化优势，能够以较低的成本采购原材料。它已经建立了自己的供应链，从生产制造到物流仓储均由自己牢牢控制，其品牌由三大公司共同服务，有效地保证蜜雪冰城产品的质量。连锁经营还能够让它更好地把握原材料的质量，保证同样一杯奶茶在全国各地喝到的味道都相差无几。

连锁加盟的经营模式能够为蜜雪冰城建立一个统一的企业形象，包括门店内的装修以及产品展示、店招的统一。这样能够让消费者更好地识别出该品牌，提高自身的辨识度并且能够更好地让消费者产生一种认同感和信任感。茶饮行业的产品更新换代速度快，连锁加盟能够让所有的店铺实行标准化，保证了全国所有门店均能在第一时间内提供一致的茶饮产品，让消费者能够在第一时间内享受到蜜雪冰城一致的服务。

资料来源：根据蜜雪冰城网站相关资料整理编写。

4. 连锁经营的分类

连锁经营按照不同的标准可以划分为不同的类型。

（1）按照所有权构成不同，可以划分为正规连锁、自愿连锁和特许连锁。

1）正规连锁（regular chain，RC），在我国叫作直营连锁。美国在工业商业普查和统计中所认定的连锁商店均为正规连锁，即单一资本经营，有两个或两个以上分店，统一经营管理。而国际连锁商店协会对正规连锁的定义是，以单一资本经营的 10 个以上分店组成的零售业或饮食组织。

正规连锁的主要优势包括规模优势（高度统一，总部拥有全部所有权）、经济优势（批量进货采购，降低管理费用，减少中间环节）、技术优势（总部专业规划和设计，共享技术）。

2）自愿连锁（voluntary chain，VC）。美国商业部对自愿连锁的定义是，由批发企业牵头，成员在保持资本独立的前提下自愿组成的集团。日本业界则认为，自愿连锁是由许多零售企业自己组织起来的，在保持各自经营独立的前提下联合一个或几个批发企业，建立起总部组织，使进货及其他业务统一化，以达到共享规模效益的目的。

自愿连锁的成员店资产独立，人事安排自理，在经营上亦有很大的自主权，但经营的商品必须全部或大部分从总部或同盟内的批发企业进货，而批发企业则需要向零售企业提供规定的服务。

3）特许连锁（franchise chain，FC）。连锁店的分店同总部签订合同，取得使用总部商标、商号、经营技术及销售总部开发的商品的特许权，经营权仍集中于总部。在餐饮、便利店、旅馆等行业，连锁企业通常会在开设了一定数量的正规连锁店后，便考虑用特许连锁的方式发展加盟店。自20世纪80年代以来，特许连锁的发展速度已超过了其他两种连锁形式。

特许连锁的制度优势是特许人将大大降低投资成本、加快扩张步伐、增加企业知名度、市场份额稳定，而被特许人将减少失败风险、借用促销策略、接受指导和培训、获得稳定的商品供应和财务支持等。

（2）按照业种形式的不同，可以分为商品零售连锁、餐饮零售连锁、服务零售连锁等。

1）商品零售连锁。连锁作为一种组织形式可用于各种零售经营形式，如超级市场、折扣商店、专业店、便利店和百货商店，因而产生了超市连锁、专业商店连锁、便利店连锁、百货商店连锁等。

2）餐饮零售连锁。提供标准化、系列化、大众化的饮食服务，典型的例子是麦当劳和肯德基等遍及世界的快餐连锁店。我国的永和大王、马兰拉面等也具有一定的影响力。

3）服务零售连锁。主要是同一服务项目间的连锁。从服务业连锁经营的历史来看，采用正规连锁、自愿加盟和特许连锁进行扩展的方式普遍存在。例如，美国的洗衣店大多数采取正规连锁经营的形式，我国台湾地区的美容美发店也较多采用正规连锁经营的形式，快速冲印业的连锁经营更为普遍，柯达公司就是采取这种形式开拓中国市场的。

（3）按照地理区域的不同，可以分为国际性连锁、全国性连锁和区域性连锁。

大多数国际性连锁、全国性连锁都是从区域性连锁发展而来的，国际性连锁、全国性连锁由于分布地区广阔、各连锁店之间距离远、区域差距大，还可按层次设立区域性管理机构，协调本区域内各分店的经营活动，但整个经营决策仍在总部统一控制之下。区域性连锁虽然规模比不上全国性连锁，但在其所在的区域内分店密度更大，更接近于居民的生活区，并在集中化、市场细分化方面做得更好。如美国的普尔斯马特、法国的家乐福等都已在我国设立连锁经营店，我国的永辉超市一开始仅在福州设立门店，后来又在全国一些大中城市设立连锁店，截至2023年末，已覆盖我国29个省份，近600个城市，并积极拓展海外市场。

2.3.3 复合渠道模式

中国市场巨大,市场结构复杂,单一的渠道模式无法复制到所有的地区市场。另外,中国经济日新月异,分销方式也不断演进,随着新技术的应用,新的渠道模式不断涌现。在这种渠道环境复杂性、多样化和变动性的情况下,很多企业通常不是采用一种营销渠道模式,而是采用多渠道组合的复合渠道模式,以顺应市场需求和应对市场竞争。

因为企业所面临的细分市场客户消费行为之间的差异,采用任何一种单一的渠道模式都很可能只能覆盖部分目标市场,无法达到预定的市场覆盖率要求,同时,随着社会的进步和技术的迅猛发展,新渠道形式的不断涌现也为企业提供了更多的渠道选择方案。企业既可以选择通过建立销售队伍、直邮销售、电话营销或互联网营销等直接销售,也可以采取利用批发商、代理商和零售商等分销商间接销售。每一种渠道模式都有自己独特的优势和适应性,也都有其局限性,没有任何一种十全十美的渠道。因此,明智的企业就会选择整合不同渠道的优势,或在不同地区采用不同的渠道模式,利用多种渠道来销售公司自己的产品。事实上,绝大多数的家电产品、日用消费品、服装、食品和化妆品企业等都在综合使用经销商、代理商、批发商、超级市场、百货公司、便利店和专营店、专卖店以及电子商务等直销的方式销售自己的产品,甚至通过使用互联网渠道来销售自己的产品,形成复合营销渠道模式。

复合渠道,也称多渠道系统,它是一家企业同时利用几种营销渠道模式来销售其产品的渠道体系。利用复合渠道销售公司产品,可以给企业带来很多优势,如扩大市场覆盖面以实现销量最大化,适应不同顾客群的购买需求,有效降低分销成本,获得更加全面准确的市场信息,有利于渠道创新和市场竞争等,但复合渠道的实施也会面临管理的挑战。如某知名的食用油企业就采用了复合渠道模式以追求市场覆盖最大化、销量最大化,以及获得市场竞争优势。其主体实行区域经销制,在全国市场分七个大区发展了1 000多家经销商;对销量大、影响力强的关键客户(key account,KA)如沃尔玛、家乐福、联华、华联等采用直销,派优秀业务经理跟进;在北京、上海、广州等重要市场设立分公司,开展自主经营,控制市场制高点;同时,在各大电商平台设立网店,拓展线上销售与推广的空间。

企业构建复合营销渠道能够获得如下一些好处。

(1)增加市场覆盖面。当不同细分市场的顾客在购买(选择营销渠道)的习惯方面存在较大差异时,任何一种营销渠道模式都无法满足所有不同顾客的购买需求,不能覆盖整个目标市场,只有利用多种营销渠道的组合才能达到较好的市场覆盖效果。

(2)降低渠道成本。因地制宜地利用各种渠道的优势进行组合,通常可以大幅度地减少渠道成本,如那些采用传统渠道的企业,增加网络渠道或无店铺经营可以降低成本。

(3)增加销售的定制化程度,以提高渠道效力。采用复合渠道时,企业可以利用不同渠道的特点对不同顾客提供差异化服务,更好地实现定制化营销。在企业间的技术差异不断缩小的情况下,构建起多种有效的特色营销渠道已经成为提高竞争力的一种明智选择。

可以说，现代消费者已经不再满足于从单一渠道获取商品信息和购买商品，特别是电子商务的兴起，丰富了销售的渠道形式，比如网络销售成为一种新趋势，消费者往往通过多种渠道获得商品信息和购买产品。消费者可以通过宣传单页知道产品目录和促销信息，到网上进行搜索比较，到零售店观看实物形态，最后通过电脑或手机下订单购买。

但实施复合营销渠道也有缺点，就是加大了渠道管理的难度，容易引发渠道冲突。采用复合营销渠道将使不同的渠道之间产生冲突的可能性大大增加，不同渠道之间的价格差异很可能会引发窜货、乱价，这些都对实施复合渠道的企业提出了更高的管理要求。

案例 2-7

王老吉的渠道组合

"王老吉"品牌始创于 1828 年，已经历一百多年的发展。广州王老吉药业股份有限公司（简称王老吉）是我国中成药生产企业 50 强之一，曾荣获"中华老字号"企业、"全国先进集体""广东省医药行业质量效益型先进企业"和"中国五星级企业"等称号，其拳头产品"王老吉"饮料畅销全国。

王老吉的销售渠道分为现代渠道、常规渠道、餐饮渠道和特殊渠道四个层面，其在饮料市场迅速走红的秘诀是个"快"字，就是同时快速启动四个渠道，四条腿走路。

（1）现代渠道。现代渠道主要包括大卖场、连锁超市、网络销售等。主要由当地经销商直接供货，并将产品直接铺到超市、大卖场，入场费、堆头费等费用由王老吉承担。

（2）常规渠道。常规渠道包括经销商（代理商）、批发商以及一些小店铺等。王老吉通过分区域分销覆盖了小店铺等零售终端店，形成了完整的销售网络。

（3）餐饮渠道。王老吉紧紧围绕"预防上火"的定位，选择了湘菜馆、川菜馆和火锅店作为"王老吉诚意合作店"，投入资金与对方共同开展促销活动，并把这些消费终端场所变成了广告宣传的重要战场，设计制作了电子显示屏、红灯笼等宣传品免费赠送。在餐饮商家获得巨大实惠的同时，王老吉悄无声息地完成了餐饮渠道的建设。

（4）特殊渠道。王老吉在娱乐场所等地的操作除了常规的请导购、免费品尝之外，还进行了联合促销，如与啤酒厂商搞联合促销，推出"买1扎啤酒赠送2罐王老吉"等活动。

王老吉的渠道建设采用 RMS 系统（线路管理系统），业务人员每月的 15 日和 30 日要上报他们所掌控的渠道客户资料，后勤人员负责录入 RMS 系统并及时更新补充。RMS 系统最大的特点是相同的客户资料不能重复录入，因此可有效反映业务人员的工作量大小、工作进度，以及某地区的人均产值等销售信息，以便有针对性地进行市场拓展，实施深度分销。

资料来源：根据王老吉官方网站资料整理编写。

2.4 其他无店铺渠道模式

无店铺营销渠道是指制造商和经销商不通过商店，直接向消费者提供商品和服务的一种营销方式。与传统渠道模式相比，它避免了传统渠道中间环节过多，容易导致渠道冲突以及厂商和中间商不得不投入大量资金开设店铺、装修设计、广告促销、招聘人员、保证存货，从而导致经营成本大大增加等缺陷，实现了短渠道经营，在降低渠道成本的同时提高了渠道效益。无店铺营销渠道一般包括直邮、目录营销、电话营销、媒体直复营销、自动售货和新媒体渠道等。

2.4.1 直邮

直邮（直接邮购）是通过邮局向家庭或企业寄送附有寄件人地址的广告，实现与潜在顾客或已存在的顾客群进行业务联系和实现销售的一种方法。直邮营销者通过寄送各种邮件、信件、传单、宣传单、广告及其他产品信息，如录音带、录像带，甚至计算机磁片和光盘等，开发客户和达到销售的目的。直接邮寄营销者希望出售产品或服务，为推销员收集有关线索，传播一些有趣的信息，或向忠实的顾客赠送一件礼品。

直接邮购的优点是它能更有效地选择目标市场，可实现个性化销售，经营比较灵活，运作费用也不高。尽管该方法每千人接触成本较采用大众媒体要高，但所接触的人成为顾客的可能性较大。事实证明，直接邮寄在销售诸如书籍、杂志和保险方面十分有效，并且越来越多地被用来销售新奇的产品、礼服、服饰、精美食品和工业产品等。邮购业务的成功在很大程度上依靠公司管理邮件和顾客名单的能力、管理存货的能力、提供优质产品以及树立一个鲜明的以顾客利益为中心的良好形象的能力。

消费者对直邮已越来越了解，所以每一种尝试都应有创意，尽可能完善，以达到既定的目标。过去最简单的邮包不过是一张卡片、一封信或一件衣服，现在直邮目录中加入了许多其他新对象，应慎重考虑这些要素是否适合直接邮寄。数据库技术的迅速发展，使得直邮公司能迅速准确地处理大量数据和邮包，直接推进了直接邮购行业的发展。

2.4.2 目录营销

目录营销是一种早在 20 世纪就出现的直复营销形式或工具。许多著名的消费品销售公司，如西尔斯（Sears）、沃尔玛（Walmart）等就是目录营销的先锋。传统的目录营销在商业零售领域使用越来越广泛，我们会发现，大型卖场、连锁超市、便利店、专卖店都在采用这种模式，这种销售渠道模式可能将继续在各个行业零售领域扮演主要角色。在美国，平均每个家庭一年至少要收到 50 份商品邮购目录，邮购目录通过大多数普通商品零售商寄出，如今天的沃尔玛、家乐福、好又多、万客隆（Marko）等公司，都很好地采用了目录营销这种形式，取得了非凡的业绩。这些公司经营品种齐全，通过目录营销可以将丰富的产品信息传达给目标顾客，特别是可以准确传达公司门店的促销信息，刺激消费者的购买欲望，达到提高人流量和促进销售的效果。

零售业巨头万客隆是亚洲最大的连锁超级货仓商场之一，凭借其庞大的顾客数据库资料，万客隆每月向顾客邮寄商品目录，通报最新商品的情况，发布本期商品促销的信息。另外，万客隆的会员每隔一定时间都会收到公司征询意见的电话，了解顾客对公司商品的引进、价格、维修以及售后服务的意见。公司按累计购买金额计算积分，顾客通过购物卡积分可以得到促销优惠或奖品，每当自己的消费达到一定的金额，消费者都会得到一定价值的赠品或折扣优惠。

案例 2-8

"红孩子"的目录营销

北京红孩子有限公司（简称红孩子）成立于 2004 年 6 月，是一家在中国做目录营销很成功的公司。公司曾先后 3 次顺利地吸引了美国著名风险投资公司 NEA、北极光和 KPCB 共计 3 500 万美元的投资，成功地站到了中国最受欢迎的投资企业前列。

红孩子刚进入市场时，目录营销和电子商务方式在母婴用品领域已经有了相当的影响。一类企业是以传统门店与目录相结合，如丽家宝贝；另一类企业是专业电子商务网站，如皮皮网等。为了避开那些已经站稳脚跟的先进入者的锋芒，红孩子没有成立门店，选择了目录直投的方式，每月都将产品印刷成刊，免费投递到可能的用户手中。

红孩子认为要迅速获得市场的认同，最简单、最直接的方式就是低价。所以，尽管当时北京母婴市场上的平均利润率约 21%，但红孩子坚持只赚 10% 的利润。结果，不仅遭到同行怨恨，还导致了供货商的全面封杀。为了遵守厂方给出的价格，红孩子只能在赠品上做文章，向顾客赠送红孩子本身的贴牌产品。除低价外，红孩子的快速发展主要得益于其独特的业务模式以及由此带来的核心竞争力：快速反应和整合。公司将供应、销售、物流、呼叫中心和行政管理都配合在一起。公司在全国主要城市设置了妇婴产品电子呼叫中心。公司将呼叫中心和网站绑定。呼叫中心一旦接到订单，立即同时传给物流、财务和供应商管理系统。红孩子的物流系统在接到订单后，负责在 24 小时内将货配齐，运给客户，并负责收款。红孩子所销售的产品都是知名品牌，所以，红孩子认为，自己只是一个平台和营销渠道。

资料来源：改编自胡疆的文章《红孩子之路》。

2.4.3 电话营销

电话营销是另外一种随着现代技术的出现而发展起来的渠道方法，通过利用和发挥电话的功能，内向接收和外向拨打电话，以此获得客户信息，激发客户需求和进行业务交易。

外向拨打电话寻找客户作为营销的一种手段，在操作过程中容易引起指责，因为这种方式被许多人认为具有侵犯性而不受欢迎。而作为企业间沟通的一种手段，也许更具商业价值，对某些公司而言，它是销售组合的一个关键要素、一种制胜手段。内向接收电话，不论对消费者还是对企业间市场都是电话营销领域崛起的新领域，它的发展是与以媒体为基础的直接反应广告的发展相联系的。

由于这种方法能够得到快速反应与行动，对消费者和广告商都很有吸引力。800、

400免费电话和低价电话的采用进一步改进了这种方法，这样使潜在消费者接电话、打电话时免去了为了联络生意需要付出费用的压力，从而使电话营销变得轻松而自然。目前，电话营销已经成为消费品市场一种主要的直接营销工具。

由于有了输入大面积电话服务装置，营销者可以向顾客或潜在顾客提供免费的电话号码，以便使顾客在接收到印刷广告或电视广告、直接邮件以及目录广告的刺激后，通过电话订购有关的产品或服务，或者通过电话提出投诉或建议。营销者也能使用电话直接向消费者和企业推销，找出需求信息，联络远距离的顾客。此外，电话营销还能提高公司的推销效率，特别能节约营销过程的开支，因为电话营销几乎不需要什么固定的投入。但是，由于人们对陌生人电话的防范心理，电话营销往往不被人信任，让人反感，因此，虽然不少企业如保险、房地产公司等，利用电话进行营销，但效果并不好，特别是现代互联网、移动互联网已经兴起，大有取代电话营销的趋势。

2.4.4 媒体直复营销

直复营销（direct marketing）是指企业利用一定的媒介（如互联网、电话、电视、目录、报纸、杂志、广播和移动终端等多种无店铺零售方式），通过与目标顾客直接接触，获得顾客直接的反馈信息并实现产品或服务销售的一种营销方式或商业模式。因此，直复营销也被称为直接营销。直复营销的概念是由美国人蒙哥马利·华尔德提出的，他在1872年创办了第一家邮购商店。此后，直复营销的概念一直在不断更新，直到20世纪80年代才形成今天意义上的直复营销。直复营销具体分为网络营销、目录营销、电话营销、印刷媒体营销、电视营销、广播营销、直邮营销、移动社交平台营销等多种形式。

当今信息技术的发展使同时处理大量的电话并与顾客进行沟通成为可能，因此，企业纷纷采用这种直接沟通的销售方式。此外，电视、电台、报刊以及今天的微博、微信等各类移动社交平台也可被用于向顾客推销产品，企业在这些媒体上发布直复广告，看到或听到有关某种商品信息的人可拨打免费电话订货。在各种媒体的直复营销中，电视营销成为直复营销的一种主要方式，企业可通过无线电视网或闭路电视将产品直接推销给消费者。

直复营销的特点在于以下方面。

（1）直复营销是一种交互式的营销系统或方法。它不同于一般广告媒体或销售技巧，是一种通过刺激顾客需求并把商品传递给顾客，从而直接达成交易的方法。直复营销中的广告与一般广告不同，它是一种能获得直接回应的广告，实施直复营销的企业可以迅速得到消费者的反应或立即实现交易。

（2）直复营销是一种不用实体店铺的销售方式，它依靠一种或多种广告媒体和工具，如印刷媒体、视听媒体、互联网和电信工具等刺激顾客购买，实现产品或服务销售。

（3）直复营销活动的效果是可以测定的。在直复营销中，企业与顾客直接交互产品和销售信息，直接下单和接单，直接付费和交付，直接交流与反馈，因此，营销效果一目了然。

2.4.5 自动售货

自动售货是通过自动售货机或其他自助售货设备来销售商品（或完成商品出售相关的服务）的一种形式，如自动售货机出售商品、自动柜员机办理业务、自动售报机售报，以及机场的自助办理登机牌、地铁的自助售票等，都是典型的自动售货方式。自动售货机一般被放置在商店、医院、机场、地铁和其他一些公共场所，以便顾客消费，同时提高渠道覆盖率和销售效率。自动售货主要用于饮料、休闲食品、金融产品等包装比较标准的商品销售，随着信息化水平的提高，这种渠道模式越发普遍。

有一些企业开发和设置了一些其他形式的自动售货设备，如一家鞋业公司在它的几个分店里都设有这类机器，顾客可以向机器说明他所要的鞋的式样、颜色和尺码，然后机器便会按照顾客的要求在屏幕上显示出鞋子的图像。如果顾客所要的鞋在本店没货，他可以拨打旁边的电话，并输入信用卡的号码以及送货地点。

又如一家零售商在机场候机大厅设立自动导购屏，顾客可以看到在屏幕上介绍的各种产品，如玩具、箱包、图书等，顾客可以触碰屏幕，选择感兴趣的产品。比如顾客对某品牌的箱包感兴趣，录像就会介绍此种箱包的优点。如果顾客想订购，可以再触碰一下屏幕，指明对包装、送货、签收的要求。最后，顾客可以选择屏幕上的手机扫码支付或银行卡支付方式完成支付，整个交易即完成了，所购的商品会很快送到指定地点。

2.4.6 新媒体渠道

1. 新媒体渠道的概念

新媒体渠道是利用当代新的通信媒体，如互联网、互动电视、手机移动终端等，将商品信息传送给消费者，通过单向或双向的信息传递以完成订购、支付、物流、售后等销售流程的电子营销渠道或网络营销方式。

新媒体渠道借助的媒体有以下四种类型：第一类是传统媒体，如报纸杂志、电视、广播等；第二类是互联网媒体；第三类是移动通信媒体，即目前广泛使用的智能手机移动终端及诸多网络社交平台；第四类是传统的服务机构，如银行、邮政、酒店、机场、电影院等。这些媒体的核心资源，一是媒体界面，二是顾客资源，三是遍及全国的销售网点。

2. 新媒体渠道的内涵

新媒体渠道作为一种新兴的服务业态、一种全新的商业模式，充当的是一个资源整合者的角色，采用的是资源整合型的平台化运营模式。新媒体渠道的特点及发展趋势是企业媒体化、媒体渠道化、渠道媒体化、渠道平台化。

所谓企业媒体化，是指企业本来需要借助媒体推广自己的产品、品牌及形象，而企业，特别是知名企业，在运作过程中本身变成了一种媒介，承担着接收信息和传递信息的功能。

媒体渠道化，是指原来的一些纯粹的媒体，现在已经演化为既是媒体，又是有力的销售渠道，如电话推销、电视购物、互联网电子商务、手机移动终端、114查号台、携程旅行网等,都是一渠多能。科技的发展使得媒体渠道化成为潮流。

同时,很多知名的销售渠道承担着信息接收与传递、品牌推广的功能,渠道也逐渐媒体化,有些渠道甚至形成了产品销售和信息集聚的综合平台,如京东、美团、携程、苏宁等渠道即是如此。

案例 2-9

古井贡:开创"互联网+酒"新渠道格局

中国白酒文化源远流长,但在当今互联网营销时代,其市场拓展也面临挑战。古井贡是中国白酒行业浓香型酒的知名品牌,2016 年 10 月 31 日,安徽古井集团董事长梁金辉一行现身苏宁总部,与苏宁云商董事长张近东共同出席"苏宁云商·古井贡酒战略合作发布会"。苏宁易购与古井贡酒分别作为电商、白酒行业领军企业,签署了战略合作协议,共同推进白酒行业营销的互联网转型与产业合作升级。发布会上,双方联袂推出了"45 度古井贡酒 1989",并由苏宁全渠道独家发售。双方表示,以此款产品为标志,白酒行业将全面进入以用户体验为核心、线上线下融合发展的新媒体渠道运营模式。

凭借此款定制产品,一方面,苏宁将通过线上线下融合的全渠道平台,快速提升产品曝光度,拓宽产品销售渠道;另一方面,苏宁也将整合大客户以及线上线下经销商资源,独家负责"45 度古井贡酒 1989"的团购和分销渠道建设。这是白酒行业首个由互联网新渠道负责单品全面操盘的合作案例,也是白酒行业流通渠道升级中具有里程碑意义的事件。当年的"双 11",双方携"45 度古井贡酒 1989"战略新品,通过营销资源共享、品牌互动营销、多样化合作等方式,给市场带来了亮点,为消费者带来了更多实惠和多样化的消费体验,最终实现了品牌与销售的快速、协同发展。

资料来源:尹元元,朱艳春. 渠道管理 [M]. 2 版. 北京:人民邮电出版社,2017.

3. 新媒体渠道平台

新媒体渠道工具主要为移动终端,包括手机、平板电脑、手提电脑等,新媒体渠道平台主要包括但不限于门户网站、搜索引擎、各种应用程序等。企业可以根据自身实际情况进行一种或多种渠道的整合营销,甚至可以与传统媒介营销相结合,形成全方位立体式营销以赢得更多的顾客关注。新媒体渠道平台主要包括以下几类。

(1)微信平台。在互联网时代,尤其是随着移动互联网的发展,流量成为最紧俏的资源之一,因而抢占流量入口就显得格外重要。微信已经成为连接人与人、人与物、物与物的重要纽带之一。微信从最初的一款简单的社交软件,发展成了如今功能强大的综合性平台,朋友圈、公众号更是直接成为商业渠道竞争的前沿阵地。随着微信营销越来越普及,其在企业整个渠道体系中的地位和作用也越来越突出。

(2)微博平台。微博,即微博客(micro-blog)的简称。微博的出现不仅掀起了一场互联网领域的"微革命",同时,在商业领域,微博的即时性、传播性、便捷性也足以在营销界引起一场革命。从企业的角度来说,微博为企业的产品和服务提供了一个直接的、即时的展示、沟通、服务平台。从消费者的角度来说,消费者可以利用微博这个社会化媒体更加立体地了解和选择自己所需的产品与服务。微博作为最引人关注的新兴媒体，在功能和营销价值方面都为渠道建设提供了新鲜的元素。企业使用微博平台时可以结合平台的特点与定位，选择不同类型的微博栏目。

（3）企业直播平台。企业直播，即主要面向企业级用户提供视频直播服务，以大数据为基础，以视频互动技术、人工智能等技术为依托，满足企业商业目的，为企业提供数字学习技术和数字营销解决方案，从而为企业增长赋能。企业直播自2010年兴起，至今已有十余年发展历史，历经多个发展阶段。在发展初期，企业直播主要作为内容传播工具，帮助企业进行活动推广，扩大受众范围。自2015年以来，花椒、映客等C端（消费者）直播得到快速发展，直播形式逐渐被大众所接受，企业直播更多面向终端顾客，重心转变为以零售为目的的直播带货。伴随在线教育、在线文娱等行业的兴起，直播的作用已不再局限于传播工具，而是发展成为企业营销获客和商业应用的重要形式，直播的行业也不局限于教育、文娱，而是广泛拓展到旅游、消费品、工业品等商业、服务业领域。随着大数据、网络技术的不断发展，企业直播的形式也不断创新，有的富有娱乐性或寓教于乐，例如唱歌、跳舞、产品知识科普，或者用中英文双语带货；也有的富有公益性，如宣传环保理念、助力乡村振兴。直播带货的应用逐渐走向成熟，已经成为新一代数字营销的重要方式。

案例 2-10

直播带货火了

淘宝"双11"期间的直播数据显示，2019年，超过100万名主播加入了淘宝直播，其中177位主播年度成交额破亿；超4 000万种商品参与直播，商家同比增长268%。2020年，在线直播市场发展回归理性，对平台的内容生产、主播培育和引流能力提出了更高要求。然而"直播+"的趋势越来越明显，主播变现的方式正结合电商，开辟出一个新的战场。

资料来源：周冰. 渠道管理[M]. 北京：中国人民大学出版社，2021.

网络直播作为近年发展起来的新兴产业，正成为消费者和业界关注的重点，用户规模不断扩大。根据相关数据统计，截至2021年，我国网络直播用户规模超6亿人，未来仍有较大的增长空间；2020年我国直播电商市场规模达9 610亿元，较2019年同比增长121.5%。直播电商市场的火热发展进一步培养了用户的使用习惯，为企业直播的发展奠定了良好的用户基础。企业直播利用其稳定性技术优势和定制化服务能够满足不同类型企业和顾客的需求，有效拓展了企业的商业领域，提高了企业的营销效率。但企业直播也不排除存有动机不纯的、虚假宣传的情况，企业直播这一新媒体渠道需要职能部门加强监管。

4. 新媒体渠道的特征

互联网、大数据、人工智能、云计算的发展推动了媒体技术的更迭，也促进了行业的转型升级，传统渠道如果不积极寻求转型，进行结构升级，整合优化资源，寻找可持续发展之道，很快就可能被时代淘汰。新媒体渠道具有如下特征。

（1）传播高效，交互性强。新媒体传播的是信息组合，包括文字、声音、图像等信息，内容更加生动形象，直观性强，便于受众理解和接受。在这个过程中，消费者可以选择与自己的需求相关的营销信息，节省时间，提高效率。多平台的营销互动会形成企业与消费者以及消费者之间的沉浸式、渗透式的影响，将市场真正带入到用户为王、全民营销的新时代。抽奖、小测试奖励、线下沙龙、粉丝聚会等活动均可提高用户的黏性和数量。

（2）受众范围广，易产生裂变效应。新媒体营销以互联网为载体，而互联网的特性决定了新媒体营销的全球性。在这种开放的环境中，企业的产品和服务是面向全世界的，营销信息可以通过新媒体传播给世界上任何一个地方的现实客户和潜在客户。截至2021年1月，全球网民达46.6亿，全球的手机用户人数为52.2亿，社交媒体用户达到近42亿。各大搜索引擎、网站、小程序、论坛等通过软文、视频等形式分享或自带广告资源，引入流量并将流量变现。

（3）用户群体精准化，提升用户转化率。新媒体营销系统根据每个用户不同的用户属性、用户标签进行不同的信息推送，与传统媒体相比更加准确，能够有效降低成本。精准的用户投放有利于提高用户转化率。如果潜在的产品需求得到满足，用户获得超过预期的心理体验，就会增强产品偏好和忠诚度，同时，企业通过新媒体平台检测，将广告投放效果的相关信息清晰展现出来，对于市场把控也十分有利。

专题二

直销、传销与非法传销

20世纪80年代，安利、雅芳等西方企业带着传销模式进入我国，传销在我国迅速兴起。紧接着，一些不法商人看到了传销模式的诱人之处，打着直销的旗号，利用传销模式去销售假冒伪劣产品，去欺骗自己的亲人、朋友，利用消费者的无知牟取暴利，于是传销被非法传销所笼罩，直销与传销混为一谈。在这种情况下，国家于1998年出台政策打击非法传销，但屡禁不止。2005年，国家颁布了禁止传销的条例，视所有传销活动为非法，并且颁布了《直销管理条例》以澄清直销与传销的关系。因此，为推动直销，保障直销的健康发展，避免直销活动陷入非法传销的陷阱，有必要弄清楚直销、传销的理论概念与非法传销的本质。

1. 直销

根据世界直销联盟的定义，传统意义的"直销"（direct selling）是"以面对面的方式，直接将产品及服务销售给消费者，销售地点通常是在消费者或他人家中、工作场所，或其他有别于永久性零售商店的地点"。所以，传统的"直销"通常指的是无店铺的直销，或者说是由直接的销售人员进行演示或说明的直销，是单层次的销售。

现代意义上的"直销"是对直销新的理解和执行，它通常是指一种使产品和服务不通过中间商而直接从生产者到达最终使用者的经营形式。从这个意义上来说，推销员直接把产品卖给最终使用者、邮寄销售或工厂经营零售店销售均属直销范畴，所以，现代"直销"包括无店铺直销和有店铺直销两种形式，目前雅芳、安利就是通过转型走的第二条道路。

无店铺直销的主要方式包括人员直销、自动售货机售货、网上直销等。人员直销是指销售人员在消费者家里或其他的非商店地点与消费者接触，上门直接向顾客推销产品或服务的一种渠道模式。人员直销的特点是产品随身携带、当面沟通和议价、有感情交流、现场交易，与店铺零售相比，交易地点由固定的商店变为灵活的顾客工作或生活的场所。

人员直销主要有几种类型：上门推销、办公室推销、家庭销售会推销，同时也包括多层次直销等。直销可以分为单层直销与多层次直销两种形式，其中多层次直销就是通常所说的传销。

渠道管理专家伯特·罗森布洛姆认为，"由于直销是强调高度的个人推销和在顾客家中的实际产品展示，所以，直销最适合销售高质量的产品和具有独特性能的产品，以及那些要求提供大量产品信息的商品"。

2. 传销

传销又叫"多层次营销"（multi-level marketing），是一种以市场倍增学为理论基础，以人情为联系纽带，以人际传播推广为主要形式的商品营销方式。通俗来讲，传销就是传销员在推销产品、取得报酬的同时，还着力建立、发展下游传销员组织，并通过这个组织的整体销售业绩提升获取经济收益的一种营销模式。

其实，纯粹从营销理论角度看，传销不失为一种有效的营销创新模式，它着重于发挥人的作用，利用了人追求利益的欲望，能够有效地实现产品的快速扩散该模式将渠道推广成本用于对传销人员的奖励，是一种非常具有冲击力的营销模式。但为什么传销在我国被政府打击和取缔呢？这主要是因为非法传销被人诟病。自20世纪80年代传销传入我国以后，一些不法商人利用传销的形式销售假冒伪劣商品，干非法传销的勾当，欺骗宣传，暴敛钱财，在群众中造成极坏的影响。很多人因为缺乏有关的知识，难以分辨直销和传销的本质而上当受骗。

（1）传销组织是一个等级分明的"金字塔"结构。每一个传销人员都处于传销渠道中的某一个层次中，同时他自己又可以发展自己的下线网络，这样就形成了多层次的销售网络。传销人员大多要经人推荐并购买最低数量的产品才能加入销售网络，取得经销权，此后就能以独立经销商的身份从事传销活动和发展自己的网络。每一个层次的传销人员都只接受自己上线的领导，同时又管理自己的下线网络。这样较高级别的传销人员发展下游传销人员，下游传销人员再发展更下游的传销人员，如此扩散形成一个金字塔形的销售网络。

（2）传销组织带有浓厚的投机色彩。传销组织利用大众的投机心理来维持和发展组织，以加入销售网络取得经销权为诱饵，迫使想要加入组织的人员高价购买某种产品，获取非法暴利。传销人员不是因为需要才购买，而是为了取得经销权从发展下线中获得投机收益而购买。传销组织的计酬制度规定,每一个传销人员不仅可以自己发展下线,向下线销售产品获利,而且可以从自己所发展的整个网络中所有下级传销人员的业绩中按一定的比例提取所谓的"花红"或者各类"奖励"。因此,越是处于金字塔较高层次的传销人员就越能轻松地获得巨额的收入,众多下线的资金聚敛到少数上线的手中,使他们获得暴利。

(3)传销的投机性往往导致欺骗性。传销人员为了从发展下线网络中获利,常常利用欺骗的手段诱使他人入会,并收取高额入会费,特别容易发展自己的亲戚、朋友、熟人入会。一旦被骗进入,为了减少损失,挽回原先投入的成本,这些人就会拼命发展新会员,整个组织会迅速扩展。但是,当处于金字塔最底层的会员看到继续发展下线没有希望时,整个组织就会瘫痪,并可能危及社会的安定。因此,严格区分直销与传销之间的差异,识别各种变相的传销形式,无论对于促进社会经济的健康发展,还是避免个人上当受骗都具有重要意义。

综上所述,传销的理论基础来源于市场倍增学的原理,传销的文化基础则是人与人之间存在的人情关系,即"面子文化",它一方面利用了人们的发财欲望,另一方面利用了人们不好意思驳面子的心理来实现销售,具有一定的强制性。正因为如此,传销自20世纪80年代引入中国就得到了迅速的发展,并被一些不法商人所利用,用于销售假冒伪劣产品,组织地下传销活动欺骗百姓,把本身就具有争议的传销搞成了更为恶劣的非法传销,成为骗人的把戏,使得传销成为过街老鼠,人人喊打,社会危害极大。

3. 直销与传销的区别

直销与传销具有根本性的不同,其区别主要表现在以下几个方面。

(1)销售代表角色不同。直销公司的销售代表是公司的雇员,而传销公司的传销商是独立的经销商。

(2)渠道长度不同。多层次传销是渠道长度最大的营销模式,而直销又称"零层次营销"(zero-level marketing),是渠道长度最小的模式。

(3)业务管理模式不同。直销企业的业务管理模式是"扁平化"结构,而传销企业的业务管理模式则为"金字塔"结构。

(4)销售激励机制不同。直销一般采用"底薪+佣金"的收入制度,而传销是采用提成,外加发展下线奖励,上线从下线的经营业绩中取得收益。

(5)晋升导向不同。传销纯粹是业绩导向的,达到了什么样的业绩水平,就享受什么级别的待遇,不考虑综合标准考核。

(6)推广导向不同。直销是以服务为导向的,突出厂家直接的服务和个性化需求的满足;而传销是"成功学"导向的,靠激发传销员发财暴富的冲动牟利,带有很强的诱导性质。

4. 非法传销

自1990年美国雅芳公司进入中国市场以来,美国安利、仙妮蕾德等公司也相继进入中国市场开展业务,同时带来了直销、传销的营销模式。随着市场的发展,传销逐渐演化为非法传销,变成了一种欺骗消费者的把戏,带来了严重的社会问题。

非法传销是指运用传销的模式销售假冒伪劣产品或莫须有的产品而不在工商管理部门登记注册、不向国家纳税的非法经营行为。非法传销往往具有以下几个显著特征:传销员的收入不是主要来自产品零售利润及其业绩奖金,而是以介绍他人入会收取"人头费"佣金为主;公司利润不是靠整体传销员的零售业绩,而是靠最底层新人入会费带来的收入;组织结构上是一层层向下发展下线,形成金字塔式的几何效应;传销的产品往往是非正牌的假冒伪劣产品、暴利产品,甚至是莫须有的产品,无任何品质责任保证;传销机构往往没有在当地工商管理部门注册而是非法经营,因而又名"老鼠会";所传销产品不准退货或退货条件苛刻,传销员权利缺乏保障;强调高报酬及坐享其成,推崇短期内快速诈取钱财的"发财"理念。可以看出,非法传销具有很大的欺骗性和强制性质,国家明令禁止。

2000 年,国家工商行政管理总局○、公安部和中国人民银行发布了《关于严厉打击传销和变相传销等非法经营活动的意见》,我国政府坚决予以取缔并按有关法规处理的传销或变相传销的行为主要有以下几种。

(1)经营者通过发展人员、组织网络从事无店铺经营活动,参加者之间上线从下线的营销业绩中提取报酬的。

(2)参加者通过交纳入门费或以认购商品(含服务)等变相交纳入门费等,取得加入、介绍或发展他人加入的资格,并以此获取回报的。

(3)先参加者从发展的下线成员所交纳的费用中获取收益,且收益数额是由其加入先后顺序决定的。

(4)组织者的收益主要来自参加者交纳的入门费或以认购商品等方式变相交纳的。

(5)组织者利用后参加者所交纳的部分费用支付先参加者的报酬维持运作的。

(6)其他通过发展人员、组织网络或以高额回报为诱饵,招揽人员从事变相传销的。

5. 政府对直销、传销的立法监管

有的企业打着直销的旗号搞非法传销,具有很大的欺骗性。为了规范企业直销行为,政府于 2005 年颁布了《直销管理条例》,建立了对直销的审批机制和管理机制。审批机制主要包括审查直销企业的多层次直销体系、明码标价制度、冷静期政策、低门槛进入机制、退货机制、退出机制和公布机制。

工商管理部门在审批直销企业时,第一是审查其多层次的直销体系,即判断一个直销企业的奖金制度到底是不是金字塔式的,只有企业及直销员的最终利润来自销售商品的所得,才能通过审批。第二,直销企业所销售的产品必须明码标价。明码标价可以减少消费者的顾虑,同时可以减少直销员不必要的解释,对消费者、直销员、直销企业来说,都是有益的。第三,确立冷静期。直销企业必须给购买直销商品的消费者及直销员以一定时间的冷静期,来考虑是否最终购买,以避免消费者及直销员由于一时冲动而做

○ 2018 年,国家工商行政管理总局等部门的职责整合,组建国家市场监督管理总局,不再保留国家工商行政管理总局。

出某些不理智的购买行为。第四，低门槛进入机制，也就是说，消费者要想成为直销企业的直销员，其加入的入会费要有一定的限制，这实际上相当于对冷静期条款的补充。第五，退货机制。直销企业必须允许消费者在购买直销产品之后，如发现不满意时可以退货，以保证购买直销产品的消费者与通过其他渠道购买产品的消费者拥有同等的权利。第六，退出机制。当直销员不想继续从事直销行业时，直销企业不得以各种理由不准其退出。这样，可以保障直销从业人员进出自愿的权利，同时在某种程度上进一步补充了冷静期条款。第七，公布机制。所有通过审批的企业应该由工商部门在官方网站对外公布，使消费者及直销员可以很容易地知道某企业的直销合法性。中国的直销更倾向于单层次模式，并且规定了严格的监管措施。

对于传销，政府的态度是坚决予以打击和取缔。非法传销对社会经济、社会秩序危害极大，而老百姓没有办法区别哪种是"合法传销"哪种是"非法传销"，不法商家往往钻这个空子欺骗百姓，使得国家无法有效监管。有鉴于此，国务院于 1995 年 9 月 22 日发出了《关于停止发展多层次传销企业的通知》，又于 1998 年 4 月 18 日发出了《国务院关于禁止传销经营活动的通知》，宣布传销在中国为非法，明令禁止各种传销活动。但是，此后各地的非法传销活动时有发生，而且往往是借用直销的名义进行。为了肃清非法传销的遗毒，2005 年 8 月 10 日，国务院常务会议通过了《禁止传销条例》，在中国全面禁止传销经营，主要条款如下：

第二条　本条例所称传销，是指组织者或者经营者发展人员，通过对被发展人员以其直接或者间接发展的人员数量或者销售业绩为依据计算和给付报酬，或者要求被发展人员以交纳一定费用为条件取得加入资格等方式牟取非法利益，扰乱经济秩序，影响社会稳定的行为。

第十条　在传销中以介绍工作、从事经营活动等名义欺骗他人离开居所地非法聚集并限制其人身自由的，由公安机关会同工商行政管理部门依法查处。

（条例还具体描述了传销行为并明确界定了相关法律责任和处罚条款。）

用一句话来说，虽然传销本身是一种创新性的营销渠道模式，但在中国市场的政策和法律环境下，一切"传销"都是非法的，一切"传销活动"都是被禁止的我们应当坚决杜绝涉足此类活动。

测试题

一、名词解释

1. 选择分销
2. 直销模式
3. 连锁经营
4. 复合渠道
5. 传销
6. 新媒体渠道

第2章
测试题参考答案

二、选择题

1. 在渠道战略选择中，三种典型的分销战略包括密集分销、独家分销和_____。
   A. 经销商分销　　　B. 选择分销　　　C. 批发商分销　　　D. 网络分销

2. _____包括直邮、目录营销、电话营销等营销渠道和新媒体渠道（互联网、多媒体销售、互动电视直销）、自动售货等。
   A. 直销渠道　　　B. 无店铺渠道　　　C. 分销渠道　　　D. 电子渠道

3. 连锁经营按照所有权构成不同可以划分为正规连锁（直营连锁）、自愿连锁和_____。
   A. 国际性连锁　　　B. 特许连锁　　　C. 非正规连锁　　　D. 区域性连锁

4. 新媒体渠道作为一种新兴服务业态、一种全新的商业模式，具有企业媒体化、媒体渠道化、_____、渠道平台化的特点及发展趋势。
   A. 业务关系化　　　B. 渠道媒体化　　　C. 产品多元化　　　D. 品牌体验化

5. 传销又叫"多层次营销"，是一种以_____为理论基础，以人情为联系纽带，以人际传播推广为主要形式的商品营销方式。
   A. 市场营销学　　　B. 市场倍增学　　　C. 市场策划学　　　D. 市场传播学

三、简答题

1. 经销商与代理商有什么区别？
2. 连锁经营模式具有哪些特征？
3. 直销模式有哪些优势？
4. 新媒体渠道具有哪些特征？

四、论述题

怎样看待新媒体渠道及其未来趋势？

训练设计

通过自己的观察或者实地调研，找出一个实施复合渠道模式的企业案例，绘制该企业的复合渠道结构图并分析其各自的目标顾客群和承担的分销功能。

综合案例

盒马鲜生OAO双店模式颠覆传统零售概念

2016年1月，阿里巴巴正式布局新零售线下业务，第一家盒马鲜生门店面世。仅仅一年半之后，盒马鲜生的个别店铺就实现了盈利。值得一提的是，按照正常的零售行业标准，传统超市坪效（营业收入/建筑面积）一般为10 000元/米^{2}左右，而盒马鲜生足足提高到了50 000元/米^2，随后盒马鲜生在各大一线城市高速扩张，最快的6个月即可实现盈利。盒马鲜生的出现打破了生鲜市场的局面，其被称作是生鲜电商的"救命稻草"。

1. OAO（online and offline，线上和线下）模式，信息打通，实现顾客体验最佳

盒马鲜生采用的是实体店与网店融合一体化的双店模式，将线上顾客引导至线下实体店参观、体验，同时可将实体店顾客吸引至线上消费，除了支持线上、线下单独购买，还可实现线上、线下智能拼单，共同配送，真正实现资源互通、信息互联、双店彼此获益。支付方式的限制推动顾客下载盒马 app 并成为其会员，方便打造全渠道的消费体验，同时支付宝支付很好地形成了消费闭环，使企业掌握线下大数据，并可形成广告及营销价值。

2. 到家服务看似增加成本，实则深度获取客群

盒马鲜生的免费配送到家服务，短期来看成本相较于传统卖场偏高，但最终是为了实现对核心商圈客群的主动覆盖，一旦实现将快速颠覆传统卖场。以上海为例，环内城区面积约 680 千米^2，假设以半径 3 千米作为免费配送区，理论上只需 24 家门店即可实现全部主动性覆盖。

3. 零售与餐饮的跨界融合，满足随时随地"吃"的需求

堂食区是盒马鲜生增强客户体验与线下黏性的关键一步。顾客可以将刚刚在盒马鲜生挑选好的新鲜海产交给餐饮区的后厨帮忙加工，只需要支付少量加工费就可以立刻在堂食区享受美食。堂食区的设计做到了海鲜的快餐化，同时展示了生鲜食品的品相，增强了其他顾客购买的欲望，而顾客在等待的同时，还有可能继续逛逛超市，产生二次消费。除饮食外，顾客在堂食区还可以享受到机器人做菜表演等娱乐活动，这让顾客产生强烈的归属感。

4. 以店做仓提升效率，颠覆传统电商模式

根据我国零售业经营惯例，传统电商用仓做配送，盒马鲜生则选择了用店做仓，店仓一体化。门店货架即为线上虚拟货架，让顾客对购物环境、商品品类和品质、服务质量有更为真切的感受，增强了顾客的体验感和信任感。

资料来源：周冰. 渠道管理 [M]. 北京：中国人民大学出版社，2021.

问题思考：

1. 盒马鲜生的双店渠道模式有什么独特之处？
2. 盒马鲜生的成功给现代企业渠道模式选择带来什么启示？

第 3 章 CHAPTER3

营销渠道结构设计

章首语

渠道结构设计牵涉到长渠道与短渠道、宽渠道与窄渠道、新兴渠道与传统渠道以及大众渠道与特殊通道的选择和规划。渠道结构的设计要根据企业及其产品的特点，考虑分销及其管理的有效性；同时要兼顾国家经济发展的战略性需要，特别是中国式现代化建设中"构建新发展格局"和"实现高质量发展"的需要；另外还要关注消费者的便利性需求，使消费者能够在合适的时间、适当的地点更加方便地获取自己需要的产品或服务，助力提高老百姓的生活质量和幸福感。

学习目标

1. 认识渠道设计的原则和目标。
2. 熟悉渠道设计的环节和过程。
3. 了解渠道设计的影响因素。
4. 掌握渠道设计的策略与方法。
5. 讨论渠道的"逆向重构"。

开篇案例

屈臣氏公司的渠道组合设计

屈臣氏集团是跨国综合企业长江和记实业有限公司的成员，为全球知名的国际保健美容零售商，业务遍布 20 多个国家和地区，经营超过 16 000 家连锁零售商店。集团涉及的商品包括保健产品、美容产品、香水、化妆品、日用品、食品、饮品、电子产品、洋酒及机场零售业务等。屈臣氏公司选择了宽而短的营销渠道并充分利用分布广泛的连锁分店，结合网上销售、邮售等方式，保证消费者能够方便地购买到称心如意的屈臣氏产品。

屈臣氏连锁零售商通过代理生产商、代理加工商生产属于自己品牌的产品，同时允许第三方品牌入驻。生产商与终端零售商由屈臣氏公司统一控制，确保供给与需求相一致。公司无生产研发队伍，它既是终端零售商也是分销商，线上线下配合销售。在线下，终端门店连锁经营是屈臣氏公司产品的主要分销模式，屈臣氏的门店遍布世界各地，在各个主要的地区都分别设立旗舰店，尽可能展示其所有的产品，使消费者能够体验到"一站式购物"的便利与乐趣。屈臣氏被称为线下零售巨头，仅在国内就有超过4 000家店面遍及各个大中城市。屈臣氏还把门店开到了新加坡、马来西亚、泰国、菲律宾、韩国等地区。为了能够接近更多的消费者，屈臣氏将大部分门店设在一些大型购物中心内，这种旗舰店与普通店并举的策略大大唤起了消费者对屈臣氏品牌的认识，强化了其品牌形象。

屈臣氏采用的是线上线下融合的全渠道模式，除了线下连锁经营，屈臣氏在其线上官方网站也设置购物专区供消费者自由选购。目前，屈臣氏已经进驻多家第三方电商平台，如京东、天猫、亚马逊等，取得了非凡的业绩。屈臣氏天猫商城等电商平台的旗舰店不仅是屈臣氏线下成功模式的延伸，更是当今电子商务环境下屈臣氏与消费者紧密联系、信息沟通的新接触点。

今天的市场竞争日益激烈，网络经济环境下新渠道模式不断涌现，而明智的企业如屈臣氏选择整合不同渠道的优势，线上线下融合，采用多种渠道组合销售产品。在线下，普通店与旗舰店并举，强化消费者的品牌意识；在线上，通过电子渠道直销，弥补线下渠道的不足，从两个方向发力不断扩大市场覆盖面，在适应不同顾客购买需求的同时降低了产品的分销成本，获得了更为广阔的市场发展空间。

资料来源：根据屈臣氏官方网站资料整理。

问题思考：屈臣氏的渠道组合给现代企业渠道管理带来什么启示？

3.1 渠道设计的内涵

从管理的角度看，市场经营者必须对营销组合中的任一方面做出决策，包括渠道。在企业的渠道建设和渠道管理过程中，渠道设计是战略性的必需环节，也是基础的环节，它属于渠道战略管理的内容，决定着企业营销渠道的未来发展方向，因此，渠道设计应具有战略性、前瞻性。

（1）渠道设计（channel design）是企业对于自己的产品未来的营销渠道的长度、宽度和分销模式的提前规划。具体来讲，渠道设计是指企业为实现销售目标，根据自身产品的特点，结合企业内部及外部环境条件，对各种备选渠道结构模式进行评估和选择，从而开发新型的营销渠道模式或改进现有营销渠道的过程。产品一旦需要进入市场，企业就需要根据自身的产品、价格、促销等营销组合要素设计其营销渠道，以实现销售目标。简言之，渠道设计就是指对以前不存在的新的营销渠道的开发或对现有渠道的调整（罗森布洛姆，2020）。

（2）企业可以通过渠道的设计获得竞争优势。广义的渠道设计包括在公司创立之时设计全新的渠道模式以及改变或再设计已存在的渠道模式，后者也称为营销渠道再造。

企业特别是中小企业,可以通过独特营销渠道的设计、开发与再造创建市场竞争优势。

(3)渠道设计主要是制造商的职责,但批发商和零售商也都面临渠道设计的问题。批发商处于渠道的中间位置,其渠道设计的决策需要从两个方向入手,既要考虑上游供应,也需要了解下游的需求情况。而对零售商来说,渠道设计是从制造商与批发商入手的,为了获得可靠的产品供应,零售商要从渠道的末端向渠道的上游来设计渠道。渠道设计应该具有战略性和前瞻性,它引导着企业分销工作的未来方向。

3.1.1 渠道长度与宽度

1. 渠道的长度

渠道的长度是指构成营销渠道的层级、环节的多少,或者说是构成营销渠道的不同层级渠道成员的多少。根据渠道的长度可以把渠道划分为长渠道和短渠道。长渠道主要表现为经销、代理、批发等形式,短渠道主要表现为直销、连锁经营、网络营销等形式。有的人把长渠道称为间接渠道,把短渠道称为直接渠道,如表 3-1、表 3-2 所示。

表 3-1　长渠道与宽渠道示意(以食品、日化产品为例)

	大卖场	连锁超市	批发市场	菜市场	餐饮酒店	便利店、小店	购物中心	特殊通道
厂家								
经销商								
批发商								
零售商								
顾客								

表 3-2　短渠道与窄渠道示意(以汽车为例)

	汽车交易市场	4S 专卖店	特殊通道
地区代理商			
专卖店			

(1)**长渠道**。长渠道(间接渠道)的优点是具有扩散效应,可以利用各级渠道成员的资源,发挥它们的作用,做到层层分销、深度分销,每个渠道层级都发挥"变压器"的功能,扩大市场影响力;长渠道的缺点是不好控制产品的价格和流向,流通成本高,容易逐级加价,导致产品价格提高,不利于价格竞争,同时也容易出现跨区域窜货的情况;长渠道主要应用于大众消费品的分销,能够最大限度地发挥辐射、扩散效果。日化产品、家用消费品就适合采用长渠道,宝洁、维达、娃哈哈、金龙鱼、美的等企业就始终坚持长渠道、利用经销商和批发商的力量。

(2)**短渠道**。短渠道(直接渠道)的优点是目标明确,具有显著的指向性,能够直接击中目标消费群,可控性强,同时,短渠道减少了许多中间环节,节约了流通成本,有利于产品价格的竞争。另外,短渠道还能够实现信息的有效到达和反馈,能够使服务更直接、更快捷、更到位,有利于提高服务质量和使顾客满意。短渠道也有缺点,就是其市场覆盖面有限，不容易迅速提高销量和市场占有率，不易开展深度分销，建设成本也较高。短渠道主要应用于工业品、耐用消费品和高档消费品，服务产品以及一些生鲜食品、时尚消费品也常常采用直销、连锁经营等短渠道形式。

2. 渠道的宽度

营销渠道的宽度是指渠道同一层次选用中间商数目的多少，多者为宽、少者为窄。企业使用的同类中间商多、产品在市场上的分销面广，称为宽渠道，如一般的日用消费品（毛巾、牙刷、洗发水等），由多家批发商、经销商经销，又转卖给更多的零售商，能大量接触消费者，大批量销售产品。反之，如果企业使用的同类中间商少、营销渠道面窄，称为窄渠道，它一般适用于专业性强的产品，或贵重消费品、耐用消费品。有的人把宽渠道归为密集分销，把窄渠道归为选择分销，如表3-1、表3-2所示。

（1）**宽渠道**。宽渠道就是在一个目标市场采用尽可能多的渠道成员分销该产品，把产品分销到市场的各种渠道、各个角落，开展深度的、密集的分销，做到无孔不入。宽渠道的优点是有利于在目标市场实现市场覆盖率的最大化、销量的最大化，有利于市场竞争，但宽渠道的缺点是容易造成各种渠道之间的价格不平衡，容易引发窜货、乱价等渠道冲突，对制造商的管理水平提出挑战。宽渠道主要应用于大众消费品的分销，能够迅速提高销量和市场份额。食品、日化品、日用消费品、家居产品常常采用宽渠道形式。

（2）**窄渠道**。窄渠道就是在一个目标市场选择部分合适的渠道成员分销公司产品，只把产品分销到市场的部分渠道或部分地区，目的是满足部分特定消费者的需求。窄渠道的优点是明确的针对性和指向性，有效击中目标消费群，对提升品牌档次有好处，渠道可控性强；窄渠道的缺点是市场覆盖面和市场影响力有限，渠道建设成本也较高。窄渠道一般应用于工业品、耐用消费品和高档消费品的分销，一些专业的、特殊的商品也常常采用窄渠道形式。比如，高档时装、珠宝、高档钟表、高级汽车等，就是在少数地方销售，满足少数人群的需求，常常采用窄渠道形式。

3.1.2 传统渠道与新兴渠道

传统渠道是指改革开放初期在中国流通市场普遍采用的渠道形式，包括经销商、代理商、批发市场、百货商场、士多店、组织市场、特殊通道、人员销售等渠道形式。

随着市场经济的深入开展，新兴渠道不断涌现，传统渠道越来越失去昔日的光芒，逐渐成为我国商品流通的辅助渠道。但传统渠道也不可或缺，它们仍然扮演着商品分销的重要角色，比如经销与代理渠道。由于中国市场的特殊性，它们还将在相当长的时期内存在，并且承担我国辽阔市场重要的深度分销和物流配送的功能，批发市场虽然逐渐衰落，但小店因其便利性作用不可忽视，同时，传统渠道也不得不进行与时俱进的渠道转型，以适应新时期商品分销的需要。比如，新时期经销商大多转型为深度分销商和物流配送商，承担基层市场和郊区市场的深度分销功能，代理厂家承担城市市场商品的物流配送，传统百货商场也正在升级换代，逐渐转型为大型购物中心。

伊利的营销渠道结构

伊利集团（简称伊利）是我国知名的奶制品企业，其在营销渠道上采用多级分销模式，已在全国建立多个大区（设立分公司），每个大区有若干分销商、经销商和零售商。伊利遵循了传统的乳品分销结构，采用三级渠道的分销结构，即生产商—分销商—二级批发商—零售商，每个事业部分别负责本部旗下的分公司和经销商，经销商负责二级批发商、组织购买者以及大型的零售终端，二级批发商负责中小型零售终端，包括中小型超市、仓储式商店、西饼屋等。伊利的市场是以经销商为主的市场结构，它的渠道管理延伸到县、乡、镇的每个层次分销商。

伊利的乳产品属于食品类快速消费品，具有保质期短、利润空间小、消费频率高的特点，所以要求建立高宽度的分销渠道来扩大市场覆盖面。因此，伊利在大力推进分销模式的同时，还在某些特定产品、特定市场的销售上采用直销模式。如在上海，伊利冰淇淋销售已经全部由直销替代了经销制，并且筹建牛奶的直销网络系统。

资料来源：根据伊利集团官方网站相关资料整理编写。

新兴渠道顾名思义就是指随着科学技术的进步和我国经济的发展而诞生的有别于传统流通渠道的渠道形式，如以电子商务、网络营销为特征的电子渠道，以人员推销和互联网为销售平台的直销，以连锁经营为特征的现代零售业，以集生活、购物、娱乐一体化为特征的现代购物中心（shopping mall），以及电视购物、自动售货、目录营销等其他渠道形式。

特别是电子商务，正在通过人们经济生活中的各种要素融入传统的渠道当中，由电子商务引发的网络营销正在大步走进企业经营和家庭生活。所以，美国学者伯特·罗森布洛姆强调，"营销渠道的战略、设计与管理必须把电子商务当作营销渠道和分销系统中一个完整的组成部分"。我们发现，网络技术的兴起，使互联网成为我们生活、工作的重要组成部分。当今的网络已经发展成了一个独立的信息流、商流、物流、资金流的交互平台，网络营销颠覆了整个营销体系，电子渠道颠覆了传统的分销渠道，现代企业都得重新思考和设计自己的渠道结构，以适应"市场网络化、网络渠道化"的竞争需要，未来以网络为平台的渠道形式正在和必将主宰着企业的渠道格局。可以说，网络时代的营销面临全面的更新和挑战，传统渠道逐渐衰落，新兴渠道正在兴起。

电子商务的兴起和新零售形式的发展给传统零售业带来巨大变革，驱动我国零售业转型升级。现代消费者已经不再满足于单一场景的消费，零售市场加速向多场景融合的方向转变，线上、线下渠道融合的一体化全渠道消费体验正在成为零售业发展的新趋势。新零售打通了线上和线下渠道，推动购物场景的多元化，可以降低消费者搜寻产品的精力成本和时间成本，全渠道零售、全场景服务将成为国内互联网商业技术发展的方向。京东集团创始人刘强东曾经断言，未来零售业将迎来第四次革命，零售业基础设施将变得可塑化、智能化、协同化，推动"无界零售"时代的到来。然而，传统渠道与新兴渠道各有优势，目前环境下，线上与线下，传统渠道与新兴渠道融合乃大势所趋。

案例 3-1

完美日记：新兴产品拓展新兴渠道

新兴国产美妆品牌完美日记于 2017 年成立，仅用五年的时间，完美日记就迅速崛起，一跃成为美妆界强有力的新生代，而且发展势头迅猛。完美日记已经与各大时装周合作，走在时尚前沿，通过活动推进销售并塑造品牌，引领发展潮流。

完美日记考虑到新时代对于便捷的要求使得 90 后、00 后更愿意选择网络化的购买模式，线上渠道便成了完美日记这一新兴国产彩妆品牌的首选。随着移动社交的深入推进，用户群体主要为 90 后、00 后新生代女性的小红书异军突起，这对于完美日记而言是一个绝佳的营销渠道，于是小红书便成了完美日记的第一引流阵地。同时，完美日记选择与各大美妆博主合作进行产品和品牌推广，产品物美价廉，吸引了大批粉丝。

完美日记利用线上渠道精准定位目标群体，建立了以微信小程序和网店为主的分销渠道，以此跳转至京东和唯品会售卖产品。随着线上渠道的风生水起，完美日记也开启了线下渠道，在全国开设了多家实体体验店。

尽管完美日记通过各种渠道的分销手段做到了在短期内崛起，吸引了大量年轻消费者关注并实现了销量的飙升，但经观察，仍能发现它在快速发展中存在的一些问题。如当社交平台出现"化妆品踩雷"等话题讨论时，有关完美日记产品的评论总是高赞、高评论，网友们不禁提出疑问：完美日记的某些产品是真的可以达到预期效果，还是公司在进行炒作？

3.1.3 大众渠道与特殊通道

还有一种渠道划分的方法是根据渠道本身运作的特点和渠道所销售的产品的特点，将渠道划分为大众渠道和特殊通道。

大众渠道一般是指批发市场、百货商场、大卖场、连锁超市、购物中心、便利店、专营店、专卖店、社区小店、自动售货（自动柜员机、自动售货机，机场、医院等地方的自助设备）、电子渠道（电视、手机、互联网购物）等普通消费品的销售渠道；大众渠道一般销售大众消费品，大众渠道的开发和管理遵循营销的游戏规则，一般使用营销组合的策略和方法就可以奏效。

特殊通道一般是指有别于大众渠道的渠道形式，包括组织市场（政府采购、军队采购）、集团消费（机关单位发福利、小店采购）、特殊消费场所（医院、学校、幼儿园、机关食堂、监狱、铁路、机场、美容厅、酒店、餐馆、卡拉 OK、娱乐城、夜总会、俱乐部）以及特殊的个人（如明星、名人、领导人）等。特殊通道如案例 3-2 所示。

案例 3-2

薇姿（Vichy）的"药房专销"

薇姿是法国欧莱雅集团旗下的品牌，进入中国才 10 来年时，薇姿已取得过年销售额超过 15 亿元的骄人业绩，毫无争议地成了中国药妆市场的老大。其业绩并不输给普通的大众日化品牌，甚至是更胜一筹。原因是什么呢？是薇姿另辟蹊径着力开发特殊通道，开发了化妆品的药妆渠道。

1."薇姿"进入药店销售

欧洲护肤品的销售渠道首先是超市，其次是药店，而后才是百货商店。只有极少数化妆品品牌能够通过严格的医学测试得以进入药店，而薇姿正是其中之一。欧莱雅集团认为，薇姿的定位与药店的专业形象是十分匹配的。所以，薇姿坚持"只在药房"销售。

药店通常能让消费者觉得"健康、放心"。薇姿选择大型药店，设立高档专柜，或者在高档商场内的药店里出售，不仅衬托出了它的护肤方面的专业性，而且增强了购买者对这种专业性的信任感。选择药店销售，所配备的人员自然也不是一般化妆品柜台上的营业人员，而是拥有专业执照的药剂师。专业药剂师为顾客所提供的消费体验当然也不是一般的营业人员所能提供的。

薇姿对于药店这一独特的销售渠道的选择加上其优良的品质，树立起了薇姿独特的化妆品品牌形象，在化妆品渠道选择上取得了关键性的突破，并在中国市场上培养起了一批忠诚的购买者，同时，薇姿独特的渠道选择策略也已经引起了越来越多的化妆品品牌的注意，已经有不少化妆品品牌开始探讨进入药店销售的可行性，原因有以下几种。

（1）欧莱雅集团对薇姿产品的定位是中高档化妆品，因此宜采用直销的方式。那么，可供选择的渠道可以是连锁药店、化妆品连锁超市、网络营销、化妆品专卖店、美容连锁机构等。

（2）药店通常能让消费者觉得"健康、放心"，而薇姿正是一个给肌肤带来健康的品牌，这与药店的专业形象是不谋而合的，事实上，在药店做销售反而给消费者一个更加专业的健康形象，而这种建立在消费者心中的形象是任何宣传都难取得的。

（3）薇姿选择大型药店，设立高档专柜，或者在高档商场内的药店里出售，不仅衬托出了它的护肤方面的专业性，而且增强了购买者对这种专业性的信任感。同时，将免费的健康护肤咨询、专业皮肤测试与化妆品营销结合在一起，为消费者提供专业化的服务。

（4）为了配合选择药店销售的渠道策略，薇姿在产品包装上也很适合药店所倡导的健康形象。薇姿的包装以蓝白两色为主，清雅自然，看上去没有过多的修饰，十分符合品牌清新健康的形象。

2. 开发药妆渠道的益处

（1）避实就虚：化妆品市场是一个无硝烟弥漫但竞争激烈的战场，各种档次的品牌琳琅满目，且多数聚集在百货商店"拼杀"。薇姿护肤品以药房为主要渠道，避开了与其他竞品的正面冲突，相对减少了市场压力与经营风险。

（2）另类终端：国内药房主要销售药品，作为化妆品，薇姿以专柜营销形式在药房终端，形象出众且视觉冲击力强，有"鹤立鸡群"之优势。薇姿独进药房，这本身就相当吸引消费者关注，再结合其高质量的专业服务，自然会更加赢得消费者好感，从而让产生购买冲动。

（3）专业形象：药房具有很强的专业性，薇姿选择进大型药房，不仅显示了护肤专业性，而且增加购买者信任感，这对薇姿的品牌理念起到强力的推动作用。薇姿的销售人员均为药剂师，这更有利于提升品牌的专业形象。

（4）特色服务：长期提供现场皮肤测试，使消费者对自己的皮肤类型有正确直观的认识；根据测试结果，针对顾客的皮肤问题，提供产品方案；建立消费者档案，定期诊察皮肤，完善薇姿的服务形象，增强薇姿品牌的忠诚度、美誉度，为薇姿的新产品开发提供了便捷而可靠的信息。

资料来源：根据渠道网相关报道整理。

特殊通道既销售大众品也销售特殊品，但特殊通道的开发和管理往往不遵循营销的基本游戏规则，而大多需要采用非常规方式或"定制营销"的手段才可以奏效。总之，营销企业切不可忽视特殊通道的价值，常常需要采用非比寻常的方式实现交易。

知识延伸

灰色营销

灰色营销是企业的销售人员通过向买方代理人个人（如采购人员）出让某种利益而销售商品的营销方式。其中出让的利益包括给回佣、请客、送昂贵的礼品等，或提供其他不直接以金钱表达的好处。灰色营销与其他非道德营销行为（如"窜货"问题、虚夸广告、虚假降价行为等）相比有一个重要区别，就是买卖双方都有道德问题，双方都在一定程度上通过损害他人或社会的利益而使自己得利。所以，灰色营销的双方是"灰色利益共同体"。

请牢记：灰色营销是一种非道德营销行为，属于腐败现象。企业营销应该遵纪守法，坚守商业伦理底线，自觉抵制灰色营销行为。

资料来源：庄贵军.营销渠道管理[M].3版.北京：北京大学出版社，2018.

3.2 渠道设计的原则和目标

3.2.1 渠道设计的原则

企业在进行渠道设计时，一方面要追求销量和市场覆盖率的最大化，另一方面也要考虑投入成本，要考虑企业的资源状况，考虑如何通过最小的投入、最有效的管理，达到渠道效益最大化的问题。渠道的设计是要讲究科学的，不能盲目贪大，也不能随意行事。没有哪一种渠道形式、结构是绝对好的，关键是要根据企业的具体情况和需要进行因地制宜的设计和选择。为此，我们提出营销渠道设计的八大原则：顾客导向原则；最大效率原则；发挥优势原则；利益均沾原则；分工合作原则；覆盖适度原则；稳定可控原则；协调平衡原则。

1. 顾客导向原则

现代营销追求"顾客导向"，企业必须将顾客的需求放在第一位，以顾客导向的经营思想设计渠道，使顾客方便购买，这是 4C 营销理论[一]中便利性（convenience）的要求。这就需要通过周密细致的市场调查研究，不仅要提供符合消费者需求的产品，同时还必须使营销渠道的建设充分为目标消费者的购买提供方便，满足消费者在购买时间、地点以及售后服务上的需求。

2. 最大效率原则

渠道的效率主要是指该渠道在产品销量和市场份额上的有效性，它是分销效果的最主要指标。有效的设计应该是能够实现渠道充满、实现销量和市场覆盖率最大化。企业选择合适的渠道模式，目的在于提高流通的效率，不断降低流通过程中的费用，使分销网络的各个阶段、各个环节、各个流程的费用合理化、销量最大化。

3. 发挥优势原则

企业在设计、选择营销渠道时，要注意发挥自己的特长，确保企业在市场竞争中的优势地位。现代营销的竞争是综合性的整体竞争，企业依据自己的优势，选择合适的渠道模式，能够达到最佳的经济效应和获得良好的客户反应，同时，企业也要注意通过发挥自身优势来保证渠道成员的合作，贯彻企业的渠道战略方针与政策。

4. 利益均沾原则

销售管理的实质是利益管理，利益是驱动渠道运转的动力。合理分配渠道利益是渠道管理与渠道合作的关键，目标是双赢和共同发展，而利益的分配不公常常是渠道成员之间冲突的根源。因此，企业应该设计一整套渠道利益分配制度，根据渠道成员担当的职能、投入的资源和取得的成绩，合理分配各渠道层次成员的利益。

5. 分工合作原则

渠道成员之间不可避免地存在着竞争，因此，企业在建立、选择营销渠道模式时，要充分考虑渠道成员之间的竞争性和竞争强度，避免直接竞争，设计优势互补性渠道。一方面要鼓励渠道成员之间的有益竞争，另一方面要积极引导渠道成员之间的合作，加强渠道成员的沟通，协调其冲突，从渠道竞争走向渠道竞合，实现既定目标。

6. 覆盖适度原则

根据经济学"规模经济"和"规模不经济"的原理，企业在设计、选择营销渠道时，仅仅考虑流量最大化、降低费用是不够的，企业还应考虑其具体情况和管理能力，不能盲目贪大求全。因此，在营销渠道建设中，也应该避免扩张过度、分布范围过宽或过广的情况，以免造成沟通和服务困难，导致无法控制和管理目标市场。

[一] 4C 营销理论由美国学者罗伯特·劳特朋提出，这一理论以消费者需求为导向设定了营销的 4 个基本要素，即顾客（customer）、成本（cost）、便利性（convenience）、沟通（communication）。

7. 稳定可控原则

企业在设计、建设营销渠道时，还有可控性的要求。因为企业的营销渠道模式一经确定，便需要花费相当大的人力、物力、财力去建立和巩固，整个过程往往是复杂而漫长的。所以，企业一般不会轻易更换渠道模式及成员。覆盖适度、畅通有序和控制性是营销渠道稳固发展的基础，只有保持渠道的相对稳定和控制，才能进一步提高渠道的效益。

8. 协调平衡原则

企业在选择、管理营销渠道时，应该注意各个营销渠道层次和渠道成员类型之间的协调平衡，不能只追求自身的利益最大化而忽视其他渠道成员的局部利益，应合理分配各个成员间的利益。这种协调平衡主要体现在价格体系的制定和渠道促销资源的分配方面，应该兼顾各个渠道成员的利益，实现它们之间的优势互补，比如经销商、大零售商和批发商之间就存在各自优势特点不同、承担功能不同的问题，需要厂家进行协调和平衡，不能厚此薄彼。有人总结可口可乐成功的渠道真经就是"协调平衡"，各渠道平衡发展。

3.2.2 渠道设计的目标

设计营销渠道主要是解决如何发掘企业商品到达目标市场的最佳途径以提高分销效率的问题。所谓"最佳"，是指以最低的成本与费用，通过适当的渠道，把商品适时地送到企业既定的目标市场。有句俗话说得好，"条条大路通罗马"，渠道设计就是要寻找其中"最短"的那一条。

从生产商的角度来看，营销渠道设计的目标就是更有效地实现分销目标。具体来讲，在设计营销渠道时，必须了解所选定的目标客户购买什么产品、在什么地方购买、为何买、何时买以及如何买，同时还要弄清楚客户在购买产品时想要和所期望的服务类型和水平，才能设计出更加有效的渠道组合。

营销渠道设计的目标主要包括以下几个方面。

（1）货畅其流。渠道如水，顺势而为，商品流通通畅是渠道设计的基本要求。

（2）渠道充满。渠道的设计需要考虑各种渠道的优化组合，实现流量最大化。

（3）渠道平衡。渠道的优化组合要考虑各种渠道之间利益的协调、平衡与整合。

（4）便于开拓新市场。开渠犹如修路，要将渠道之"路"修到企业的目标市场。

（5）便于提高市场占有率。渠道的设计及选择要看该渠道是否有利于提高产品铺市率。

（6）便于扩大产品知名度。渠道的设计及选择要看该渠道是否有利于扩大品牌影响力。

（7）便于顾客购买。渠道的设计及选择要看该渠道是否满足顾客购买便利性的需求。就像可口可乐的经营原则那样，不但要消费者"乐于买""买得起"，还要"买得到"，能够伸手可及。

（8）利于提高经济效益。渠道的设计及选择要比较预期的成本投入和预期效益。

（9）利于实现渠道控制。渠道的设计及选择还要考虑渠道成员的服从性和忠诚。

综上所述，营销渠道设计的根本目标就是确保设计的渠道结构能适合企业市场定位的目标，能够充分发挥企业的资源优势，能够实现渠道销量的最大化和市场占有率的最大化，并确保制造商对渠道的适度控制和具有一定的渠道调整和完善的灵活性，以便于渠道的可持续发展。

知识延伸

可口可乐的 22 种线下营销渠道

可口可乐的经营理念——乐于买、买得起、买得到，都是基于顾客导向的。成功必有理由，任何企业、品牌的成功都不是偶然的。可口可乐在造就全球第一饮料品牌的进程中，除了富有吸引力的品牌创建，星罗棋布、"无孔不入"的营销渠道建设也功不可没。要实现最广泛的市场覆盖，就要不拘一格开拓各种可能的销售场所和渠道，可口可乐在这方面可谓做到了极致。可口可乐除了各地经销商分销，线上各种平台、移动终端、新媒体的销售外，其线下销售渠道据归纳就有 22 种之多。

（1）传统食品零售渠道，如食品店、食品商场、副食品商场、菜市场等。

（2）超级市场渠道，包括独立超级市场、连锁超级市场、酒店和商场内的超级市场、批发式超级市场、自选商场、仓储式超级市场等。

（3）平价商场渠道，其经营方式与超级市场基本相同，但区别在于经营规模较大，而毛利更低。平价商场通过大客流量、高销售额来获得利润，因此在饮料经营中往往采用鼓励整箱购买、价格更低的策略。

（4）食杂店渠道。通常设在居民区内，利用民居或临时性建筑和售货亭来经营食品、饮料、烟酒、调味品等生活必需品，如便利店、便民店、烟杂店、小卖部等。这些渠道分布面广、营业时间较长。

（5）百货商店渠道，即以经营多种日用工业品为主的综合性零售商店。其内部除设有食品超市、食品柜台外，多附设快餐厅、休息冷饮厅、咖啡厅或冷食柜台。

（6）购物及服务渠道，即以经营非饮料类商品为主的各类专业及服务行业，经常附带经营饮料。

（7）餐馆酒楼渠道，即各种档次的饭店、酒楼，包括咖啡店、酒吧、冷饮店等。

（8）快餐渠道。快餐店往往产品价格较低，客流量大，顾客用餐时间较短，销量较大。

（9）街道摊贩渠道，即没有固定房屋、在街道边临时占地设摊、设备相对简陋的出售食品和烟酒的摊点，主要面向行人提供产品和服务，以即买即饮为主要消费方式。

（10）工矿企事业渠道，即工矿企事业单位为解决职工工作中饮用饮料、工休时的防暑降温以及节假日饮料发放等问题，采用公款订货的方式向职工提供饮料。

（11）办公机构渠道，即由各企业办事处、团体、机关等办公机构公款购买饮料，用来招待客人或在节假日发放给职工。

（12）部队军营渠道，即由军队后勤部供应，以解决官兵日常生活、训练及军队招待、节假日联欢之需，一般部队军营还附设小卖部，经营食品、饮料、日常生活用品等，主要向部队官兵及其家属销售。

（13）大专院校渠道，即大专院校等住宿制教育场所内的小卖部、食堂、咖啡冷饮店，主要面向在校学生和教师提供学习、生活等方面的饮料和食品服务。

（14）中小学校渠道，即设立在小学、中学、职业高中等非住宿制学校内的小卖部，主要向在校学生提供课余时的饮料和食品及相关服务（有些学校提供课余时的饮料和食品及相关服务，有些学校为学生提供上午加餐、午餐服务，同时提供饮料）。

（15）在职教育渠道，即设立在各党校、职工教育学校、专业技能培训学校等在职人员继续教育机构的小卖部，主要向在校学习的人员提供饮料和食品及相关服务。

（16）运动健身渠道，即设立在运动健身场所的出售饮料、食品、烟酒的柜台，主要为健身人士提供产品和服务；或是指设立在竞赛场馆中的食品饮料柜台，向观众提供产品和服务。

（17）娱乐场所渠道，即设立在娱乐场所内（如电影院、音乐厅、歌舞厅、游乐场等）的食品饮料柜台，主要向娱乐人士提供饮料服务。

（18）交通窗口渠道，即机场、火车站、码头、汽车站等场所的小卖部以及火车、飞机、轮船上提供饮料服务的场所。

（19）宾馆饭店渠道，即集住宿、餐饮、娱乐为一体的饭店、旅馆、招待所等场所的酒吧或小卖部。

（20）旅游景点渠道，即设立在旅游景点（如公园、自然景区、人文景区、城市景区、历史景区及各种文化场馆等）向旅游和参观者提供服务的食品饮料售卖点。该渠道一般场所固定，采用柜台式交易，销量较大，价格偏高。

（21）第三方消费渠道，即批发商、批发市场、批发中心、商品交易所等以批发为主要业务形式的饮料销售渠道。该渠道不面向消费者，只是商品流通的中间环节。

（22）其他渠道。其他渠道主要是指各种商品展销会、食品博览会、集贸市场以及各种促销活动等其他销售饮料的场所和形式。

资料来源：根据网络资料整理编写。

3.3 渠道设计的影响因素

企业在设计营销渠道时，必须充分考虑内外部多方面的约束和影响因素，然后在理想渠道与可行渠道之间进行权衡、比较和选择。渠道结构的设计属于渠道管理的战略问题，它关系到企业的生存与发展。因为渠道模式的选择既要适应变化的市场环境，又要能够发挥企业的资源优势，还要最大限度地让顾客满意。要达成这个目标，首先就必须了解渠道设计的影响因素，并对目前企业的渠道状况、覆盖的市场范围及对公司的绩效、面临的挑战等方面有清醒的认识和把握，才能设计出适合企业的高效渠道。

3.3.1 影响渠道设计的主要因素

营销渠道设计受多种因素的影响，包括企业目标、产品、市场、组织、中间商、竞争者等。市场的特性影响着分销的战略，进而影响着营销渠道设计。企业的产品及其生产特性对产品的分销提出了技术上的要求，也对营销渠道的设计产生影响。企业营销渠道的建立和运行需要一定的资源，因此受到企业实力和财务基础的重要制约。同样，中间商作为营销渠道的重要组成部分，它的特长与能力也是渠道设计的一个重要考虑因素。企业还必须密切关注竞争者的动向和它的营销渠道的设计，采用相同或完全不同的营销渠道来开展竞争。市场环境的变化、技术上的革新、经济周期的作用，也会促使企业适当改进和变更其分销网络，以适应外部环境。

1. 企业战略目标

企业的渠道设计首先取决于企业的战略目标。如果企业需要进入国际市场，就必须立足世界的眼光设计国际型的营销渠道；如果企业计划发展成为国内知名企业（或品牌），就需要立足全国市场的开发进行渠道设计，比如哪个市场为先，哪个市场为后，哪个市场为重点，哪个市场为补充，哪些需要分销，哪些需要直营等，都要做出选择；如果一个企业只想在地方发展，只想成为地方品牌，其渠道选择又会不同，完全可以选择直营和连锁经营。

所以，企业在进行渠道设计之前必须先分析企业的战略目标，要弄清企业战略目标、市场目标、分销目标，了解其与现有渠道的匹配程度，了解宏观政治经济环境、技术环境、行业集中程度、产品的市场生命周期和购买者行为等要素对营销渠道结构的影响，了解企业以往进入市场的步骤、经验，同时还要对企业的渠道现状进行分析，知己知彼，明确企业的战略方向，才能制定好营销渠道战略。

2. 企业产品特点

产品的用途、产品的定位等对营销渠道结构的选择都是很重要的。

（1）单位产品价值。单位价值低的产品，如消费品中的便利品和工业品中的标准件，其营销渠道可以适当长些。一般而言，单位产品价值越小，营销渠道越多，渠道越长。

（2）体积与重量。体积过大或过重的产品，应选择直接的或中间商较少的间接渠道，如大型设备、水泥、矿石、谷物、饮料、啤酒等应缩短运输距离和减少重复搬运次数。

（3）产品易腐性。易腐（如蔬菜、海鲜）及保质期很短（如奶制品、熟食品）的产品宜采用较短的渠道，这样可以减少中转过程而不至于使产品变质或失效。

（4）产品标准化。高标准化产品应该比低标准化产品使用更长、更宽的渠道。而标准化低，尤其是定制的产品顾客数量少，可以进行直接销售，如服务产品就需要短渠道、直接渠道。

（5）产品时尚性。对式样、款式变化快的产品，应多利用直接营销渠道，尽可能缩短分销在途时间，尽早上柜以免错过流行季节。

（6）产品的季节性。具有季节性的产品应采取较长的营销渠道，要充分发挥批发商的作用。

（7）产品线。产品线越长，表明产品数量越多，往往需要通过中间商分销，以扩大销售面。

（8）产品组合。产品组合横向越广，生产商向用户直接销售的能力越大；产品纵向越深，享有独家经营权的经销商就越可能从中获得好处。

（9）技术性和售后服务。具有高度技术性或需要经常服务与保养的产品，营销渠道要短。对非标准化的产品则最好由企业销售代表直接销售，便于安装与指导使用，而在这方面，中间商往往缺乏必要的知识。需要安装调试的产品或者要维持长期售后服务的产品，一般应由公司直销或独家经销商来销售。

3. 消费者特点

消费者或市场的特点是渠道结构设计中最为关键的因素，以下有关消费者因素的几个主要方面在渠道设计时需要进行考虑。

（1）消费者数量。消费者数量的多少构成市场容量的大小，不论是消费品市场，还是工业品市场，消费者数量的多少是企业决定是否采用中间商的一个重要因素。消费者数量多，对于有限的企业分销能力来说，要满足消费者的需求存在相当大的困难，因此，企业可以考虑使用中间商进行分销。相反，当消费者数量比较少时，则可考虑采用直接渠道销售。

（2）消费者集中度。消费者集中度指消费者在特定地理空间上的分布密度，又称为人口的地区密度。当消费者市场比较集中时，适宜开展直营，建立分公司进行销售，可以进行连锁经营或直销；反之，当消费者市场分散时，则需要采用中间商进行分销。例如，上海地区市场的消费者基数大且非常集中，就适宜采用直销、电子商务或连锁经营；新疆地区市场比较分散，则适宜采用经销模式分销。

（3）消费者购买行为。消费者购买行为体现在很多方面，比如购买批量、购买频率、购买的季节性和购买的介入程度等。购买批量方面：购买量越大，单位分销成本越低，因此可以考虑短渠道直销，相反，消费者购买批量越小，越需要利用长渠道分销。购买频率方面：购买频率高的产品，需要通过中间商来分销。购买的季节性方面：季节性强的产品，制造商很难在短时间内达到较高的铺货率，在淡季会造成渠道闲置浪费，因此，应使用较长的渠道来分销。购买的介入程度方面：介入程度高时，可选用短而窄的渠道，反之则选择长而宽的渠道。

4. 分销商特点

在考虑市场基础时，渠道结构设计者应着重考虑现有分销商的现状、特点及要求，在能够兼顾和发挥现有分销商资源优势的前提下选择设计合理的营销渠道结构模式。

（1）可得性。考虑分销商的可得性需要提出两个问题：一是在现有分销商中是否存在可以经营本企业产品的分销商？二是如果存在，它们是否可以有效地经营本企业产品？在现有分销商不能有效地销售公司产品的情况下，企业不得不重新建立自己的销售渠道，这时要考虑所选渠道模式能否找得到合适的分销商。

（2）成本。利用分销商的成本情况是评价渠道的重要方面。如果利用某类分销商而使企业承担过高的费用，在设计渠道时就可以考虑不采用这类分销商。但是，要注意不能把成本因素看得过重而忽视了渠道目标。过分看重成本是渠道结构设计的一个误区，它可能导致企业倾向于利用成本最低的分销商而舍弃一些高端渠道（如大卖场、购物中心），而使产品不能有效覆盖市场和提供必要的服务，从而造成顾客的不满意和销售不力。渠道结构设计要考虑渠道效益（销量、利润、品牌价值）与渠道成本之间的平衡。

（3）服务。在选择分销商类型，甚至设计渠道长度时，涉及分销商可以为顾客提供的服务问题。考察分销商的服务情况，就是比较分销商所提供的服务与顾客对分销商的服务要求之间的关系。企业在进行渠道结构设计时，要考虑分销商的服务水平和顾客的服务期望之间的平衡问题，能够提供顾客服务、能够让顾客满意的分销商才是好分销商。

5. 竞争者特性

行业不同，企业间营销渠道的竞争方式也不同。竞争者的营销渠道对企业的营销渠道设计产生重要影响，企业应对竞争对手的销售地点、渠道类型、产品和服务特点、市场规模、消费者特点与规模等进行分析，还要对竞争对手的分销策略如销售密度、销售性质、渠道成员及渠道结构进行分析，从而有助于设计自身的营销渠道。

一般来说，企业可以采用积极竞争或标新立异两种竞争策略，选择与竞争对手相同的营销渠道或回避竞争对手，采用不同的营销渠道。比如，消费品生产厂家如果觉得自己的产品在品牌、价格、质量上有竞争实力，就可以将其产品和竞争对手的产品在零售店摆放在一起销售。另外，如果竞争对手在其传统的营销渠道中占据了绝对优势，企业的实力无法与竞争对手竞争传统的营销渠道，就可以采取完全不同的营销渠道策略。比如，日本石英电子表在进军美国市场时，避开了瑞士名表占据绝对优势的传统的钟表销售渠道——钟表店，而根据产品物美价廉、样式新颖的特点，建立了由零售商、超级市场所构成的销售渠道，迅速取得成功。美国雅芳公司也避开了传统的营销渠道，培训漂亮的年轻女性挨家挨户上门推销化妆品，建立直销形式的营销渠道，也获得了成功。

6. 企业资源因素

企业在设计营销渠道时，还需要考虑下列企业自身的条件因素，有多少能力办多少事情，企业经营不是儿戏，要实事求是，不能好高骛远。没有什么绝对好的或坏的渠道模式，只有适合自己的才是最好的。所以，企业需要考虑自身情况进行选择。

（1）企业的规模与实力。企业规模大、实力强时，对渠道模式就具有更大的选择余地，可以考虑采用直接渠道，建立分公司直营，可以建立专卖店进行连锁经营，也可利用中间商进行分销，渠道建设的规模、范围也可以更大。而中小企业则常常必须依赖中间商来经销其产品以节约成本，还需要选择部分市场进入以降低风险。

（2）企业的人才与管理水平。人才与管理水平是企业管理的重要因素，不同渠道模式对人才及其管理水平的要求不同。比如，建立分公司和建设专卖店就相对复杂一些，对管理人才及公司管理水平的要求也高一些，相对来讲，找经销商进行分销就会简单一些，因为很多市场问题留给经销商处理。企业需要根据自身人才储备及管理水平选择渠道模式。

（3）企业产品组合状况。具有很多条产品线的大型企业，在营销渠道设计时可以有多种选择，可以直营、分销、连锁经营，也可以根据不同产品线特点选择不同的渠道模式。这类企业往往市场占有率高、销量大，能够分担分销成本，所以往往可以直接向大型零售商供货，而产品种类少、规模小的企业则不得不依靠批发商和零售商来销售其产品。此外，产品组合的关联度高，往往可以利用同一营销渠道；而产品组合关联度低，则常常需要对不同产品线设计不同的营销渠道。

（4）企业控制渠道的愿望。通过考察渠道长短与渠道控制性特点发现，短而窄的渠道特点是容易控制，如直销、连锁经营，而长而宽的渠道特点是难以控制，如经销、代理、批发等。企业可以根据自身对渠道控制愿望的强弱、偏好选择和设计不同的营销渠道模式。

总之，制造商的产品信誉、资金状况、经营管理能力等，决定了它能在多大程度上控制营销渠道及选择什么样的渠道设计结构。大制造商信誉好、实力强，可以建立自己的销售力量，随心所欲地选择渠道成员。反之，小制造商力量小、财力弱，或缺乏管理销售业务的经验或能力，则只能借助中间商销售产品，并施加有限影响。

3.3.2 影响渠道设计的其他因素

1. 影响渠道设计的主客观因素

现实经济中的营销渠道决策，常常要受到许多主客观因素的影响，主要有以下几种。

（1）制造商和中间商之间的信息不畅通。在许多情况下，制造商和中间商由于信息不畅通，因此都缺少做出有效决策所必需的信息资料，导致决策的缓慢和失真，这对制造商是极为有害的，同时也必然影响到中间商的利益。

（2）企业不经常调查研究营销渠道。由于不经常调查研究营销渠道，企业做出决策就会缺少充分的信息，并不能确切掌握现行的营销渠道的特性，一旦外部环境或企业的战略方向改变，企业将很难快速做出反应，修正其营销渠道。

（3）制造商无法独自做出全部渠道决策。一是因为制造商可以选择批发商，让批发商再去选择零售商或买方；二是批发商可能要建立自己的渠道，并决定向哪些制造商进货；三是大型或有声望的零售商也可能决定越过批发商而自己选择供货者，所以，决策往往是由各方面共同做出的。

即使制造商做出了决策，也还需要说服中间商同意自己的意见，因为被选中的批发商或零售商，可能不会对参与经营感兴趣。例如，要使超级市场经营新的产品，就会非常困难。

事实上，由于环境和竞争的不断变化，尽管制造商的愿望是做出及执行合理的渠道决策，实际上发生的却往往不是原来设计的。

（4）生产企业没有专人负责管理营销渠道的工作。信息资料短缺及缺乏调研现象的存在,在很大程度上是由于大多数生产企业没有专人负责管理营销渠道工作,因此也就没有专人负责检查营销渠道的效果。这样做出的营销决策就会是片面的。大部分企业的营销渠道决策是由负责实体分销、产品计划、市场调查和包装的工作人员做出的,但这些人往往缺乏全面综合的预测能力,实际上,如果一个人负责制定影响到营销渠道的全面决策的话,是应该具备这种综合能力的。

(5)营销渠道混乱。营销渠道内存在的严重混乱状态,增加了渠道决策的复杂性,比如渠道内部的责权不清、管理混乱以及外部环境的变化。例如,传统的卫生用品分销是通过药房,现在大部分卫生用品是通过零售商销售,而卫生用品生产企业却往往由于内部原因或对外界变化的忽视,未能及时改变营销渠道的决策。

2. 影响渠道设计的制约因素

(1)市场潜力、销售潜力与风险。通过对公开数据和收集的原始数据进行评估,企业应大致预测市场潜力与可能遇到的风险,并比较企业的生产能力和风险承受力。

(2)渠道畅通性。保持市场营销渠道的畅通,是企业持久占领市场的基本条件,而渠道能否持续畅通,在很大程度上取决于中间商在市场竞争中做何选择。如果中间商不再经营本企业的产品,企业的销售渠道就会中断。另外,企业的生产能力也是一项制约因素,一旦出现销售激增,而企业的生产不能跟上去,渠道的实物流出也会出现中断。因此,保持市场营销渠道的连续性,是任何企业都不可忽视的重要问题。从某种意义上说,它比建设新的渠道显得更为重要。

(3)渠道控制。高级营销观念特别强调对渠道的控制,以便及时了解产品的销售去向、销售时间、销售数量和销售地点,准确估计产品在市场上的地位及变化趋势,为企业营销组合的改进提供信息。

(4)渠道费用。这包括渠道的开发和维护所投入的资金。总的说来,高额投资有利于扩大销售网,增加销售量,提高企业知名度,但可能使总体利润下降;低费用经销有利于降低促销成本,但可能由此缩小销售网而丧失一部分市场。企业应运用投入产出法进行合理选择。

3.4 渠道设计的过程和方法

渠道设计过程要求建立渠道目标和考虑限制因素,识别主要的渠道选择方案和对它们做出评价。

3.4.1 渠道设计的过程

1. 建立渠道目标

营销渠道设计是一个系统工程,当企业具体实施营销渠道设计时,首先就是要建立渠道目标。如何建立某一特定的渠道目标呢?一般是在分析目标顾客对服务的要求的基础上辨别顾客的分销需要。

（1）分销目标顾客对服务的要求。在设计营销渠道时，分销人员必须了解目标顾客对服务的要求，即人们在购买产品时想要和所期望的服务类型和水平。如果生产者无力提供这些服务，就需要营销中介机构了。营销渠道可以满足以下五种服务要求。

- 批量大小。批量是营销渠道在分销过程中提供给顾客的单位数量。一汽大众公司偏好能大批量购买的渠道，而消费者想要那种能允许购买一辆汽车的渠道。很明显，必须为大批量购买者和家庭购买者建立不同的营销渠道。
- 等候时间，即营销渠道的顾客等待收到货物的平均时间，顾客通常喜欢快速交货渠道。
- 空间便利，即营销渠道为顾客购买产品所提供的方便程度。比如，海尔为顾客购买提供更大的空间便利，它有众多的经销商，其较高的市场分散化帮助顾客节省运输和寻求成本，以及为电器维修提供全天候上门维修服务的方便。空间便利的用途被直接分销进一步强化。
- 产品品种多样化，即营销渠道提供的商品花色品种的宽度。一般来说，顾客喜欢较宽的花色品种，因为这使得实际上满足顾客需要的机会更多。比如，汽车购买者买汽车喜欢选择在经营多家品牌的经销店，而不是只有单一品牌的经销店。
- 服务支持，即营销渠道提供的附加服务，如信贷、交货、安装、维修等。服务支持越强，渠道提供的服务项目越多。

营销渠道设计者必须了解目标顾客的服务产出需要。提高服务产出的水平意味着渠道成本的增加和对服务的改进。折扣商店的成功表明了在商品能降低价格时，消费者愿意接受较低的服务产出。

（2）建立渠道经营目标。有效的渠道设计首先要决定达到什么目标，进入哪个市场。渠道经营目标因产品特性不同而不同（见表3-3）。

表 3-3 渠道经营目标

目标	操作说明
1. 顺畅	最基本的功能，直销或短渠道较为适宜
2. 增大流量	追求铺货率，广泛布局，多路并进
3. 便利	应最大限度地贴近消费者，广设网点，灵活经营
4. 开拓市场	一般较多地倚重中间商，待站稳脚跟后，再组建自己的网络
5. 提高市场占有率	渠道拓展和渠道维护至关重要
6. 扩大品牌知名度	争取和维护客户对品牌的信任度与忠诚度
7. 经济性	要考虑渠道的建设成本、维系成本、替代成本及收益
8. 市场覆盖面和密度	采用独家分销、选择分销或者密集分销
9. 控制渠道	厂家应重点加强自身能力，以管理、资金、经验、品牌或所有权来掌握渠道主动权，实现渠道"软控制"

2. 确定渠道长度和宽度

（1）确定营销渠道的长度。渠道长度指为完成企业的营销目标而需要的渠道层次的数目。营销渠道按长度可以分为零层渠道（直接渠道）、一阶渠道、二阶渠道和三阶渠道

（产品由生产商卖给代理商，再到批发商，再到零售商，再到最终消费者）。企业应该根据自身的条件、特点及分销目标确定渠道的长度。确定渠道长度需要考虑的一个主要问题是资源运用与渠道控制的关系，可以参考表 3-4、表 3-5 进行选择。

表 3-4　长渠道与短渠道比较

渠道类型	优点及适用范围	缺点及基本要求
长渠道	市场覆盖面广 厂家可以将中间商的优势转化为自己的优势 减轻厂家的费用压力 适用于一般消费品销售	厂家对渠道的控制程度较低 增加了服务水平的差异性 加大了对中间商进行协调的工作量
短渠道	厂家对渠道的控制程度高 适用于专用品、时尚品及顾客密度大的市场区域	厂家要承担大部分或者全部渠道功能，必须具备足够的资源 市场覆盖面较窄

表 3-5　影响渠道长度选择的因素

因素	影响因素	短渠道选择	长渠道选择
市场因素	潜在顾客规模 地理分散程度 顾客集中度 交易准备期 顾客地位	小 低 高 长 高	大 高 低 短 低
产品因素	体积 易腐性 单位价值 标准化程度 技术特性 毛利率	大 高 高 低 高 低	小 低 低 高 低 高
生产企业因素	规模 财务能力水平 控制愿望水平 管理专长水平 顾客知识水平	大 高 高 高 高	小 低 低 低 低
营销中介因素	可得性 成本 质量	低 高 低	高 低 高

（2）确定营销渠道的宽度。渠道宽度是指在渠道的每一层次上所需分销商的数目，它反映了在任一渠道层次上的竞争程度以及在市场领域中的竞争密度。决定渠道的宽度有三个因素：所需的渠道投资水平、目标消费者的购买行为和市场中的商家数目。与消费品市场宽度相关的一个重要特性是分销机构的市场覆盖面。如果市场覆盖面太窄，厂家就难以实现其销售目标。

3.分配渠道任务

（1）明确渠道成员的职责。营销渠道成员的职责主要包括推销、渠道支持、物流、产品修正、售后服务以及风险承担。

（2）分配渠道任务。从生产商的角度出发，在渠道成员中分配任务的主要标准包括：①降低分销成本；②增加市场份额、销售额和利润；③分销投资的风险最低化和收益最优化；④满足消费者对产品技术信息、产品差异、产品调整以及售后服务的要求；⑤保持对市场信息的了解。

同时，在渠道成员之间分配渠道任务时，需要考虑以下因素：渠道成员是否愿意承担相关的营销渠道职能；不同的渠道成员所提供的相应职能服务的质量；生产商希望与顾客接触的程度；特定顾客的重要性；渠道设计的实用性。渠道成员选择过程如图3-1所示。

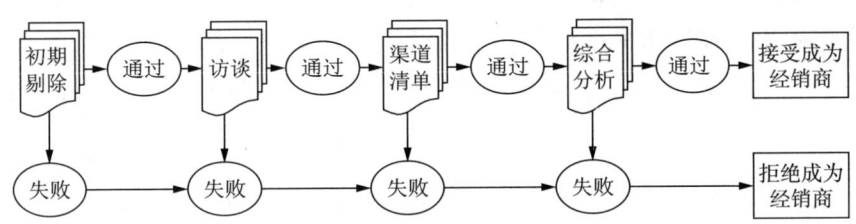

图 3-1　渠道成员选择过程

4. 选择渠道成员

（1）初期剔除。用剔除法可以将那些不符合基本要求的经销商迅速剔除。这些基本要求包括规模、技术设备、现有经营产品、信用等级、服务水平、市场知名度等。

（2）访谈。对那些已经满足了基本要求的经销商进一步考察，考察时可以把第一轮剔除工作当作这一步骤的基础。下面是批发商在访谈中应回答的一些问题：①批发商愿意让其销售人员参加由生产商/供应商安排的讲座吗？②批发商会不会定期培训其销售人员？③批发商的销售人员及其主管的教育和职业背景如何？④批发商是否拥有技术力量？⑤批发商是否拥有产品检测和维修设备的能力？⑥批发商拥有多少仓储能力？⑦批发商是否曾成功地为一些互补型产品提供过高水平相应的服务？⑧批发商还服务于其他哪些客户和消费者？⑨批发商销售人员的推销能力如何？⑩批发商的现有设施是否足以应付新增加的业务？

（3）渠道清单。访谈之后，生产商需要用渠道清单来评价入选的经销商。渠道清单中含有一些特殊的标准和权重，根据经销商回答每一问题所得分数以及这一问题的权重，生产商将为它们一一打分。通过渠道清单，生产商还可以发现某些问题的评分经过修正之后是否可以改变对经销商的总体评价。

（4）综合分析。对经销商的综合分析要从更系统化的角度集中于几项重要的决策来进行设计，主要从两个方面进行分析。

一是在不同的销售层次下计算经销商的成本。生产商需要在不同的销售额的假设下评价不同渠道设计的成本，这种分析是将直接渠道和经销商之间的成本差异进行比较。

二是中间商影响销售的能力。中间商销售的能力一般从中间商在特定区域内的覆盖程度、互补型产品的销售以及其在特定目标市场上的全部销售额三个方面进行分析。

（5）最终评价。即使我们不考虑不同销售层次下的成本或经销商的业务能力，仍有一些关键性的因素可以将经销商排除在考虑之外。通常这些因素有：经销商不良的财务记录、正在经营竞争对手的产品、拒绝遵守生产商的价格政策、销售灰色市场产品、声誉不佳、不能提供有效的服务等。

（6）渠道改进安排。生产商的任务不能仅限于设计一个良好的渠道系统，并推动其运转，渠道系统还要定期进行调整与改进，以适应市场新的动态。

3.4.2 渠道设计的方法

目前渠道设计的方法有两类：一类是"点、线、面"渠道布局法，另外一类是营销渠道的逆向重构法。在这里先介绍前一类方法。营销渠道布局工作的实质，就是设计营销渠道中"点、线、面"这三个要素的选择、投入与配合，这是市场营销渠道布局的关键。

- "点"是指市场营销力量（包括人、财、物等）在市场中所选择的关键点，通常是优势区位，企业通过对"点"的选择和抢占，来争取竞争的主动权或适度回避竞争对手，进入现有竞争格局中的薄弱地带，以形成局部优势。"点"的选择作为整个渠道的支撑，是整个营销渠道的基础。
- "线"是指渠道实际流通的线路，正是在"线"中运行了营销过程中的实物流、信息流等各种流程，以实现渠道动态的功能，保障企业机制的健康运行。线路也要以"点"作为出发点、终止点或中转站，通过在"点"上的基础设施实现运动中所需要的储存、调运等功能。线路受环境变化的影响是经常变化的。环境的变化，比如新道路的开通、地方经济的发展、人口流动等，会使原来的运行路线变得不再经济或效率不高，因而需要重新评估和设置营销渠道。
- "面"是点、线所构成框架的总体功能和综合作用。主要指区域的划分、渗透以及在区域中确立企业强有力的竞争地位，建立起阻止竞争对手进入的壁垒，实现长期获利。

1．"点、线、面"方法的一般原则和过程

（1）阶段性。渠道布局是一个过程，需要许多步骤来完成，其中前一步骤的实现又为下一步骤的开展建立了前提条件。因此，渠道布局工作既要通盘周密计划，又要严格按照"点、线、面"的顺序进行。

（2）地域性。阶段性是从时间延续的角度来说的，地域性原则是从空间布局的角度看待渠道布局。一般说来，企业所能投入的营销力量都是有限的，因此，为了达到最佳效果，就要在合适的区域内有重点地投入营销力量。比如，在20世纪60年代，美国大多数的快餐店都设在大城市的繁华地带，而麦当劳则将营业重点放在了城市近郊区域，这一策略取得了很大的成功。20世纪70年代，麦当劳开始在都市和城镇中设置分店。

（3）层次性。它主要是指营销渠道组织上的层次性，通过设置合理而有效的层次结构，渠道管理组织能够更有效地推进渠道布局进程，实现既定的渠道布局战略，因此构成了渠道布局的组织保障。

企业在进行"点、线、面"布局战略之前，要预先完成一些准备工作，主要包括市场调研、寻找竞争优势并在此基础上形成企业总体布局战略。市场调研要务求准确、客观，这是渠道布局的基础。企业还必须把自己放在整个产业的竞争格局中寻找自己独特的竞争优势，作为营销渠道布局的支撑。在对市场和企业都有充分理解的基础上，企业要制定总体渠道布局战略，指出行动的方向、重点和阶段，并围绕这一战略开展宣传。

2. "点、线、面"营销渠道布局的设计步骤

（1）布置网点。对于企业营销渠道布局来说，网点要有关键点（即优势区位）和切入点。关键点是指客观上形成的对企业经营产品销售起重要作用的市场区域和销售集中区域。比如，高档家电在大中城市，御寒皮衣在东北、西北等市场区域；再如，上海的南京路、淮海路，北京的王府井、西单，广州的北京路、上下九等商家必争之地，都构成了企业经营的关键点。这些点对企业的营销具有重要意义，因此行业中各企业都会不遗余力地争夺，竞争十分激烈。这就要求企业具有很强的竞争实力，或者企业拥有一种重大创新的新产品直接打入关键点。此外，如果企业实力不足，就要寻找现有市场竞争格局中的薄弱环节，即市场切入点，先打入市场保证生存，再寻找机会发展，即避免与实力强大的竞争对手硬碰硬，而采取避实就虚的策略建立生存空间。这一策略常常为中小企业所采用。

（2）疏通渠道。"线"是企业营销渠道中的一个关键因素，关系到整个渠道的运行成本与灵活性。由于营销渠道中实际存在实物流、所有权流、资金流、信息流以及促销流等多种流程，这些流程的运行有的是相一致的，有的则要经过不同的线路、不同的途径传递，因此企业的营销战略线路非常复杂，其中某些线路担负多种流程功能，需要从多种角度看待这一线路的效率，以及线路中渠道成员承担各种流程功能的能力。需要注意的是，营销环境的变化对渠道线路效率的影响极大，特别是交通运输发展、信息基础设施的建设常常能提供更快、更好的渠道线路。

（3）地域扩张。地域扩张主要是指销售范围的渗透和覆盖。地域渗透主要是指运用多种营销、宣传、公关手段，使消费者对产品了解、产生印象并试用，这时要综合考虑消费者的购买心理和各种影响因素。地域覆盖主要是指建立消费者的偏好、对本企业产品消费的习惯和定势，从而建立牢固的销售根据地，并且对消费产品竞争对手进行认真分析，建立区域市场的进入壁垒，阻止竞争对手的进入。

专题三

渠道的"逆向重构"

如今，很多企业在市场上的成功源于一个特别的营销理念——倒着做渠道，也就是说，开发市场不遵循通常的逻辑先向一级批发商销售，再由一级批发商向二级批发商推

广……产品最终到达零售商和最终消费者手中。渠道设计也可以采用"逆向思维",倒着做渠道。

1. 渠道逆向重构的概念

（1）什么是渠道的逆向重构。渠道的逆向重构,又称倒着做渠道,是指制造商不直接寻找分销机构进行分销,而是自己首先切入终端市场,直接操控零售终端及消费者,通过做好销售终端,扩大产品及品牌影响,以吸引中间分销机构主动加入产品分销行列的一种经营模式或渠道建设方式。

渠道逆向重构是指先向零售商和最终消费者推销,当产品达到一定销量时,二级批发商闻风而动,要求经销该产品;当二级批发商的销量达到一定规模时,一级批发商争相要求经销该产品,于是它们在一级经销商之间进行招标,条件优惠者获得经销权。有些企业依靠"倒着做渠道"这一营销策略,无往而不胜,因此这一套手段常常被企业视为"秘而不宣"的经营"法宝"。

（2）为什么要逆向重构渠道。因为新企业、新产品进入市场之初,由于其知名度和信用水平较低,与经销商谈判的地位也很低,如果按传统的营销渠道从高级别的经销商做起,可能不得不接受经销商苛刻的"市场准入"条件,如赊销或货物铺底、大规模的宣传促销、降价、退货等。答应这些条件无异于"自杀",不答应又难以进入市场,很多新企业、新产品经营失败就在于此。怎么办？答案很简单：倒着做渠道。

"渠道逆向重构"还包含这样的含义：从最终消费者和终端经销商做起,最后的落脚点是规模较大、级别较高的一级、二级批发商。有些覆盖面广、消费频率高的产品必须依靠大批发商的经销网络,倒着做渠道的目的就是要引起级别较高的经销商的注意,取得与经销商的谈判地位,获得较低的"市场准入"条件,增强经销商对新产品的信心。

（3）"渠道逆向重构"如何行之有效。原因就在于它绕过了大经销商（实际上是既得利益的获得者）,直接对传统上不受重视的最终消费者和终端经销商销售;它们很容易认同新产品,它们的"市场准入"条件很低,它们的经销热情很高,所以,前期针对终端的推广很容易收到成效。

如某食品企业开拓昆明市场时就采用了"倒着做渠道"的策略。该企业进入昆明市场多年,但销售一直没有起色,销售额维持在每年500万元左右。鉴于这种情况,公司及时改变了渠道策略。公司找到一家规模较大、信用较好的经销商,但经销商信心不足。于是,公司的销售业务员主动表示要承担经销商的销售工作,开始协助客户销售,直接针对最终消费者和终端经销商（如零售店铺、路边店）铺货送货。不到3个月,经销商发现市场铺货和销量明显有起色,统计发现,销售的该品牌产品竟有百分之六七十是该销售业务员卖出去的。经销商自然信心大增,主动提出要做该产品的经销商,而且愿意现款现货经销,并且开始动用所有的渠道力量分销该产品。结果仅一年的时间,销售额就猛增到4 500万元,达到了原来的9倍,第二年销售额达6 000万元。这一做法就是典型的"渠道逆向重构",又叫作"协助客户销售",是新产品开拓市场行之有效的方法之一。

"渠道逆向重构"这种渠道建设方式适合于那些没有品牌知名度的中小企业的产品的市场推广。那些为产品打不开销路而发愁、为经销商提出过高的"条件"而犯难的厂长、经理和销售业务员,当你的产品通过传统渠道方法无法很好地销售时,不妨试一试"倒着做渠道",它可能会成为你打开新市场的"金钥匙"。

2. 渠道逆向重构的操作策略

(1)控制零售终端做到"随手可得"。渠道的最终目的是在消费者需要的地方、需要的时间将产品送到需要的消费者手中,所以成功的渠道策略就是对消费者提供准时制(just in time,JIT)的服务。如日用消费品主要通过零售商向消费者销售,制造商应该通过渠道支持、服务零售终端,实现如可口可乐提出的"随手可得"的零售覆盖目标,让消费者能随手买得到、买得起。

(2)拓展渠道宽度以增加流量。要建立一个完善的营销渠道,必须有一个宽大的基础层,即一定数量的同样功能和作用的经销商。一方面,在中心城市,根据市场的需要进行渠道布点工作,所选择的属于基础层的经销商要有一定的密度,能覆盖目标市场区域。另一方面,在同一区域的经销商本身又可以进行分工,除了对士多店供应产品的批发配送商外,有些渠道对百货商品有较强的供货能力,有些渠道又专门做连锁超市的供应工作,而大型卖场如"家乐福""好又多""沃尔玛"则会接受制造商的供货。制造商通过建立这样一个有"宽度"的配送批发商的渠道层面来支撑渠道,向目标零售终端供应产品,并且把产品呈现给目标消费者。

(3)动态循环的渠道改变"富人游戏"规则。在传统的渠道建立方法中,制造商在选定了总经销商或代理商后,总是致力于用广告和促销活动唤起消费者的消费欲望,以拉动市场,力求让消费者在零售终端表现消费需求,传递给零售商相关的需求信息,零售商则根据需求信息去寻求相关产品,然后从批发市场进货,从而使产品在渠道中流动起来,这被称为市场推广"拉"的策略。有人相信好的、大量的广告就是渠道循环的原动力,会最终带动渠道各环节运动起来。但是这要求制造商要有比较雄厚的资金实力,对于一些资金实力小的企业完全可以采取动态循环的渠道来推广产品。

(4)有弹性的渠道控制以适应新的市场变化。逆向重构策略弹性控制原则,要求渠道体系可随竞争情况压缩渠道环节以提高竞争力。渠道长,产品流通环节多,一旦某个环节出现问题,渠道调整见效慢,不利于市场竞争;渠道短,产品流通环节少,一旦某个环节出现问题,渠道调整见效快,市场竞争力较强。

渠道究竟是长好还是短好,其标准要随市场竞争情况适度、适时地调整。为了保持竞争优势,必须对渠道体系有弹性地控制,并不是选择了一级经销商或总经销商就等于渠道的逆向重构做完了,企业还需要协助大经销商做好向下一级经销商的分销产品工作,保持对各层面一定数量经销商的控制,特别是控制好基础层面,即零售终端的批发配送商层面,要和这一层面的经销商保持长期的客情关系,它是整个渠道结构的基础。在竞争趋于激烈的时候,企业要对多环节的渠道进行压缩,减少流通层次,缩短渠道长度,使其变为短而粗的渠道结构,同时,企业必须回到加固基础层面的工作上来,制定鼓励这个渠道层面的政策,通过对批发配送商层面控制的加强,从而加强对零售终端的控制，以掌握市场竞争的关键点。

（5）以中心城市带动周边市场的方法达到规模经营。渠道的逆向重构策略要求在中心城市实施较为密集的渠道策略，以使产品获得较高的市场占有率和较好的品牌认同感。中心城市的消费潮流会带动周边城市的消费潮流。这在我国内地市场表现得尤其明显，产品在中心城市的市场占有率越高越有利于产品向周边城市辐射。从销售体系成熟后产品实现销售的情况来看，中心城市的销售额在整体销售额中只占到20%，而周边市场却占到80%，有的产品甚至达到90%。每个企业在其市场拓展计划中都把中心城市作为必争之地，一旦在中心城市取得成功，就可能占领这个省的其他市场，这叫"中心造市，周边取量"。

为什么"中心造市，周边取量"能够有效？究其原因，除了品牌在中心城市的树立起到了很大的消费带动作用外，流通上的影响也是主要因素。一个产品在中心城市市场占有率提高、参与经营的批发商增多，会使产品的流通环节非常通畅。只要厂家的价格体系稳定，产品的质量能长期保证，那么产品流通的辐射能力也会增强。

📍 测试题

第3章
测试题参考答案

一、名词解释

1. 渠道设计
2. 新兴渠道
3. 特殊通道
4. 灰色营销

二、选择题

1. 渠道设计是企业对于自己产品未来的营销渠道的长度、宽度和_____的提前规划。
   A. 分销模式　　　B. 产品结构　　　C. 价格体系　　　D. 媒介策略
2. _____是指构成营销渠道的层级、环节的多少，或者说是构成营销渠道的不同层级渠道成员的多少。
   A. 渠道的长度　　B. 渠道的宽度　　C. 渠道的深度　　D. 渠道的关联度
3. 营销渠道的宽度是指渠道同一层次选用的_____数目的多少，多者为宽、少者为窄。
   A. 中间商　　　　B. 供应商　　　　C. 制造商　　　　D. 服务商
4. 电子渠道、直销从渠道分类上属于_____模式。
   A. 新兴渠道　　　B. 传统渠道　　　C. 特殊渠道　　　D. 间接渠道

三、简答题

1. 营销渠道设计应该遵循哪些基本原则？
2. 影响渠道设计的制约因素有哪些？
3. 什么是渠道的"逆向重构"？

四、论述题

营销渠道设计应考虑哪些主要影响因素？请加以说明。

训练设计

1. 在消费者市场或工业市场中选出任何一种你感兴趣的产品，根据渠道结构的以下三个方面找出此产品的渠道结构：①该产品经过的层次数；②分销密度；③销售该产品的中间商种类。它为什么要以该方式进行分销？它能否通过其他渠道结构进行更合理的分销？

2. 分组调查某一种日用消费品的营销渠道，详细说明选择该营销渠道的影响因素有哪些。

3. 设计一场课堂辩论赛，围绕主题"是长渠道宽渠道好，还是短渠道窄渠道好"展开辩论。

综合案例

DHC 独特的通信销售渠道设计

DHC 在各种媒体频繁露面，却很少在商场化妆品专柜或商业街的专卖店里出现。其实，DHC 采取的是一种叫作"通信销售"的独特销售模式。凭借其独树一帜的销售模式，DHC 很快就得到了日本消费者的认可，同时，也在美国、瑞士、韩国和中国等全球市场风行。

1. 新颖的通信销售

采用通信销售的 DHC，一直被认为是化妆品界的戴尔，它独特的销售模式也给化妆品界带来了很多活力。因为通信销售没有任何中间环节，它通过电话、互联网、传真和信件订购商品；通信销售方式可以节省店铺建设、人员雇用等一系列成本，这种方式的好处是保证消费者能够得到物美价廉的产品，让消费者得到最大的实惠。对于地域广大、人口众多的中国市场来说，通信销售方式可以让更多的消费者在第一时间享受到 DHC 的体贴和关怀。

由于采用通信销售模式，DHC 得以将节约的中间环节费用用于市场调研和产品研发，保证产品的优质和完善产品线；由于通信销售模式省去了代理商经销费用，DHC 也得以提供比同类产品更低的价格，为顾客提供更加便捷和快速的服务。而这种通信销售模式的实施，使顾客用自己的感觉去判断，避免了在商场导购人员劝诱下的购物压迫感和非理性消费，同时，DHC 的通信销售模式杜绝了假货的流通，获得了顾客的信任。

2. 立体式传播

为使自己的化妆品系列产品能够迅速深入目标受众，DHC 启动了立体式传播。充分利用电视广告、网络营销（社区、论坛、博客、QQ 群）等宣传方式，迅速让中国市场的消费者了解这一品牌，同时，DHC 提供体验式的消费，通过免费试用等方式让消费者体验到了 DHC 产品的高品质和优良的服务特征。这一人性化的服务在使顾客更为青睐 DHC 的同时也为 DHC 自己的营销创造了机会。

3. 独特的会员制

会员制是 DHC 通信销售模式的一大特色，DHC 在自己的网站为会员和非会员提供了操作非常简易的电子商务平台，消费者通过网站输入自己的用户名和密码，选择自己需要的产品代码和数量，就可以进行轻松购物；800 免费电话的开通，使消费者不仅可以咨询美容信息和产品信息，也可以电话下订单购物。DHC 为其会员提供免费试用装。成为 DHC 会员的程序非常简单，只需通过电话或上网索取 DHC 免费试用装，以及订购 DHC 商品自动就成为 DHC 会员，无须交纳任何入会费与年费。新品上市时，会员可优先获赠试用装，同时，DHC 会员还可获赠由 DHC 主办的《橄榄俱乐部》杂志，杂志包含了产品目录、美容体验信息、美容化妆技巧课堂等内容，成为 DHC 与会员之间传递信息、双向沟通的纽带。此外，DHC 会员还享有积分换礼品等多项优惠。采用会员制大大提高了 DHC 消费者的归属感，拉近了 DHC 与消费者之间的距离。

4. 多渠道协同

DHC 拓展多种销售渠道，为消费者提供了产品获得的便利性。在这一点上，DHC 和戴尔可以说是异曲同工。在北京、上海等二十几个城市，DHC 实行速递配送，货到付款；同时，DHC 还开通了邮购服务，消费者可以在邮局通过邮购获得自己需要的产品。

问题讨论：

1. DHC 的通信销售模式有什么特点和优势？
2. DHC 独特的渠道设计对于中国企业有何启示？

CHAPTER 4　第 4 章

营销渠道成员选择

章首语

　　渠道成员选择实质上是企业寻找分销领域的合作伙伴，首先要本着实事求是的原则，不能盲目贪大，也不可急于求成；其次要遵循互利互惠的原则，追求合作双赢甚至多赢的局面。企业只有寻找实力匹配、有合作意愿的、遵守商业道德的客户，才能实现有效的市场拓展；还要坚持平等、公正、法治以及互惠互利、诚信友善的合作方针，尊重渠道成员，避免"店大欺客、客大欺店"的霸王行为，努力营造文明、和谐、共赢的良好渠道关系。

学习目标

1. 确立渠道成员选择的原则。
2. 认识渠道成员选择的标准。
3. 了解渠道成员选择的途径与方法。
4. 学习渠道成员资信评估与风险防范方法。
5. 讨论渠道成员选择的误区。

开篇案例

好的渠道商实在太稀缺了

　　某建材品牌推向市场已经 1 年多了，目前经销商数量有 100 多个，但忠诚的、优质的经销商却不多。由于是新品牌，销售人员为了快速做出业绩，于是去找一些市场上比较成功的大经销商合作，经过努力，也说服了一些代理大品牌的"大客"，可是一年下来，大经销商对新品牌不够重视，并未达成预期的业绩。"经销商都是人家的好""好经销商太稀缺了"，很多厂家都发出这样的感叹。

　　开发的一些规模稍小的经销商，3 个月才发一批货，业绩极不理想，于是销售人员砍掉了第一批发货少的客户，又开发了一批，一年下来，大部分地区的经销商都换了一次，陷入"开发新经销商→发货→销量低→配合差→淘汰经销商→再找新经销商"的"恶性循环"，问题重重：

（1）七成的经销商都是新的，经销商开发、维护成本增大。

（2）经销商与厂家的磨合不够，理念与行动难以同步。

（3）品牌口碑不佳，经销商对厂家的信心严重不足。

如此困局令该企业的营销负责人十分纳闷，找"大客"不合适，小经销商又没业绩，究竟找什么样的经销商才合适？为什么好经销商如此难寻？

很多新品牌都遭遇过这样的问题，在经销商管理方面十分"急功近利"。其实，"罗马不是一天建成的"，经销商的成长也非一日之功。对于我国的许多经销商来说，先天不足、素质不高、实力不强是它们的"共性"，与它们打交道，我们既需要动脑筋，也需要耐性。用一句话来说，市场上没有现成的、十全十美的客户，找经销商、分销商不能苛求完美，最重要的是找成长型、相匹配、有合作意愿、具备潜力的客户加以培育，与客户一起成长。

资料来源：根据百度文库相关资料整理编写。

问题思考：为什么好的渠道商实在难寻？谈谈你的认识。

选择怎样的营销渠道成员作为制造商的合作伙伴直接影响到制造商生产的产品是否能够及时地、顺利地转移到消费者手中，影响到制造商分销的成本和制造商的服务质量，影响到制造商制定的营销目标的顺利实现，影响到产品及制造商在消费者心目中的形象。但是，不少制造商发现，渠道成员的选择不是一件轻松的事情。渠道成员有不同的类型，其形象、声誉和市场影响力也有很大的差别，而且具有不同的利益目标，要找到合适的渠道成员并不容易。本章将主要从生产制造商的角度来讨论渠道成员选择的相关问题。

4.1 渠道成员选择的原则

有人认为，企业选择渠道成员就好比一个人"找对象"谈恋爱、结婚，找对了对象才可能有未来的美满婚姻，才可能获得幸福——两者具有异曲同工之妙。渠道成员的选择要求企业能对自身有清晰的认识，对渠道的发展变化有准确的把握，对消费者的需求有深切的感知。这样，企业才能知道什么样的渠道成员是适合自己的，这样才能选对渠道成员。合适的渠道成员才能为公司今后的渠道管理打下良好的基础。

正如找到合适的对象，才可能有美满的婚姻，要实现建立营销渠道的目标，就要正确地选择渠道成员。一般来说，渠道成员选择应遵循以下原则。

1. 目标市场原则

要到哪里"开矿"，我们就把"路"修到哪里，这是最基本的选择渠道成员的原则。企业建设营销渠道，就其最基本的目标来说，就是要把自己的产品打入目标市场，让那些需要企业产品的最终用户或消费者能够就近、方便地购买。用麦当劳的话来说，就是"顾客在哪里，我们就把店开到哪里"。根据这个原则，营销渠道管理人员应当注意所选择的渠道成员的影响范围、渠道成员的顾客类型以及顾客类型与企业目标市场的吻合程度等。

2. 形象匹配原则

你是行业里处于什么层次、级别的制造商，就应该选择在目标市场上处于相应层次、级别的分销商，以求对等和匹配（门当户对），便于合作和交流，切忌盲目贪大和攀高枝，以避免"大户问题"。因为商品营销渠道或销售地点不仅是现有商品的销售出口，也是建立企业形象、商品形象，让消费者产生购买欲望的信息载体，所以，在一个具体的局部市场上，显然应当选择那些能够代表本企业形象，又愿意全力销售公司产品的渠道成员。

3. 分工合作原则

分工合作原则是指所选择的渠道成员应当在经营方向上一致和在专业能力方面互补，能够有效承担企业商品的分销功能。制造商的主要职责是开发产品和推广品牌，而分销商的主要职责是将商品分销到渠道，分销给消费者，分工协作，实现双赢。某些商品的销售过程中需要专门的知识和经验，那些不具备相应的知识和经验的渠道成员就不能被选择为营销渠道成员。

4. 发挥优势原则

渠道成员的选择不但要根据目标市场的需求、购买习惯和消费习惯来选择，同时，选择什么样的渠道成员来承担企业产品的分销功能，还要根据企业的销售目标和企业现有的资源状况，特别是现有的中间商状况，以最大限度地发挥企业现有优势为原则，因地制宜进行选择。另外，在选择渠道成员时，还要注意其成长性、前瞻性的未来发展优势。

5. 效率效益原则

所谓渠道效率，是指一条营销渠道运行的投入产出比，渠道效率主要体现在实现产品销量和市场覆盖两个方面，即有效性。效率效益原则要求企业在建设一个营销渠道时必须考虑该渠道能够给企业的产品销量和市场覆盖的贡献预期，还要考虑该渠道的费用投入预期，并进行比较和分析。例如，一个间接营销渠道的运行效率，在很大程度上取决于渠道成员的经营管理水平、对有关商品销售的努力程度以及渠道成员的"商圈"。

6. 共同发展原则

营销渠道作为一个整体，每个成员的利益来自成员之间的彼此合作和共同的利益创造活动。从这个角度讲，联合渠道成员进行商品分销就是把彼此之间的利益"捆绑"在一起。只有所有成员具有共同愿望、共同抱负，具有合作精神，才有可能真正建立一个有效运转的营销渠道。所以，选择渠道成员时，还要树立与分销商共同发展的理念，并选择具有共同发展意愿的分销商一起开拓渠道和管理渠道，实现共同的市场目标。

上述原则是从实现建立营销渠道的目标而提出的，是体现高效率营销渠道的基本要求。它们是一个有机整体，反映着建立商品分销系统，厂、商共同合作和共享繁荣的要求。按照这些原则来选择渠道成员，将可以保证所建立的营销渠道成员的素质和合作意向，提高营销渠道的运行效率。在具体选择渠道成员之前，要根据上述原则对各个可选择的渠道成员进行全面考察和认真分析。不了解渠道成员，就谈不上选择渠道成员。为了保证营销渠道建设的质量，必须严格考察渠道成员是否符合选择条件。

4.2 渠道成员选择的标准

企业在明确选择渠道成员的目标和原则之后，还要制定一系列的定性和定量相结合的评估标准，以便在多个潜在渠道成员之间进行选择。对于渠道成员的评判，要根据企业实现渠道目标和渠道策略的需要，综合考虑各方面的因素。一般而言，可以从渠道成员的能力、渠道成员的可控性和渠道成员的适应性三个方面进行评价。

案例 4-1
九阳公司的经销商选择标准

九阳股份有限公司（简称九阳公司）成立于1994年，以主营豆浆机起家，目前已发展为我国经营生活小家电的标杆企业，2020年九阳公司实现营业收入112.24亿元。九阳公司根据自身情况和产品特点采用地区总经销制，现在全国拥有300多个一级经销商，4万多家终端销售网点。九阳公司不光拥有自己的线下渠道网站，还在京东商城、淘宝网等电商平台销售。公司以地级城市为单位，在目标市场选择一家经销商作为该地区独家总经销。九阳公司对选择总经销商提出了较为严格的要求，主要有以下几点。

（1）总经销商要具有对公司和产品的认同感，具有负责的态度和敬业精神，这是首要条件。经销商只有对企业及产品产生认同感，才能对产品及市场高度重视，才能树立起开拓市场、扩大销售的信心，有助于经销商与企业保持步调一致。负责的态度是指经销商要对产品负责、对品牌负责、对市场负责。具备敬业精神的经销商能够积极主动投入市场销售与拓展，克服销售障碍，协助企业开展各项市场活动，带动企业销售业绩的提升和市场占有率的扩大。

（2）总经销商要具备经营和市场开拓能力，具有较强的批发零售能力。这涉及经销商是否具备一定的业务联系面、分销通路是否顺畅、人员素质高低及促销能力的强弱。

（3）总经销商要具备一定的实力。实力是销售网点正常运营、实现企业经营模式的保证。但是，要求实力并不是一味求强求大。适合的就是最好的，双方可以共同发展壮大。

（4）总经销商现有经营范围与公司一致，有较好的经营场所。如经营家电、厨房设备的经销商，顾客购买意向集中，易于带动公司产品的销售。九阳公司要求总经销商设立九阳产品专卖店，由九阳公司统一制作店头标志，对维护公司及经销商的形象起到了积极的作用。

九阳公司与其经销商的关系是一种伙伴关系，谋求的是共创市场、共同发展，因而公司在制定营销策略时，注意保证经销商的利益，不让经销商承担损失。那么，如何化解或减小经销商的经营风险呢？一是公司的当地业务经理可以协助总经销商合理确定进货的品种和数量；二是公司能够做到为经销商调换产品品种，合同中止时原价收回经销商的全部存货。这些措施打消了经销商的疑虑。公司这种追求双赢的方针、切实可行的保障措施、配合优良的产品和完善的服务，大大提高了厂商合作成功的可能性，使销售网络得以迅速铺开。

资料来源：周冰.渠道管理[M].北京：中国人民大学出版社，2021.

4.2.1 渠道成员的能力标准

能力标准是选择渠道成员的主要评估标准，通过对能力的具体评估可以大致判断渠道成员与厂家合作的可能性，具体包括营销思路、合作意愿、经营态度与价值观、经营信誉、销售实力、信用及财务状况、管理能力、管理权延续和稳定性、产品线结构的合理性等几个方面。

1. 营销思路

营销思路决定着渠道成员的命运，今天不同的营销思路决定未来不同的出路：是坐在家里等电话，只供大户，小订单懒得送，还是走出去周期性拜访客户，强化服务优势，铸造诚信经商的口碑，编织销售网络。应选择与企业营销思路相近的渠道成员。中国的市场营销环境处于快速变化的时期，如果没有适应新营销环境的营销思路，渠道成员所积累的客户、经销网络就没有价值。制造商要了解渠道成员的营销思路，应从以下几个方面着手。

（1）市场认知度。主要考察渠道成员对当地市场的熟悉程度以及对市场的看法。潜在渠道成员是否了解当地市场包含多少县，总人口，城市人口，各县的经济差距，各县的交通情况，以及大企业和批发市场情况等。潜在渠道成员对当地的市场规模、行政区划、基础资料、市场特点有较好的理性认识，标志着他有比较清晰的营销理念。

（2）经营状况。主要是了解渠道成员经营的手段是否落后，能否跟上现代科技和消费发展的步伐，包括做市场的思路、方式和效果等方面。有些渠道成员仍然处于一种原始的经营状况，如凭感觉进货卖货，无计划、不创新等，显然不适应现代市场拓展的需要。

（3）服务态度。主要了解渠道成员对送货、铺货的态度，对下线客户的服务程度。对铺货的重视程度、对编织网络的重视程度、对销售点的周期性拜访和客户服务程度是一个渠道成员营销思路的直接反映。如果一个渠道成员对自己经营的各产品业绩、盈利状况清楚，对当地市场的基本特点熟悉，并且积极拜访销售点，增强客户服务，强化自己的销售网络，那么基本上可以肯定其营销思路是清晰的。

2. 合作意愿

合作意愿决定了渠道成员与制造商今后关系的融洽性和长久性。营销渠道成员的选择不是为了一笔买卖的问题，而是要长期"结亲"，因此制造商应在产品和愿望两方面考验渠道成员。

（1）产品（品牌）认同。对产品的功能及市场潜力的认同，是当好渠道成员的前提。一个渠道成员很难认真地去销售一个他认为没有市场潜力的产品。对产品的重视，是成为该区域渠道成员的必要条件。因为重视才能产生责任心，而责任心又是驱使渠道成员努力工作的直接动力。制造商可以通过直接询问来了解渠道成员是否对产品有认同感。

（2）愿望和抱负。渠道成员销售产品，不单对厂家、消费者有利，对渠道成员也有利。销售渠道作为一个整体，由多个渠道成员构成，每个成员的利益来自成员之间的彼此合作。只有大家都有良好的合作愿望和发展抱负，才能实现彼此高效的沟通和提高渠道管理效率。

3. 经营态度与价值观

态度标准主要看渠道成员是否有激情和进取心。部分渠道成员赚钱以后就丧失了前进的动力，有的不再亲自经营，把企业交给亲戚或朋友经营。在短缺经济时代大把赚过钱的渠道成员，已经对过剩经济时代的微利经营丧失了兴趣。渠道成员的投入、毅力和对事业的投入程度，通常与市场的培育程度成正比。对于具有良好态度和企业家精神的渠道成员来说，应该具备强烈的事业观和利润观。有进取心的渠道成员不断充实自己，主动参加各种培训，对未来充满信心。

4. 经营信誉

多数厂家都会回避与没有良好信誉的渠道成员建立关系。相对信誉而言，渠道成员的经验和能力并非首要的考虑因素。考验渠道成员的信誉可通过同行口碑和同业口碑的途径获得。

（1）同行口碑。目标市场的其他渠道成员对该渠道成员如何评价，是否有恶意窜货、压价、经营假冒伪劣产品、赖账等劣迹。通过其他渠道成员了解他的经营能力、经营状况，他与代理企业的合作信誉状况，他如何处理与客户之间关系等，这是了解其经营信誉的主渠道。

（2）同业口碑。其他制造商以及上游供应商、制造商以及下游服务商对该渠道成员的评价也可以作为重要的参考依据，如来自银行、工商管理部门、咨询策划公司等社会机构的口碑信息。可以说，没有不透风的墙，只要是该渠道商不遵守渠道的游戏规则，不讲究信用的话，其他同业人士也会知道的，通过同业口碑是了解其经营信誉的辅助渠道。

5. 销售实力

在选择渠道成员时，销售实力是很重要的标准。判断其实力的方法很多，可以从资金实力、库房面积、配送能力、市场覆盖范围、市场占有率等方面加以评估。

（1）资金实力。资金实力是选择渠道成员的首要条件。制造商应选择资金雄厚、财务状况良好的渠道成员，因为这样的渠道成员能保证及时回款，还可以在财务上向生产厂商提供一些帮助，如分担一些销售费用，提供部分应付款，向下线客户提供赊销，等等，从而有助于扩大产品销路。

（2）库房面积。仓库面积与销售额成正比。制造商应主动要求看看渠道成员的仓库，既可以了解其面积大小，还可以了解其经营品种，以及竞争对手的产品库存情况，同时，还可以根据仓库产品的摆放以及清洁状况来判断渠道成员的仓库管理能力。此外，根据其现有的产品库存，可以推算其大概的库存资金和流动资金。

（3）配送能力。渠道成员的配送能力是渠道成员实力的重要体现，体现为配送车辆、配送人员、仓储运输设备等。未来能够生存的渠道成员只可能是"配送中心"式的渠道成员。在美国等发达国家，除生鲜类产品存在批发市场外，其他类型的产品的批发市场已经消失殆尽，但"配送中心"式的渠道成员仍然生存得很好。

考察渠道成员的配送能力，必须注意以下四点。

第一，渠道成员必须具备配送意识，认识到只有具备配送功能才能生存。

第二，必须组建配送机构，配备配送人员和配送工具。

第三，必须实现低成本配送。很多渠道成员不敢或不愿意开展配送的原因是无法承担高额的配送费。

第四，在配送区域过大的情况下，建立配送中心。

（4）市场覆盖范围。市场覆盖范围是从地理区域上判断渠道成员销售网络的建设情况。通过了解车辆的吨位可以判断其覆盖的范围和覆盖的终端的类型。面包车主要供应短距离、市内的终端；两吨以下的送货车主要供应中等距离的零售商或批发商；两吨以上的送货车主要供应长距离的批发市场。要了解渠道成员的运输能力与市场覆盖范围，可以询问这位渠道成员有几辆车、车的型号如何、几个司机等。

（5）市场占有率。渠道成员是否拥有厂商所期望的那部分市场或称市场占有率。需要特别考虑的是该渠道成员的市场范围是否太大，以致有可能与其他渠道成员重叠。概而言之，厂商应坚持"最大占有，最小重合"的原则。

目前，在中国家电业内，许多企业都会优先选择国美、苏宁等专业连锁企业。实际上这些连锁企业的资金实力并不一定很强，但由于它们现金流充裕，规模庞大，销量巨大，因此，企业选择它们无疑是非常正确的。这些连锁企业也是企业优先选择的渠道成员。

6. 信用及财务状况

调查渠道成员的信用及财务状况是一个必须环节。这项标准在渠道成员的选择中，被大量制造商采用。需要收集的信用与财务信息及调查事项包括：注册资金、实际投入资金是否宽余；必备的经营设施（仓储、运输、营业场地等）能否承受目前的业务；给厂家付款的方式；资金周转率、利润率；银行贷款能力；税务是否守法；欠账的程度；放账的程度。具体内容我们还将在第4.4节进行深入讲解。

7. 管理能力

一般不考虑选择管理过于落后的中间商为合作对象，因此在选择渠道成员时，管理是一个关键因素。但是，管理水平受诸多因素的影响，因而很难下定论。到底管理水平如何,其中关键的一点就是看其组织、培训和稳定销售队伍的能力。厂商销售人员通过直接询问、现场观察等方式,可以大致了解渠道成员的管理能力,具体应了解以下几个方面。

(1) 物流管理水平。有无库房管理制度,有无出库入库手续,有无库存周报表、报损表、即期破损断货警示表等。断货、即期、破损、丢货现象是否严重。

(2) 资金管理能力。有无财务制度,有无会计、出纳,有无现金账,有无销售报表。是否执行收支两条线,是否有"自己的直系亲戚,谁用钱谁自己从抽屉里拿"的现象。

(3) 人员管理能力。要了解中间商的人员管理情况,就要主要了解以下几个方面:是否有业务人员?业务人员中亲属所占比例?有无人员管理制度?业务人员是否服从管理?有无清晰的岗位职责分配?业务人员的工作状态是自己去找地方卖货,根据销量拿提成,还是按线路周期性地拜访客户,根据综合指标考评发薪金?

8. 管理权延续和稳定性

渠道成员多由其所有人或发起人掌管,其中有许多,尤其是二级、三级经销商,大多是独立经营的小公司。如果经销商的管理阶层经常发生变动,非常不利于与之开展业务合作。因此,必须特别关注客户管理权更迭与团队稳定性问题,一旦老一辈故去,希望经销商的子女能顺利接替他们的事业,继续保持良好合作。

9. 产品线结构的合理性

选择渠道成员还要关心客户经营的产品结构组合,避免经营产品之间显著的冲突,可以从以下四个方面考虑渠道成员经销的系列商品:①竞争对手的产品;②兼容性产品;③互补性产品;④产品质量。

具体来讲,应尽可能避免选取经营直接竞争对手产品的渠道成员。如蒙牛应忌讳选择伊利的经销商、福临门避免选择金龙鱼的经销商做自己的分销商。相反,应尽量寻找经营同类兼容性产品的渠道成员,比如,玩具厂家可以找经营文具、卖书包的分销商做代理,因其既属同类从根本上来说又不对自身产品构成威胁。经营互补性产品的渠道成员也是目标渠道成员,因为通过这类产品,可以为顾客提供更好、更全面的服务。在产品质量方面,厂商应选择经营产品质量比自己好,至少不低于自己的渠道成员,尽量不要把自己的产品同"劣质""无品牌"的产品放在一块。

以上谈到的标准并非适用于所有公司的所有情况,但它们指明了选取渠道成员时需要考虑的主要方面,因而具有较高的参考价值。每个企业都应该根据自己的目的、方针制定一系列相应的具体标准,如表4-1所示。

表4-1 中兴通讯经销商资格标准

项目	指标	具体要求
资格要求	合法性	合法有效的营业执照、税务登记证、组织机构代码证、银行开户许可证、法人身份证
	业内经验	具有分销产品销售经验和良好的业绩,具有较强的业务理解力和良好的服务能力,能够为最终用户提供有竞争力的解决方案

(续)

项目	指标	具体要求
资格要求	资金	注册资金 50 万元以上
	服务资质	具备二星级服务资质（行业标准）
	销售人员要求	具有渠道管理相关工作经验两年以上
	财务及经营状况	财务状况良好，无不良经营记录和债务，须提供经过合法会计师事务所审计的上一年度的资产负债表、利润表、现金流量表
运作平台要求	支持系统	与中兴通讯商务要求相符合的基于局域网和广域网的互联网接入手段和办公设备、人员，可以妥善管理中兴通讯统一给予的商务信息，能够随时访问中兴通讯的相关网站和通过各种手段与中兴通讯业务人员保持良好沟通
	物流平台	具备仓储、授权区域范围内各地市间可以互相配送的能力 具备存储记录系统，能对货物流向进行实时检索和统计
业务要求	销售目标承诺	承诺年度进货额不低于 50 万元
	订单管理	1. 项目订单：必须按中兴通讯项目订单通知单的要求从一级渠道进货 2. 分销订单：按分销价格从一级渠道进货，按照用户指导价格自行销售
	信息反馈	按中兴通讯的信息反馈制度提供分产品、分区域的销售信息及需求流动预测
渠道管理基本要求		能够按照中兴通讯的要求积极拓展经销渠道，提升中兴通讯品牌形象，并能对经销渠道进行规范化管理，不得进行跨区、跨行业销售、低价扰乱市场秩序等违反中兴通讯渠道原则的行为
发展与机会		考核期 6 个月。不能达到要求者，降级处理并按相应代理级别认证

资料来源：摘自 http://channel.zte.com.cn/ztechannel/03cooperate。

4.2.2 渠道成员的可控性标准

尽管渠道成员的能力对于企业选择渠道成员至关重要，但是企业对于渠道成员的可控制程度也是很重要的评估标准。一般而言，企业希望对于渠道成员有较高的控制程度，以防止出现"大户问题"。如果一个企业选择了势力强大的渠道成员，这个渠道成员却恃强凌弱，企业反倒会受制于渠道成员。从可控性角度评价渠道成员，就是看企业控制某一个候选渠道成员的可能性。此时，渠道成员的经营能力强大，反倒不是好事。渠道成员可控性的评估，可以从控制内容、控制程度和控制方式几方面来考虑。

1. 控制内容

从控制内容评估渠道成员的可控性，就是要指出企业可以从哪些方面控制某一渠道成员。比如，企业可以控制或者影响渠道成员的哪些营销决策，企业可以控制或者影响渠道成员的哪些渠道功能，企业能否控制渠道成员可能的投机行为等。

2. 控制程度

从控制程度上评估渠道成员的可控性，就是要指出企业在某一个方面控制某一渠道成员可以达到的程度。例如，企业可能实施绝对控制，即不仅控制渠道成员的数量、类型、产品，还要控制渠道成员的促销政策，以及价格政策。此时，渠道成员类似于企业的分支机构，要根据企业的指令从事销售活动。企业还可能对渠道成员实施较低程度的控制，常常只通过提供帮助来影响渠道成员的营销方式和营销行为。

3. 控制方式

从控制方式上评估渠道成员的可控性，就是要看企业可以用什么方法在哪些方面控制渠道成员。比如，企业可以通过渠道治理结构的某种安排控制渠道成员的投机行为吗？企业能够使用自己所拥有的渠道权力影响渠道成员在产品价格方面的决策吗？企业可以通过良好的关系或彼此之间的高度信任而相互影响和相互控制吗？

4.2.3 渠道成员的适应性标准

渠道成员选择的适应性标准，主要在于分析、评价渠道成员对企业的营销渠道的适应能力，以及环境变化的应变能力。

评估方法以定性评价为主，比如，通过访谈，了解成员的经营理念和发展思路，以便判断它融入企业原有营销渠道的难易程度；通过了解渠道成员的发展历史，判断其危机处理能力和应变能力；通过实地考察，了解渠道成员的基础设施和人员素质，由此既可以看出渠道成员对企业的适应能力，也可以看出渠道成员在环境变化时可能做出的反应。

上述讨论了选择渠道成员的三方面评估标准。图4-1进一步综合上述几种评估标准，简明扼要地说明选择渠道成员时需要考虑的关键标准。

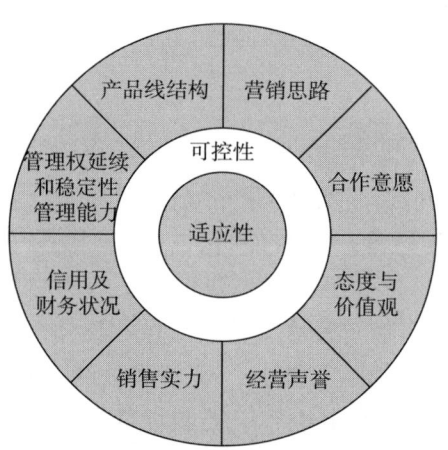

图4-1 选择渠道成员的主要评估标准

📍 知识延伸

一位资深的渠道管理专家认为，一个好的渠道成员应该具备以下条件

1. 良好的经营信誉，即在行业内或区域市场内具有好的名声或口碑。
2. 市场理念一致，即与制造商在对行业前景、市场拓展方面的看法不谋而合。
3. 与经销产品无竞争性，即该经销商现在所经销的产品中没有直接的竞品。
4. 具备销售网络优势，即该经销商在当地市场已经建立了一个好的销售网络。
5. 有兴趣与热情，即对厂家的产品和品牌很认可且具有销售热情。
6. 有同类产品经验，即经销具有同样性质和类别的产品并已积累相当的经验。

7. 良好员工队伍素质，即有一定数量的销售人员，具有市场意识和执行能力。
8. 经营场所具有区位优势，即经销商的办公及储运地点最好接近目标渠道。
9. 有资金动员能力，即经销商资金充足，能够解决旺季促销的资金要求。
10. 有仓储配送优势，即经销商拥有足够大的仓库和足够多的运输车辆。
11. 具有社会影响力，即经销商在当地有一定的社会地位和市场影响力。
12. 经销商富有个人魅力，即经销商本人在专业知识、个人品德方面值得称道。

问题讨论： 你认为以上哪些条件对于一个好的渠道成员来说尤为重要？

4.3 渠道成员选择的途径与方法

随着市场竞争的加剧与渠道关系的复杂化，厂商选择渠道成员的策略也在不断地发生变化。单一的选择策略越来越少，而更多的情况是，厂商根据市场、行业、产品及竞争特点等采用不同的策略组合来新建、调整或重构渠道体系。掌握了一定数量的渠道成员并根据标准进行分析、评估以后，企业就要选择合适的渠道成员。对渠道成员的合理选择是一个复杂的综合评估过程，其中可采用的方法和策略很多，总的来说，包括一些定量的和定性的策略与方法。

4.3.1 渠道成员选择的途径

事实上，许多公司是通过现有的销售人员寻找渠道成员的，因为对于拥有独立销售队伍的企业来讲，获得丰富的潜在渠道成员名单是一件容易的事情。原因很简单，通过长时期在销售现场的经常性交往和接触，业务员可以掌握有关地区的大部分分销商的基本信息，也可以通过现有客户介绍找到合适的渠道成员。然而，对于那些新创立的企业，寻找可能的渠道成员就是一项重要的工作，也是一项困难的工作。条条大路通罗马，我们需要找到最有效的那一条。除了公司销售人员，公司还可以发动内部人力资源关系网络来获得潜在的渠道成员。企业大致可以通过以下几种方式寻找到合适的渠道成员。

1. 专业市场

许多城市都有各个行业的专业市场，如计算机市场、建材市场、食品批发市场等，到这种地方走走，经常会看到店铺门口或是店里面有"××地区总经销、总代理"等各式各样的招牌。大的经销商往往会在批发市场设置门面销售产品和扩大影响，大部分经销商为了扩大自己的知名度，还会要求厂家给它们制作类似的招牌、条幅等。虽然这些年批发市场走向衰落，但行业批发市场往往有当地经销商的销售窗口。

2. 媒体广告

到达一个新的市场，可以先买几份当地的报纸，看看当地电视，听听广播或到街上走走，看看户外广告牌，或许就能发现同类产品的经销商的名称。当地报纸、广告牌等媒体上常常有同类产品的广告，其中往往有"由××公司总经销、总代理""供货热线（电话号码）"等字样，通过这些路径，就可以找到目标渠道成员。

3. 工具书

工具书包括当地的电话号码簿、工商企业名录、地图册、手册、消费指南、专业杂志等。尤其是电话号簿含有很多企业信息，一般情况下，当地比较有经验、有实力的经销商都会在当地电话号码簿上刊登自己公司的名称，媒体上也常常有同类产品的广告，且有"由××公司总经销"的字样。现如今已进入数字时代，这种思路应该转化为通过互联网途径搜寻相关客户信息。

4. 广告公司咨询

当地的广告公司对当地的媒体、市场情况比较了解，往往有自己的有关各行各业厂家、经销商的信息资料库，它们要争着做你公司的广告代理商，必然会详细地告诉你本地经销商的情况。可以先找当地广告公司寻求广告代理，再通过广告公司介绍合适的经销商。

5. 刊登招商广告

企业如果通过一般途径找不到合适的经销商，或者企业很有实力又想趁机扩大影响，都可以通过刊登招商广告的方式寻找客户。刊登招商广告可以详细说明对客户的要求，可以较全面地了解经销商的情况，然后进行挑选。这种方式见效快，一般能找到好的客户，但费用较多，主要是通过媒体刊发广告的费用，不太适合小企业。

6. 参加产品展销会、订货会

各个行业每年都会举行各种各样的产品展销会、订货会，厂商云集，很多专业性的经销商都会参会。这是厂家展示产品、品牌的地方，也是很多企业寻找客户的有利机会和途径。企业可以根据自己行业的展销会、订货会召开的时间、地点，结合自己寻找客户的目标市场要求，选择性地参与一些地方的展销会、订货会，借机寻找客户，同时达到展示公司产品及品牌形象的目的。比如老干妈，从20世纪90年代中期开始，就通过年复一年地参加成都糖酒会等各地食品展销会找到了众多客户，建立了自己庞大的销售帝国，把一瓶辣椒酱销到了全国各地，做到了家喻户晓。后来，老干妈又通过广州商品交易会、东盟博览会等平台将辣椒酱销到了海外，逐渐成为"舌尖上的中国名片"。

7. 顾客和中间商介绍

企业可以通过正式或非正式的调查，了解顾客在他们所处的区域内对不同中间商的看法，以便确定企业未来的合作伙伴。另外，通过咨询现有中间商或让现有中间商推荐，企业也可能找到新区域的潜在客户。特别提醒，通过同一行业的顾客和中间商介绍都是非常有效的寻找客户的方式，因为同行信息相通，比较了解，容易获得目标市场客户信息，特别是好客户的信息。通过行业内的顾客和中间商介绍客户是一种非常可靠的方式。

8. 通过网上查询

现在越来越多品牌意识强、有长远眼光的中间分销机构都开始创建自己的网站，这已经成为业界的发展趋势。通过网上查询，尤其是访问专业网站，业务人员可以搜寻到某一行业中很多同一类型或不同类型的企业。现代企业应该充分利用互联网资源选择目标客户，通过各种搜索引擎，在网站上浏览各家中间分销机构的详细信息，以便进行高效率的比对和选择。比如，慧聪网（http://www.hc360.com）是国内一家B2B电子商务服务提供商。网内注册企业用户已超过2 300万，买家资源达到1 500万。通过该网站，企业可以查到50余个大行业、上千个子行业的2 000多万家企业的供求和产品信息。类似的网站还有很多，如天眼查（http://www.tianyancha.com）、企查查（http://www.qcc.com）、阿里巴巴的1688频道（http://www.1688.com）等。通过互联网上的这些网站搜寻，企业可以找到很多未来可能的合作伙伴，而且搜寻也比较经济。

4.3.2 渠道成员选择的方法

渠道成员的选择有时是主动的，有时是被动的。如果企业在产品、品牌及影响力方面处于优势地位，企业就可能主动地选择渠道成员；反之，如果企业在产品、品牌及影响力方面处于劣势地位，企业则需要积极地争取和赢得渠道成员。企业要想有效赢得渠道成员必须创造以下条件。

- 有竞争力的产品线。
- 合理的广告和促销支持。
- 专业化的管理支持。
- 公平交易和友好关系。

就渠道成员选择的具体方法，我们从定性确定和定量确定两个方面展开阐述。

1. 定性确定法

在企业实践中，渠道成员的选择大多采用定性确定法，即主要依靠一些经验和判断，利用充分的沟通加强了解，通过市场的实际操作进行检验，最后确定渠道成员的方法。

（1）定性确定法的一般步骤和特点。

1）通过市场试运作选择经销商。厂家选派精兵强将，在当地建立办事处，自设仓库，直接拓展终端业务。可以由厂家直接向零售店铺货，也可以联系数家有意向的批发商同时向零售店铺货。如果是后者，事先要申明双方的责、权、利，明确试销的责任和义务，厂家不承诺经销权，试销优秀者选定为经销商。这就是所谓的"倒着做渠道"。

2）通过市场竞争筛选经销商。厂家向几家有意向的批发商同时铺货，往往会形成竞争和互相牵制的局面。经过市场运作，淘汰掉那些渠道能力较差或终端运作能力较差的经销商。对被淘汰的批发商，给予一笔市场开拓费作为补偿。如果初选经销商都采取观望的态度，那么厂家只好自己直接铺货，并且一边铺货一边考察。随着市场开拓的深入，以及厂家对零售终端和批发商的了解熟悉，这时再来确定合适的经销商就比较容易了。

3）利用市场资源支持潜在经销商。如果初步选好了经销商，在前期铺货后再发动广告促销攻势。中小企业的广告费用有限，可以采取用"时间"换"金钱"的方法，先辅助经销商进行市场的第一轮铺货，起码达到40%铺货率之后再投放广告和促销；当广告促销攻势发动后，再进行第二轮铺货补货，这样可以最大限度地节约促销费用。

4）利用短期合同期限考察经销商。经销合同签订的期限不宜过长，最好不要超过一年。有人认为，签订长期合同有利于经销商与厂家捆在一起，使经销商全心全意地投入市场开拓。实际上，这只是一厢情愿。经销商可能会利用中小企业的弱势地位，从事投机经营活动。签订短期合同，留给经销商投机的空间也会比较小。另外，短期合同也会给经销商施加随时可能被替换的压力，如果它真希望销售企业的产品，会加倍努力。

5）不要轻易承诺总经销权。即使市场上只有一个经销商在分销，也只承诺特约经销权，不要轻易承诺总经销。因为很少客户能覆盖区域市场的所有二级批发和零售商，承诺总经销权就等于放弃了补缺和纠偏的权利。另外，承诺总经销权，也不利于厂家对市场的控制，容易出现"大户问题"。虽然早期经销商会有意见，但是只要厂家坚持自己的渠道原则，保证经销商已开发并管理良好的网点，就能实现厂家与经销商的良好合作。

6）选择具有成长性的经销商。经销商的选择，不能盲目贪大，应该更加注意成长性因素，考虑其是否与企业的条件相匹配，只有合适的才是最好的。厂家的实力有限时，不宜选择能力太强的大经销商，因为它经营的品种太多，有数个大品牌，对知名度低的新品牌不会全情投入经营，自然不会达到很好的销售效果；也不宜选择能力太弱的经销商，因为它没有能力把产品有效铺到销售终端。厂家应该选择对自己的产品、品牌感兴趣，与自己实力匹配，能够全力经营的具有成长性的经销商。

（2）定性确定法的主要操作方法。

1）观察筛选法。观察筛选法就是首先到目标市场寻找目标客户比较集中的地方，比如食品批发市场、建材市场、电脑城等，通过观察，结合自身厂家产品自身的特点、经营实力和品牌档次，进行判断和筛选，在初步筛选出几家意向经销商后，再进行深入的访问和洽谈，最后经过商讨签约确定。观察筛选可以从几个方面入手：经营的品类属性（是否相容或互补）、店面大小（能否彰显实力）、经营者特点（是否符合个人偏好）等。

这种方法是典型的定性确定方法，主要靠销售业务员的经验判断。虽然这种方法操作起来比较简单，但对业务人员的行业知识、管理经验和社会阅历要求较高，有丰富经验和阅历的业务人员成功率较高，缺乏经验和阅历的业务人员则不便把握。

2）业内人士介绍法。业内人士介绍法就是尽量寻找在同一行业里面工作的亲戚、朋友或熟人帮助介绍客户的方法。他们可以是从事销售工作的，也可以是从事如物流配送、生产管理、产品研发，甚至是从事人力资源、财务管理的皆可。前者可以直接介绍客户，后者可以通过其他的同事、朋友找相关销售人员间接介绍。因为同行企业每年都会召开年会，同行经销商之间大多认识，知根知底，业务员之间也经常互通信息。总之，只要是在同一行业工作的人，帮助获取某地区客户的信息是一件非常容易的事情，俗话说,"隔行如隔山",反过来,"同行最知情"。只要找到一个同行,就能够帮助自己找到行业内目标市场的客户;只要找到一个地方的一个客户,他就可以介绍多个地方的客户。

这种同行介绍的方法找到的客户往往比较可靠,也比较适合,增加了信任度,减少了客户风险,比较适合于新的业务员开拓市场时使用,但需要在寻找亲戚、朋友或熟人过程中做一些"公关"工作,需要一些前期的关系投入。

3)黄页、报刊检索法。黄页、报刊检索法是一种比较传统的寻找客户的方法,意思是通过当地的黄页(电话号码簿)、报刊检索相关行业在当地的销售信息,特别是当地经销商的信息,包括公司名称、联系电话、所在地址、经营范围等,筛选到有用客户信息后再跟进访问和洽谈。

这种方法可以应用于新业务员开拓新市场,在没有经销商信息的情况下可以考虑采用。这种方法虽然有些落后,但其思路还是可以借鉴的。比如,当地的报纸、户外广告牌等媒介,往往刊登企业产品的促销信息,并留下了当地经销商的联系地址和电话,这对于寻找相关客户是非常有用的信息,由此跟进联系也许会得到很好的收获。特别是互联网发达的今天,完全可以借用网络搜索,达到寻找有用经销商信息的目的。

4)公开招标法。企业可以通过在当地报纸、电视等媒介发布招商信息,吸引当地分销机构参与竞标,企业通过这种方式可以直接寻找和筛选到客户。这种方式操作比较简单,也能够寻找到好的客户,但是操作成本相对比较高,适合于实力雄厚的企业,或者是对该目标市场志在必得的企业。

5)行业博览会法。企业可以通过参加在当地举行的行业博览会,并在博览会上展示企业的产品和品牌,来寻找在该地区的经销商。这种方法也比较有效,因为行业博览会是行业厂家和经销商聚会的平台,彼此能够实现充分的沟通,有充分的比较和相互选择,所以往往能够找到好客户,但操作成本也比较高,同样适合于实力比较雄厚的企业。

6)反向追踪法。反向追踪法,又可以叫"顺藤摸瓜法",是编者在多年企业渠道管理实践中探索独创的方法,属于消费品企业运用逆向思维寻找渠道客户的有效办法。

具体做法是,消费品厂家的业务代表到了目标市场以后,在没有其他更好方法的情况下,可以先到当地的大卖场、连锁超市、批发市场以及其他相关的终端零售场所去走走,找找感觉,观察一下和自己的产品密切相关的同类产品中,哪些产品终端陈列状况和销售状况比较好,然后根据产品上的电话信息,寻找该产品在该地区的经销商(单位、地址、电话等),这样就能够找到同类产品在目标市场上的优质经销商。因为市场是经销商做起来的,好的陈列和好的销售背后的推手必然是好的客户,这是一种自然的逻辑。

案例 4-2

利用"反向追踪法"在重庆找到优质经销商

某罐头食品企业业务经理张某带着业务员李某到重庆开发市场,因为重庆是山城,地势不平,市场分散,没有比较集中的集贸市场,找了几天也没有找到合适的客户,回到宾馆闷闷不乐,因为回公司不好交代呀!第二天,他们决定不急于找客户,先出去转转再说。由于职业的原因,他们顺便看了看重庆的卖场,转了转重庆的连锁超市,自然关注调味品类产品的陈列和销售状况,发现"海天"(酱油)、"双汇"(火腿肠)、"老干妈"(辣椒酱)等多个产品在重庆的商场里陈列好,销售旺,多个地方搞堆头陈列和特价促销,他们心想,这些产品的背后不就是好经销商嘛!于是在"海天"产品的包装上找到了厂家的联系电话,回到宾馆就打电话给"海天"销售部,称自己是重庆的,准备开家超市进货,要求对方提供他们在重庆的经销商的信息,包括电话、联系人等,对方十分热情,提供了相关信息。张经理他们根据"海天"提供的客户信息,打电话给重庆的经销商,说是"海天"销售部某经理介绍的,并约定第二天上门拜访,第二天张经理他们上门,客户很客气,经销事宜很快谈成了,客户还对"海天"的经理表示感谢。所以,利用"反向追踪法"寻找优质经销商可以作为新地区客户开发的"锦囊",在关键时刻拿出来使用。

资料来源:作者根据亲身经历编写。

2. 定量确定法

渠道成员的定量确定法,是基于对渠道成员的量化评估,经过排序筛选客户的方法。例如,一个生产商根据渠道商的中间成本进行排序,选择成本最低的渠道商。具体包括以下几种。

(1)强制评分法。强制评分法的主要原理是对拟选择作为合作伙伴的每个渠道成员,就商品分销的能力和条件,用打分法来加以评价选择。由于各个渠道成员之间存在分销优势与劣势的差异,因而每个项目的得分会有所区别。注意到不同因素对渠道功能建设的重要性程度的差异,可以分别赋予一定的重要性系数。然后计算每个渠道成员的总得分,从得分较高者中间进行选择。

例如,某电脑生产商决定在广东地区选择独家经销商。在广州市进行考察后,选出3家比较合适的"候选人"。电脑生产商希望经销商占有一定的经营规模、有良好的声誉和财务状况、有强大的销售实力和管理能力等。各个"候选人"在这些方面都有一定的优势,但是没有一个"十全十美"。因此,电脑生产商决定采用强制评分法对各个"候选人"进行打分评价,如表4-2所示。

表4-2 强制评分法选择渠道商

评价因素	重要性系数	渠道商1		渠道商2		渠道商3	
		打分	加权分	打分	加权分	打分	加权分
1.经营规模	0.20	85	17	70	14	80	16
2.良好声誉	0.15	70	10.5	80	12	85	12.75
3.销售实力	0.15	90	13.5	85	12.75	90	13.5
4.管理能力	0.10	75	7.5	80	8	85	8.5
5.合作精神	0.15	80	12	90	13.5	75	11.25
6.产品线	0.05	80	4	60	3	75	3.75
7.货款结算	0.20	65	13	75	15	60	12
总分	1.00	545	77.5	540	78.25	550	77.75

从表 4-2 的第一列可以看出，各个渠道商的优势与劣势是通过有关评价因素反映出来的。通过打分计算，从表 4-2 的"总分"栏可以看出，第二个"候选人"得到最高的加权总分，因而是最佳的"候选人"，该公司应当考虑选择它作为当地的经销商。

强制评分选择法主要适用于在一个较小地区的市场上，为了建立精选的渠道网络而选择理想的零售商，或者选择独家经销商。

（2）销售量分析法。在经济数据较缺乏的情况下，强制评分选择法为我们提供了很好的选择渠道成员的途径。但这种方法仍然是定性基础上的定量化的决策方法，要求渠道管理人员提出多个评价因素，并且合理地估计有关因素的重要性系数。

销售量分析法是通过实地考察有关渠道成员的顾客流量和销售情况，对每个渠道成员的销售趋势曲线进行分析，估算可能达到的总销售量，并分析它们近年来销售额水平及其变化趋势，在此基础上，对有关渠道成员实际能够承担的分销能力以及可能达到的销售量水平进行估计和评价，然后选择最佳"候选人"的做法。

例如，某个渠道商近两年来某种商品的销售量如表 4-3 所示。由于商品销售量与时间变动之间存在强相关性（相关系数 $R=0.9691$），所以用线性回归方法可得出其销售增长曲线为

$$Y_t = 860 + 30 \times t$$

表 4-3　渠道商销售记录

时间	2022 年				2023 年			
	第一季度	第二季度	第三季度	第四季度	第一季度	第二季度	第三季度	第四季度
销售量（万件）	560	620	640	780	800	870	850	920

参考表 4-3 的资料，假设 2022 年第四季度对应的 t 值为 0，2023 年第一季度及以后季度对应的 t 值为自然数。如 2023 年第一季度 t 取值为 1，对应预计达到的销售量为

$$Y_1 = 860 + 30 \times 1 = 890（万件）$$

如果进一步假设经由该渠道成员分销本企业的同类产品，产品生命周期是 1 年。那么，该批发商在产品生命周期内（包括四个季度）能够实现的销售总量可由下式计算

$$\begin{aligned} Y &= Y_1 + Y_2 + Y_3 + Y_4 \\ &= (860 + 30 \times 1) + (860 + 30 \times 2) + (860 + 30 \times 3) + (860 + 30 \times 4) \\ &= 860 \times 4 + 30 \times (1 + 2 + 3 + 4) \\ &= 3\,740（万件）\end{aligned}$$

如果存在另一个渠道成员，在同样的时期内，商品销售总量可以达到 4 000 万件，那么前面的那个批发商就不是一个理想的"候选人"，应当放弃。这种方法适用于对经销商、零售商的择优选用。

从以上内容可以看出，渠道成员定量确定法固然有一定的优点，比如能够掌握比较准确的对象数据，对于渠道成员的选择比较客观，较少受到渠道管理人员个人偏好的影响，但定量确定法的缺点也是显著的，因为：①有很多渠道要素（如渠道成员的诚信度、可控性、适应性等）属于定性因素，是很难用量化的指标来进行考量的；②收集量化数据需要进行深入调研，需要花费大量的人力物力；③市场调研需要耗费大量的时间，而

对于企业来讲，时间就是金钱，时间就是效益，不允许耗费太多时间；④渠道成员的选择是一种双向的选择，需要深入沟通来完成，有时企业是被选择者而不是选择者，这时定量的测评几乎没什么用处。

4.4 渠道成员资信评估与信用管理

渠道成员资信管理是指对渠道成员经营管理的全过程以及每一个关键的业务环节和部门进行综合性的风险控制，包括以渠道成员资信调查及评估为核心的事前控制，以交易中的业务风险防范为核心的事中控制，以应收账款的专业化监控为核心的事后控制。本节主要就渠道成员资信调查及评估与客户业务风险防范进行阐述。

4.4.1 渠道成员资信调查

资信调查是指收集和整理反映渠道成员信用状况的有关资料的一项工作。它是财务主管进行应收账款日常管理的基础，是正确评价渠道成员信用的前提条件。

1. 信用调查方法

信用调查的方法分为两大类。

（1）直接调查法。直接调查法是指企业调查人员直接与被调查渠道成员接触以获取信用资料的一种方法。这种方法能保证收集资料的准确性和及时性，但如果被调查渠道成员不予合作，则其调查资料就不会完整和准确。

（2）间接调查法。间接调查法是指通过对被调查单位和其他单位的有关原始记录和核算资料，进行加工整理获取信用资料的一种方法。这些资料主要来源于以下渠道。

1）会计报表。有关渠道成员的会计报表是信用资料的主要来源。因为通过会计报表分析，基本上能掌握一个企业的财务状况。

2）信用评估机构。世界上许多国家都有信用评估的专门机构，这些机构会定期发布有关企业的信用等级报告。目前我国的信用评估机构有三类：一是独立的社会评估机构；二是中央银行负责组织的评估机构，一般由商业银行和各部门的专家进行评估；三是商业银行组织的评估机构。专门的信用评估机构评估方法先进，评估调查细致，可信度较高。

3）银行。这是信用资料的一个主要来源，因为许多银行都设有信用部门，把调查往来渠道成员商业信用作为一个服务项目。

4）其他机构。例如，财税部门、工商管理部门、证券交易所、消费者协会以及企业的主管部门等。

2. 渠道成员资信报告的编制

通过不同的渠道收集到渠道成员信息之后，业务经理或信用分析人员可以根据实际需要，编制各种不同内容的资信报告。下面是一些常见的资信报告类型。

（1）企业注册资料报告。通过考察企业的注册资料或商业登记资料，可以判断企业是否为合法成立。另外，通过企业的注册资料和实际资本可以估计企业的规模大小，并判定企业是否带有投机性质。

（2）标准报告。标准报告是包括公司概要、背景、管理人员情况、经营状况、财务状况、银行往来、公众记录、行业分析、实地调查和综合评述等内容的资信报告。标准报告提供被调查对象的全面情况，适用于一般的商业往来中对渠道成员的选择。

（3）深度报告。如果企业觉得标准报告的内容还显单薄，还可以编制一份综合信用报告，其内容包括标准报告的所有内容，并在所有环节中进一步深化，使渠道成员信息更全面，更有深度，并附有对渠道成员最近三年财务情况进行的完整综合分析。此类报告适用于交易金额偏大，或较为陌生的渠道成员。

（4）财务报告。如果企业与渠道成员较为熟悉，对渠道成员除财务之外的情况均很了解，此时企业可针对渠道成员财务信息编制成财务报告，对渠道成员进行完整的财务分析，并与所在行业的平均水平进行比较分析。

（5）特殊报告。如果企业认为某一渠道成员是企业最重要的渠道成员，对企业的生存与发展有重大的影响，就必须对渠道成员进行全面深入的调查，必须得到更多的渠道成员背景资料、财务数据以及市场状况分析方面的信息。企业可以根据上述得来的信息编制特殊的信用报告。

（6）连续服务报告。如果企业认为渠道成员需要定期调查与监控，可以根据标准信用报告的内容连续不断地编制连续服务报告，并随着时间的推移，随时以最新的信息对信用报告的内容进行更新和补充。除上述资信报告外，企业也可以根据内部需要，编制各种分类报告以满足不同的需求，比如主要管理人员背景报告、经营状况报告、历史发展报告等。

4.4.2 渠道成员资信评估

根据我国企业的现实情况，我们可以采用特征分析模型和5C信用评估法作为信用分析的基本出发点，实施渠道客户资信评估和信用限额计算。

1. 特征分析模型

（1）特征分析模型的概念。特征分析模型是指从客户的种种特征中选择出对信用分析意义最大、直接与客户信用状况相联系的若干因素，把它们编为几组，分别对这些因素评分并综合分析，最后得到一个较为全面的分析结果。

（2）特征分析模型的分析指标。特征分析模型的分析指标可以分为以下三组指标。

1）客户自身特征。这类因素主要反映那些有关客户表面的、外在的、客观的特点。客户自身特征指标包括：①表面印象；②组织管理；③产品与市场；④市场竞争性；⑤经营状况；⑥发展前景。

2）客户优先性特征。这类因素主要是指企业在挑选客户时需要优先考虑的因素，体现与该客户交易的价值。这类因素具有较强的主观性。客户优先性特征指标包括：①交易利润率；②对产品的要求；③对市场吸引力的影响；④对市场竞争力的影响；⑤担保条件；⑥可替代性。

3）信用及财务特征。这类因素主要是指能够直接反映客户信用状况和财务状况的因素。客户信用及财务特征指标包括：①付款记录；②银行信用；③获利能力；④资产负债表评估；⑤偿债能力；⑥资本总额。

由上述三组指标可以看出，特征分析模型涵盖了反映客户经营实力和发展潜力的一切重要指标。

（3）特征分析模型的计算过程。特征分析模型的分析计算共分为以下四个步骤。

第一，根据预先制定的评分标准，在 1～10 分范围内对上述各项指标评分。客户公司在某项指标上的表现情况越好，分数就应越高。在没有资料信息的情况下，则打 0 分。

第二，根据预先给每项指标设定的权数，用权数乘以 10，计算出每一项指标的最大评分值，再将这些最大评分值相加，得到全部的最大可能值。

第三，用每一项指标的评分乘以该项指标的权数，得出每一项的加权评分值，然后将这些加权评分值相加，得到全部加权评分值。

第四，将全部加权评分值与全部最大可能值相比，得出百分比，该数字即表示对该客户的综合分析结果。百分比越高，表示该客户的资信程度越高，越具有交易价值。

（4）对客户的资信进行评级。根据上述计算得到的综合分析结果，可以将不同的百分比列入不同的资信等级，得到客户的资信评定结果。我们将百分比从 0 到 100% 划分为 6 个等级，即 CA1 到 CA6，分别表示客户资信状况的程度，CA1 最好，CA6 最差。

我们可以按特征分析模型评估总表的要素来对客户的资信进行评级，如表 4-4 所示。

表 4-4　渠道客户资信评级

评估值（%）	等级	信用评定	建议提供的信用限额 （大小与具体行业有关）
86～100	CA1	极佳：可以给予优惠的结算方式	大额
61～85	CA2	优良：可以迅速给予信用核准	较大
46～60	CA3	一般：可以正常地进行信用核定	适中
31～45	CA4	稍差：需要进行信用监控	小额——需定期核定
16～30	CA5	较差：需要适当地寻求担保	尽量不提供信用额度或极小量
0～15	CA6	极差：不应与其交易	根本不应提供信用额度
缺少足够数据	NR	未能做出评定——数据不充分	对信用额度不做建议

2. 5C 信用评估法

5C 信用评估法是指分析影响信用的五个方面的一种方法。这五个方面英文的第一个字母都是 C，故称为 5C 评估法。这五个方面是品质（character）、能力（capability）、资本（capital）、抵押（collateral）和经济环境（conditions）。

（1）品质。品质是指渠道成员的信誉，即履行偿债义务的可能性。企业必须设法了解渠道成员过去的付款记录，看其是否具有按期如数付款的一贯做法，与其他供货企业的关系是否良好，是否愿意尽最大努力来归还贷款。这种道德因素经常被视为评价渠道成员信用的首要条件。

（2）能力。能力是指渠道成员偿还应收账款的能力。渠道成员的流动资产越多，其转换为现金支付账款的能力就越强。渠道成员流动资产的质量越高，其转换为现金支付账款的能力就越强。通过对资产负债率、流动比率、速动比率、现金净流量等指标的考察，可以了解对其进行投资的安全程度。通过对资本金利润率、销售利润率、成本费用利润率等指标加以考察，可以对其整体经营情况有一个深入的了解。另外，如果客户的财务报告资料不易直接取得，那么这时就可以根据该企业所处的地位、经营历史和现状、福利待遇、生产设施和生产设备的更新替换等情况，从侧面进行了解。

（3）资本。资本是指顾客的财务实力和财务状况，表明渠道成员可能偿还债务的背景。

（4）抵押。抵押是指渠道成员拒付应收账款或无力支付款项时，能被用作抵押的资产。这对于新的渠道成员和不知底细的渠道成员尤为重要。一旦收不到渠道成员的应收账款，则可以用抵押品抵补。如果这些渠道成员提供足够的抵押，就可以考虑向它们提供相应的信用。

（5）经济环境。渠道成员经济环境是指可能影响渠道成员付款能力的经济环境，如经济不景气、渠道成员下线渠道成员的欠款、其他厂家改为现款现货等，都会影响渠道成员的付款能力。

4.4.3 渠道成员信用管理

渠道成员信用管理包括信用额度、信用期限、现金折扣政策和可接受的支付方式等内容。进行信用管理的目的在于控制经营风险。

1. 信用额度

信用额度为企业许可的暂不收回的应收账款余额的最高限额。在操作上，有绝对额度（如 × 万元）和相对额度（即贷款额的一定比例）之分。企业假设超过该限额的应收账款为不可接受的风险，信用限额要根据企业所处的环境、企业的资金承受力、业务经验及不同渠道的渠道成员来确定。信用额度的实施实际上是厂家给予经销商一定金额的流动货物，变相增加了经销商的流动资金。决定信用限额的关键因素有付款历史、业务量、客户的偿还能力、订货周期及其潜在的发展机会。一旦确定了信用客户，该客户应该有销量的增长。

企业往往根据渠道成员的不同等级确定不同绝对额度或不同比例的信用限额。在评估等级方面，可以采用以下几种方法：

第一种是采用三类九级制，即把企业的信用情况分为 AAA、AA、A、BBB、BB、B、CCC、CC 和 C 九个等级。其中 AAA 为最优等级，C 为最差等级。

第二种是采用三级制，即把企业的信用情况分为 AAA、AA、A 三个等级。其中 AAA 为最优等级，A 为最差等级。

2. 信用期限

信用期限是企业允许渠道成员从购货到付款之间的货款滞留时间，或者说是企业给予渠道成员的付款期限。如某企业给予某客户的信用期限为50天,则意味着该客户可以在购货后的50天内付款,付款时间超过合同约定的信用期限则为逾期。产生逾期后虽然不用像银行贷款逾期一样交付违约金,但影响业务来往的信誉。事实是,如果信用期过短,不足以吸引渠道成员,会使企业在竞争中的销售额下降;如果信用期过长,企业会压出去很多货,沉淀很多资金,增加很多资金成本,造成利润减少,严重者可能带来呆账坏账增多、资金链断裂的经营风险。因此,企业须制定合适的信用期限政策并进行严格的信用管理,这样才能保障资金流的顺畅运行。

对于快速消费品来说,信用期限应较短,一般为15天、30天和45天等,最多不得超过60天。对于保质期越短的产品,信用期限越短。对于耐用消费品、工业品、资金占用量大的产品,一般信用期限会长一些,30天、60天、90天、120天,最多不超过半年。总之,对于资金周转越快的产品,信用期限越短;资金周转越慢的产品,信用期限越长。信用期限政策的制定主要参考产品周转快慢特点、企业的资金承受能力、资金风险等要素。

4.4.4 客户资信的风险控制

企业要想有效地实施对客户的信用风险控制,必须根据本企业的信用政策制定一套全面的风险控制方案和措施。有效的风险控制措施能够最大限度地减少客户可能给企业带来的损失。下面介绍几种典型的风险控制方法。

1. 监督和检查客户群

监督制度是指对正在进行交易的客户进行适时的监控,密切注意其一切行动,尤其是付款行为,对于高风险客户或特别重要的客户,还要予以多方面的监督。检查制度是指不断检查与更新客户原有的信用信息。

2. 信用额度审核

信用管理人员应对授予信用额度的客户适时定期审核,一般情况下一年审核一次,对正在进行交易的客户和重要客户的信用额度最好能半年审核一次。每次审核都要严格地按程序进行,信息收集工作尽量做到全面、及时、可靠,不能因为是老客户就放松警惕,或者习惯性地凭以往的认识分析其信用状况。审核结果要及时通报给业务人员。

3. 控制发货

信用部门应始终监控运输单据的制作与货物的发运过程,在下列两种情况下,信用部门应命令有关人员停止发货。

(1)付款迟缓,超过规定的限期。当客户拖延付款时,信用部门可以通过信函、电话等方式提示客户。如客户仍拖欠不还,一旦超过规定的贸易暂停限期,就应停止发货。各企业对于贸易暂停期限应有明确规定,一般来讲,信用期限越长,贸易暂停限期越短。

(2)交易金额突破信用限额。信用限额是依据客户的财务状况和信用等级综合评定出来的，交易金额超过信用限额会给企业自身带来坏账风险，尤其在信用限额是由于客户延期支付而被突破的情况下，控制发货措施就很必要。

4. 贸易暂停

当发现客户有不良征兆时，首先考虑的措施就是贸易暂停，停止发货或者收回刚发出的货物，只有这样才能避免损失的进一步扩大。

5. 巡访客户

在危机发生时，销售部门与信用部门都应各自与客户进行会谈，以收集客户的信息。第一次接触一般都会听到客户信心十足的答复：困难只是暂时性的，没有想象的那么严重——但这可能是破产的前兆。在可能的条件下，销售部门与信用部门应该联合巡访客户，巡访要达到3个目标：评估客户的生存能力；就付款安排达成协议；确定以后的交易额度。巡访过程中应注意不要被客户的假象迷惑。对客户的巡访应及时进行，最好在付款迟缓或引起纠纷而未达到危机之时便去会谈，预防总比解决更经济。

6. 置留所有权

置留所有权是指企业在商品售出后保留它的所有权，直到客户偿付货款为止。理论上讲，这是一项无任何额外成本又能有效避免风险的措施，它使得企业在得不到偿付时可以恢复其对商品的所有权。但在实际操作中，它并不能完全规避信用风险，因为商品的所有权虽掌握在企业手里，但鉴于企业未实际占有或使用货物，也就不能进行有效控制。

7. 坚持额外担保

如果客户处于危机中但仍有回旋余地时，客户可能会要求继续交易以维持运转，此时便应坚持额外担保。最低限度的担保是开立商业票据，一旦不能兑现便可立即停止交易。最高程度的担保就是预付货款（如用支票付款，应注意发货前将支票兑现）。

专题四

渠道成员选择的误区

渠道成员选择正确与否，决定了未来渠道建设的成功与失败，它是一件重要的事情；同时，渠道成员选择也是一件复杂的事情，对于渠道的认知和理念差异决定了渠道成员选择的策略与方法的不同。在渠道认知方面存在不少误区，比如，认为渠道成员越多越好、渠道成员越大越好、渠道成员经验越丰富越好、给渠道成员的利益越多越好、和渠道成员的关系越近越好等，这些观点往往给企业渠道建设造成误导，带来渠道混乱、管理失控、"大户问题"等渠道问题，所以需要澄清，以帮助我们科学、合理地构建渠道。

1. 分销商渠道网络越大越好、分销商越多越好吗

销售网络大（网点多）是一件好事，但企业同时也要考虑"是做大还是做强"的问

题，主要关注以下方面。

（1）企业有没有足够的资源和能力去关注每一个销售点的销售运作情况。

（2）企业是否有足够的实力去掌控分销商？对分销商的管理能否跟上？如果不能，一旦竞争者诱以重利，企业看似庞大的销售网络，顷刻间便会分崩离析。

（3）单纯追求渠道规模，难免会有薄弱环节，面对竞争者入侵，是否还能站稳脚跟？

（4）要注意分销商的客户是否太分散、运作费用高、不便管理等因素。

好的产品只要在部分区域市场成功，就能获得丰厚的利润回报，而不必过分追求分销商数目上的多少和区域上的大小。特别是地域分布太广，更需要引起高度关注。否则的话，物流成本加大，市场监管难度也会加大，对分销商、顾客需求的及时响应难度增加，结果得不偿失。所以，明智的企业选择分销商不以数量取胜，而追求客户质量。况且，未必所有的产品都适合在全国范围内分销，要考虑顾客需求的地区差异性。

2. 分销商经营规模越大越好、实力越强越好吗

大多数销售人员认为，分销商越大越好，实力越强越好，因为"大树底下好乘凉"。在选择分销商时一味强调其规模、资金和实力，就会陷入一种误区，因为实际情况是，分销商实力越强，就越不会重视公司的产品，我们就越不容易掌握销售的决策权和主动权，主要原因如下。

（1）实力强大的分销商很可能会同时分销多个竞争对手的产品，并以此作为讨价还价的"筹码"，企业难以满足它们的要求。

（2）实力强大的分销商不一定会专注于某一个品牌产品的销售，企业不太容易刺激起分销商对我们的产品、品牌的销售热情。

（3）实力强大往往是分销商要挟企业的资本，企业很可能失去对产品和渠道的控制权。明智的供应商往往不是很注重分销商的规模和实力，关键是看其能否接受自己的经营理念，能否与自己亲密合作，是否具有高成长性。

📍 知识延伸

"大户问题"

"大户问题"一般是指厂家在开发渠道和选择渠道成员时倾向于寻找规模大、实力强的分销商（大户），其结果往往是因为分销商的实力强而不太遵从厂家的渠道管理政策，从而产生渠道冲突，让厂家左右为难，或者是因为分销商在销售过程中实力壮大了之后，反过来制约和控制厂家的情况。总之，分销商规模大、实力强以后会出现反控厂家的情况。厂家既希望客户壮大，又害怕失去对渠道的控制，这就是渠道管理面临的"大户问题"，是一种矛盾的心态。

3. 分销商资历越深越好、经验越丰富越好吗

我们认为，分销商没有行业经验不行，但并不是资历越深越好，也不是经验越丰富越好，有以下两方面的原因。

（1）经验是宝贵的，但经验只代表过去。寻找分销商需要考虑其是否具有相关行业的经验，具有一定经验便于开展分销工作，可以利用其原有的经验，但经验有的时候会成为包袱，曾经成功的经验往往会成为后来失败的原因。众所周知，任何经验都是在特定营销环境下形成的，当环境发生变化时，资历和经验不仅没有实际价值，还很有可能成为改革创新的包袱。老的经验经常成为保守的代名词，成为创新的阻力，因为经验丰富的人会迷信经验，会顽固地坚持经验，不利于接受新鲜事物，所以，找经验过于丰富的经销商可能难以管理和控制，可能难以推行渠道政策和进行渠道的开拓创新，总之，利用其经验的同时也可能被具有老经验的经销商反控，必须慎重选择。

（2）经验需要实践检验和革新，善于学习才是主要的。对于企业来说，分销商有一定的分销经验固然好，但最重要的是，不能将其作为一项固定的标准。因为经验只属于过去，创新才是未来，过多的老经验只会阻碍渠道的创新和发展。只要分销商愿意接受企业的培训和营销理念，双方就有了合作的基础，经验是可以在业务运作过程中逐渐积累的。

4. 给分销商的利益越多越好吗

有些企业认为，越给予政策优惠，分销商的积极性就会越高，反之，分销商很有可能转而经营竞争对手的产品。这是企业经营中一种带有普遍性的错误观点，因为分销商的欲望可能是无限的，企业永远无法完全满足分销商的利益要求，企业也必须考虑自己的经营成本。同时，对分销商"喂得太饱"，反而可能过犹不及，让对方没了胃口。对此，需要注意以下几点。

（1）盲目做出高付出的承诺。由于企业不了解分销商心态，认为只有大量做出承诺才能吸引分销商，如前期免费铺货、无条件退货、央视广告支持、大量赠品支持、营销专家市场督导等。然而，企业每个承诺都需要成本支持，面对承诺，企业难以承受。

（2）不注重规则的合理性。任何一个好的项目，都需要一个双方接受的游戏规则。规则制定非常关键，合适的规则就是好规则，企业应该认真分析自身状况，制定对双方都公平的也能够执行的渠道游戏规则，也是对分销商和投资者负责。

（3）重让利承诺，轻产品品质。如果产品本身品质不好，就是给分销商再多的让利也是白费心机。品质好的产品，即使利润较低，分销商照样愿意经营。做名牌产品的分销商，不仅可以提高自己的知名度和美誉度，还有利于建立强大的销售网络。分销商经营某一产品，除了考虑投资收益外，还要评估经营的信誉风险。即使企业让利再多，如果信誉风险太大的话，分销商也不一定会接受。

5. 选好分销商就万事大吉了吗

一般来讲，分销商体系建成后可以稳定几年。很多企业便误认为，只要分销商选对了，产品就一定会热销，企业再也不用操心销售了，剩下的便是分销商的事了。这是一种错误的想法，高枕无忧、一劳永逸是不可能的，因为：

（1）分销商的选择只是分销商体系构建的第一步，在发展中还需维护和完善。

（2）产品热销不仅与分销商实力有关，还需要其他种种因素的配合才能实现。

（3）分销商是各自独立的经济实体，没有严密的市场规则约束，"有奶便是娘"是一些分销商的行事准则，窜货、低价抛售等现象会时有发生，因此在选择分销商后，企业还要加强管理，并且根据市场的变化不断加以调整完善。

测试题

一、名词解释

1. 定性确定法
2. 定量确定法
3. 反向追踪法
4. 信用额度
5. 信用期限

二、选择题

1. 5C信用评估法是指分析影响客户信用的五个方面的一种方法。这五个方面是包括：_____、能力、资本、抵押和经济环境。
   A. 品质　　　　　B. 特征　　　　　C. 性格　　　　　D. 偏好
2. 渠道成员的选择应当遵循目标市场原则、形象匹配原则、分工合作原则、发挥优势原则、效率效益原则、_____原则。
   A. 共同发展　　　B. 公平公开　　　C. 按劳付酬　　　D. 保持控制
3. 渠道成员的定量确定法，主要包括：_____选择法、销售量分析法、销售费用分析法、盈亏平衡分析法。
   A. 强制评分　　　B. 自愿评分　　　C. 自我评分　　　D. 软件计算

三、简答题

1. 渠道成员选择应该遵循哪些原则？
2. 怎样理解渠道成员选择的适应性标准？
3. 什么是渠道管理的"大户问题"？

四、论述题

渠道成员选择考虑哪些能力标准？请加以说明。

训练设计

1. 考虑安排一次作业，分小组进行，每个小组选取一个行业，如建筑材料、电子产品、图书、食品、文具、体育用品等，运用"观察筛选法"到各行业所在的批发市场或集市进行观察，选取意向的经销商，记录观察的过程、分析的过程以及选择的理由，在课堂上汇报、交流。

2. 尝试深入调查一个企业，了解这家企业选择渠道成员的标准、程序和方法，总结其成功经验，讨论其失败教训，写成完整的调研报告。

综合案例

M 瓷砖选择和培育经销商的成功心法

业内的很多厂家都十分羡慕 M 企业的经销商如此的忠诚。很多人都羡慕别人丰收的喜悦，却不知耕耘的艰辛。殊不知，忠诚的背后是厂家对经销商的培养、扶持，多年的浇灌、培育，才有了今天经销商队伍的稳定、优质。M 企业认为，"好经销商是培养的，不是找的。"从一开始，它就致力培养经销商。

1. 选择经销商，只选"合适"的，不选"大"的

对于经销商的条件，M 企业从来不将实力雄厚、规模大作为条件，而是强调"合适才好"，就是说经销商的规模、理念要与厂家相"匹配"，如果经销商强势，就容易"店大欺厂"，合作难免出问题。所以，当时，M 选择了一批实力不强，但有品牌理念、诚实守信、有抱负的人来做经销商。这些经销商有一个共同的特点，以 M 企业为主业或"独"业，大部分的精力投入在 M 企业的销售上，配合意识强，响应厂家的策略。短短几年，大部分经销商实现了"创业梦"，从白手起家一跃成为百万富翁、亿万富翁。如杭州的经销商就是从一张桌子、一间门面起步，经过短短 8 年的发展，现已是年销售额近亿元的大型企业。

2. 扶持有潜质的经销商

对有潜质、有理想的经销商，M 企业在经过严格的考察后，不吝给予大力支持。如对现已成为中国最大的建陶经销商的华耐公司，在华耐月回款仅 500 万元时，M 企业就冒着巨大风险给予每月超过 1 000 万元的授信，同时在价格、广告方面给予最有力的支持，并不断增大其经销区域。正是有 M 企业的不断"输液"，华耐公司才越来越强，直到坐上中国建陶经销的"第一把交椅"。

3. 除非万不得已，决不更换经销商

在 M 企业的历史中，很少有更换经销商的事例。对于变心的经销商，或能力实在是很差的经销商，先会给一个期限"整改"，"整改"不行，然后是"割地"，缩减经销区域。M 企业的这一做法，在业内赢得了良好口碑，大家都知道，M 企业找经销商十分慎重，对经销商负责任。这不仅给现有经销商吃了一颗定心丸，也吸引了不少优质经销商的加盟。

4. 对经销商进行辅导与培训

M 企业每年至少会安排两场经销商的培训会议，免费邀请经销商参加。培训有针对老板的、老板娘的、销售经理的、一线销售人员的几个层次，同时将经销商的培训费纳入广告费中管理，即经销商请顾问公司讲课或参加培训课程的费用可计入 M 企业的广告费用中，厂、商共同承担。M 企业还编制了大量的培训教材，如《M 品牌 100 问》《专卖店手册》《导购手册》《小区推广手册》《工程操作手册》等。这些知识、经验的输入，使得经销商由生手变熟手，熟手变高手，迅速成长起来。

5. 营造"M品牌大家庭"的氛围

M企业从总经理到普通的业务员，以"情感"为纽带，极力营造一种"M品牌大家庭"的氛围用真情投入凝聚人心。另外，厂家经常组织开展一些经销商之间的观摩与交流，增加"商、商"之间的感情。"M品牌大家庭"的氛围，为固化厂、商之间的关系起到了"锦上添花"的作用。

6. 与经销商合作就是"养孩子"

有人说，找经销商是"谈恋爱""找媳妇"，要找一个合适的，但如果婚后感情不和，还可以"离婚"；有人说，找经销商就是找朋友，找志同道合的人，找目标一致、理念协同的人；有人说，找经销商是找兄弟，找"自己人"，厂、商之间要有兄弟般的感情、大家庭的氛围。

其实，找经销商应该是"养孩子"，只有倾注全部的心血和精力，让其吸收足够的营养，"孩子"才能健康成长，直到长大成人。每个人对"自己的孩子"的感情是专一的、纯洁的、发自内心的、与生俱来的、不会轻易改变的，而"孩子"对大人也是怀着依恋、信赖、感恩的心。

很多企业还在苦苦寻觅所谓的"好客户""大客户"，但"好客户"却千呼万唤不出来。没有好客户，不是找不到，而是没"养"好。优质经销商不是找来的，是"养"大的。以培养、扶持的心态去经营经销商，经销商回报给厂家的将是忠诚与业绩。

资料来源：摘编自 http://marketing.asiaec.com/celue/index.html。

问题讨论：

1. M企业在经销商选择上采取了哪些行之有效的方法？
2. M企业的哪些培育经销商的观念值得我们学习和采用？

CHAPTER 5 第 5 章

营销渠道成员激励

🌐 章首语

美国著名社会心理学家马斯洛认为，人的需求不外乎五个方面且具有逐级提升的特点，而马克思把人的需要高度概括为两类：物质需要与精神需要。相关需要理论是经济、社会实践中对人员进行有效激励的理论指针。根据马克思的需要理论，渠道成员激励也应采取物质激励与精神激励相结合的方式。在当今渠道管理实践过程中，物质激励是基础，而精神激励往往更为有效，因为钱不是万能的，人总是需要一定精神力量的，对渠道成员的激励也应树立正确的价值观。

🎯 学习目标

1. 了解渠道激励的概念与内涵。
2. 认识渠道激励的地位和作用。
3. 领会渠道激励的原则和内容。
4. 掌握渠道激励的策略与方法。
5. 讨论返利和渠道促销的操作。
6. 讨论渠道激励的"三大法宝"。

👤 开篇案例

LG 电子是如何激活渠道的

LG 电子（简称 LG）的显示器前些年在我国 LED 显示器市场上的份额曾经达到 20%，成为国内 LED 显示器第一品牌。为了巩固自己在 LED 显示器时代的领导地位，LG 是如何激活渠道并在夹心层中寻求发展空间的？

1. 加强渠道推力

LG 的 IT 营销总部市场总监陈林介绍说，为了扩大市场份额以及提高投资回报率，LG 除了品牌拉力的提高，加强渠道推力更是营销过程中的重中之重。LG 显示器渠道模式从全国总代、区域总代，逐渐过渡到省级及重点城市代理。随着一、二级城市市场开始饱和，渠道的中心将开始向具有较大增长潜力的三、四级城市倾斜。LG强调与代理商及其店面的合作，主要通过两个方面：一是销售激励政策，二是品牌露出政策。LG不仅追求店面数量的扩张，也追求质量的升级。LG着力加强渠道推力，通过考核品牌露出和销量情况对经销商进行分级激励，与经销商一起成长。

2. 让渠道商赚到更多的利润

让渠道赚到更多的利润是LG在LED显示器革命中一个重要的着力点。陈林说："在LG的LED时代，我们希望经销商能够得到全部返点，同时能赚到消费者认可的溢价部分。对渠道来讲，有意义的不是返点多少，而是让品牌的拉力足够强大，通过差异化的品牌竞争力让消费者认可，就可以摆脱靠走量赚返点的情况。我们的目标是不光要提高LG显示器的市场占有率，也要提高渠道的利润率；不是恶性竞争的倒挂模式，更不是降价赚补贴。"

LG在LED革命中的努力获得了市场回报。产品表现越来越好也带动了销售额的上涨，LG的LED显示器大部分时间处于行业第一的位置。陈林补充说，LG的增长点主要在三四线城市，原有的店面通过升级和提升，对店面装修和展柜等品牌展示提供了更大的支援，针对三四线城市做出了一些特别的激励性营销活动，以促进下游渠道的快速成长。

资料来源：www.qudao168.com.

问题思考：怎样看待LG电子的渠道激励举措？

5.1 激励与渠道激励

5.1.1 关于激励的理论

激励是一种管理艺术，激励能够调动人的积极性，挖掘人的潜力。多年来，心理学家和管理学家一直在研究激励问题，许多有关激励销售人员的理论由此应运而生。这里主要介绍几种有代表性的激励理论，如马斯洛的需求层次理论、弗鲁姆的期望理论、亚当斯的不平等理论、胡萝卜加大棒理论、丘吉尔等人的销售激励模型等。

1. 马斯洛的需求层次理论

从心理学视角来看，激励就是指某种需要的满足。马斯洛提出的需求层次理论受到社会学、心理学、管理学等行为科学的高度重视和广泛应用。马斯洛的经典需求层次理论认为，人们普遍具有五种基本的需求，包括生理的、安全的、归属和爱的、自尊和地位的以及自我实现的需求，五种基本需求呈阶梯形排列，逐级上升，如表5-1所示。

马斯洛认为，这些需求呈阶梯形排列，只有当低级的需求得到满足以后才会产生更高层次的需求。从某种意义上说，当需求没有被满足的时候，一个人便将注意力集中在自己的生理需求上。当这些需求被满足之后，安全需求成了决定行为的重要因素。这些需求也被满足之后，归属感便显得尤为重要……依此类推。

表 5-1　马斯洛的需求层次

类别	种类	特点
物理性	生理的需求	生存的需要，如吃、喝、穿衣避寒等
	安全的需求	预防生活中的事故发生，如车祸、生病等
社会性	归属和爱的需求	争取被周围的人接受，并成为他们身边重要的人
	自尊和地位的需求	努力争取身居高位、享有荣誉的欲望
自我性	自我实现的需求	实现自身价值和潜力

资料来源：乔布，等.推销与销售管理[M].7版.俞利军，译.北京：中国人民大学出版社，2007.

虽然马斯洛的这种看法（只有当低层次的需求完全满足之后，另一种需求才变得重要）遭到了很多批评，但是这种理论确实与激励销售人员有一定的关系。首先，它强调了可能是最重要的一点，即一种已被满足的需求不能激励任何销售行为。这样，一个销售人员的需求在一定程度上被满足之后，额外的报酬并不能刺激他们。其次，这种理论认为，适用于此人的激励因素可能对他人无效，因为每个人有不同的需求组合。所以，管理人员需要对每个销售人员的需求进行正确的判断和评估，才能有的放矢，有效激励销售人员。

2. 弗鲁姆的期望理论

美国心理学家弗鲁姆（Vroom）提出了期望理论（expectancy theory），该理论认为，人们努力的强大动因取决于他们对成功的期望值。弗鲁姆在三个基本概念的基础上发展了他的期望理论，即期望（expectancy）、手段（instrumentality）和效价（valence）。

（1）期望。它是指一个人对付出和业绩之间关系的认识。比如，一个人认为更多的付出能在多大程度上带来更佳业绩的预期。

（2）手段。反映了人们对业绩与回报二者之间关系的认识。比如，它反映了优异的业绩表现能在多大程度上带来工作的进步。

（3）效价。代表了个人赋予某种回报的价值。比如，有些人非常重视晋升，而有些人却认为这无关紧要，对同一事情的效价因人而异。

首先，依据这种期望理论，如果一位销售人员认为努力工作能增加销售业绩（高预期值），良好的销售业绩能获得更多的佣金（高手段），而且更高的佣金十分重要（高价值）的话，他就具有更高层次的动因，如图5-1所示。

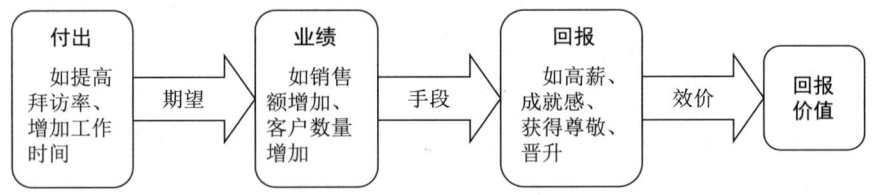

图 5-1　弗鲁姆的期望理论

显然，不同的销售人员对相同的回报会有不同的效价。有些人可能认为增加薪酬非常重要，但其他一些人并不这样认为。有些人高度重视成就感和认同感，另一些人可能不以为然。同理，不同的销售人员对业绩和回报以及付出和业绩之间关系的认识有很大的不同。营销管理人员的一项任务就是找出并与销售人员交流有关评估业绩的一些标准，以实现整个公司的目标，并将奖励与这些标准挂钩。

其次，这个理论也支持了一种观点，即目标业绩是一种有效的动因（比如，销售定额），而且每个销售人员认为它是可以达到的（高预期值）。最后，这个理论为分析销售人员个体的动因问题和解释为什么某些管理活动能增强动因提供了一个参考。

3. 亚当斯的公平理论

公平理论又叫不平等理论。当人们感到在工作中的努力和业绩超过他们所得的回报时，他们会感到不公平，产生挫折感。那些认为自己对整个组织的贡献多于他人的销售人员希望能得到多于一般人的相应回报。这就是亚当斯的公平理论的主张。比如，在以下领域，销售人员就可能会产生不平等的心理感受。

- 金钱上的回报。
- 工作负担。
- 晋升。
- 得到认可的程度。
- 监管行为。
- 目标。
- 任务。

销售人员若认为以上这些领域存在不平等，就会降低积极性。研究表明，在所有的研究领域（金钱、工作晋升、认同感、监管行为和任务分配的不均），不平等的感觉都会对积极性产生负面影响，其中金钱奖励的不均对积极性的影响最大。销售经理可以通过非正式的方式（如销售会议或问卷调查）监督销售人员，以洞察他们对不平等的认识，以便调整和修正自己的管理政策。一些销售机构每隔一段时间就检查其销售代表是否感到不公平，以及公司的激励项目是否卓有成效，目的就是要在兼顾公平的前提下对销售队伍实施有效激励。亚当斯的理论也强调消除那些打击积极性的因素（如不公处理、不平等待遇）同样重要。

4. 胡萝卜加大棒理论

胡萝卜加大棒理论是管理学家根据骡子拉磨现象总结出来的一种管理激励理论，其中，"胡萝卜"代表奖励，"大棒"代表惩罚。

根据胡萝卜加大棒理论，企业有时需要用"大棒"对员工进行惩罚，才能让他们按规章行事，有时则需要用"胡萝卜"进行奖励，才能充分调动员工的工作积极性。前者是一种负向激励，而后者是一种正向激励。近年来的实践证明，对于销售人员的激励，"大棒"是必要的，但"胡萝卜"比"大棒"往往更加有效，对渠道成员的激励也是如此。聪明的管理者应该知道何时使用"大棒"以及何时使用"胡萝卜"，灵活运用胡萝卜加大棒的激励政策。

5. 丘吉尔、福特和沃克的销售激励模型

丘吉尔（Churchill）等人的销售激励模型集合了赫茨伯格（双因素理论）、弗鲁姆

（期望理论）的一些观点，认为高昂的斗志、巨大的努力能够带来更好的销售业绩。良好的业绩能带来更多回报，从而增加对工作的满意度。工作满意度又成为一个更强的激励因素，如此构成了一个循环，促进销售工作的开展，如图 5-2 所示。

通过考察这个模型，销售经理能够从中受到如下启发。

（1）他们应该使销售人员相信努力工作和接受培训可以增加销售（如获得更有效的访问计划、能够提高销售技巧等）。

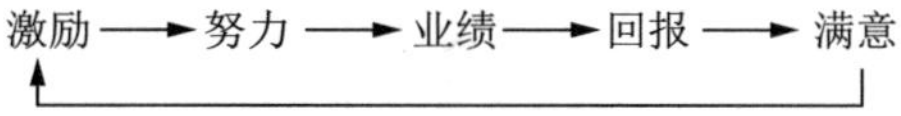

激励 —→ 努力 —→ 业绩 —→ 回报 —→ 满意

图 5-2 销售激励循环

（2）他们应该让销售人员相信"一分耕耘，一分收获"。也就是说，销售经理应该对有价值的事情进行奖励，并且将这种价值"传达"给销售人员。比如，销售经理应该强调度假作为一种奖励的心理价值，并说明他们什么时候去也许最好。

研究还发现，回报的价值因销售人员类型的不同而不同。一位有着大家庭的老年销售人员认为，经济上的奖励十分重要，而受过良好教育的年轻人通常没有家庭或只有一个小家庭，他们则认为满足被认可、被喜欢、被尊重和成就感等上层的需求更加重要。

5.1.2 营销渠道激励

激励是指通过刺激和满足人们的需要或动机，激发和引导人们朝着所期望的目标采取行动的行为过程。美国哈佛大学心理学教授威廉·詹姆斯在《行为管理学》一书中指出，合同关系仅仅能使人的潜能发挥到 20%～30%，而如果受到充分激励，其潜能可发挥至 80%～90%，这是因为激励活动可以调动人的积极性。

根据社会心理学的"态度 - 行为"理论，人的态度决定人的行为及其效率，因此，激励对人的行为具有积极的意义。从心理学的角度上说，激励是指通过刺激和满足人们的需要或动机，激发和引导人们朝着所期望的目标采取行动的行为过程。动机驱动行为，需求引发动机。其主要机理是遵循人类心理活动过程的自然规律，通过满足需要或研究行为达到引导、鼓励人们的目的。

图 5-3 表示出人从产生需要到得到满足是一系列心理活动与行为的连锁过程。一种需要的满足往往是另一种需要产生的基础，同时，这个过程将不断受到环境及其他外部因素的影响。管理者的作用就是不断发掘并使用若干激励因素，即诱导一个人去做出各种成绩的东西，如奖金、职位等，通过强化或惩罚等方式影响人们的需要及行动，最终达成管理目标。

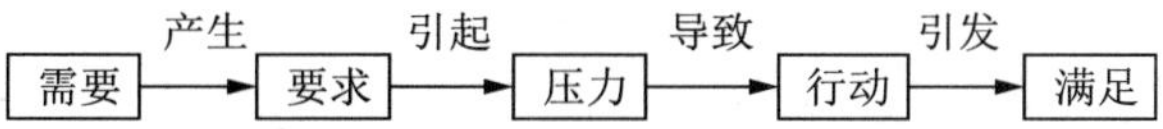

需要 —产生→ 要求 —引起→ 压力 —导致→ 行动 —引发→ 满足

图 5-3 需要 - 满足模式

1. 渠道激励

渠道激励一般是指制造商通过持续的激励举措来刺激中间渠道成员，以激发分销商的销售热情、提高分销效率的企业行为。渠道管理者通过一系列的物质或精神的激励手段强化渠道成员的需要或影响渠道成员的行为，以增强渠道成员间的竞争精神，提升其工作积极性与经营效率，最终实现企业目标的过程。

在渠道成员选择确定下来之后，渠道管理者应努力培养与提倡成员间建立良好的合作伙伴关系，以提升整体渠道的经营效率，这些都离不开日常工作中的监督和激励，同时，对中间商的日常监督和激励也是及时消除渠道中的冲突与矛盾的行之有效的方法之一。因此，研究对渠道成员的激励与控制在整个渠道的管理过程中有着非常重要的地位。

的确，产品从厂商到达用户的整个过程需要催化剂，有效的激励措施就是这种催化剂。对于厂商而言，激励的目的无非就是希望经销商、批发商以及零售商等能更多地提货、更早回款、更加积极主动地进行市场的开拓，从而降低厂商的运作风险。

（1）了解中间商的需求。要搞好渠道激励，了解需求只是激励的第一步，随后应该做的是采取有效的激励措施。中间商作为重要的渠道成员之一，它们销售商品的积极性主要来自哪里呢？一般来讲，要有效地调动中间商的销售积极性，必须了解它们的需求。对中间商而言，它们的需求主要包括以下内容。

- 畅销的产品。
- 优惠的价格。
- 丰厚的利润回报。
- 一定量的前期铺货。
- 广告及通路费用支持。
- 市场业务工作指导。
- 销售技巧方面的培训。
- 及时准确地供货。
- 优厚的付款条件。
- 特殊的补贴和返利等。

（2）制造商的渠道激励举措。制造商往往充当渠道的领导者，制造商通过给予中间渠道成员各种物质和精神的奖励，激发渠道成员的销售积极性，同时实现对渠道的控制，并达成企业的分销目标。而对于制造商而言，它们主要的激励举措包括以下内容。

- 金钱奖励。
- 授予经营权。
- 提供促销政策。
- 公开表彰。
- 扩大经营地盘。
- 提供培训。
- 参与决策。
- 独立项目责任。

- 提供"助销"。
- 评奖评优等。

2. 渠道激励的作用

通过激励可以激发中间商的销售热情，挖掘其潜能。一般来说，中间商并不会天然与制造商同心同德、保持一致，它们多少会有各自不同的需求与愿望，因此需要有的放矢地推行渠道激励政策，保持渠道具有足够的动力。中间商需要激励，否则难以充分发挥。

渠道系统是由两种不同利益目标和思考模式的利益主体构成的，中间商和制造商的关系不是上令下行的关系，维系相互之间合作关系的纽带是对利益的追求。因此，对制造商而言，为了使整个系统有效地运作，渠道管理工作中很重要的一部分就是不断地增加维系双方关系的利益纽带，针对渠道成员的需求持续提供激励以及经常性地进行渠道促销以增强渠道活力。渠道激励的主要作用体现在以下几个方面。

（1）通过渠道激励，制造商获得更为理想的销售业绩。通过激励中间商，使产品从生产企业转移到中间商之后，中间商积极主动地进行商品陈列、商品展示和各种促销努力，促使消费者做出购买决策，从而加大产品的销售力度。

（2）通过渠道激励，中间商成为制造商与消费者之间信息沟通的桥梁。通过激励中间商，使它们积极地为制造企业提供顾客的需求和市场的变化趋势，同时也使中间商成为企业信息的传播者、企业信誉的建立者和产品形象的维护者。

（3）通过渠道激励，整个渠道成员共同受益。通过渠道激励，制造商实现了营销目标，中间商获得了物质或精神上的利益提升，进一步拓展了生存空间；消费者则通过更有效率和活力的物流通道得到了更大的优惠与便利。

5.2　渠道激励的内容与形式

根据马克思对人类需求的总结，人们的需求可以归纳为物质和精神两个大类，有的人偏重物质需求，有的人则偏重精神需求。以此为依据，渠道激励的内容尽管丰富多彩，激励中间商的形式哪怕多种多样，但归根结底不外乎物质激励与精神激励两个方面。物质激励是渠道激励常规的、基本的手段，而渠道权力、地位、尊重、重视等精神性激励是渠道激励更高级的、更持久的激励方式。

5.2.1　物质激励

渠道物质激励是以提供物质产品为奖励手段的激励形式，比如，提供价格优惠、提供奖金、提供独家经营权、提供市场费用补贴等。物质激励的实质是向渠道成员提供金钱的刺激，物质激励永远都不失为一种有效的激励形式。

追求利益是渠道的天性，中间商作为独立运营的企业，获取利润是其进行经营活动的根本目标，如果运用得当，物质奖励往往会起到非常好的激励效果。因此，制造商可以根据中间商的经营目标和需要，在谈判与合作时提出一些商业利益上的优惠条件来实现对中间商的鼓励，具体包括以下策略。

1. 对中间商返利

返利是指厂家根据一定的评判标准，以现金或实物的形式对中间商进行的滞后奖励。其特点是滞后兑现，而不是当场兑现。从兑现时间上来分类，返利一般分为月返、季返和年返三种；从兑现方式上来分类，返利一般分为明返、暗返两类；从评判标准上来分类，返利可以分为过程返利和销量返利两种。

2. 给予中间商价格折扣

制定各种价格折扣政策，给予中间商最优惠的价格，实质上是变相地让利给中间商，这是渠道利润分配的一种手段，体现了厂家和中间商"利益共享"的渠道激励思想。

3. 放宽信用条件

通常，相对于制造商而言，许多中间商的资金实力都非常有限，它们对付款条件也会较为关注。因此，企业应针对此类渠道成员的特定需要，通过对其诚信度的调查，适当地放宽付款方式的限制，甚至可以在安全范围内为其提供信用贷款，帮助其克服资金困难，如此也能达到较好的激励效果。

4. 赠送有价值的物品

主要指厂家向其分销商赠送有利于产品销售的实物货品，如建材企业赠送货车，饮料企业赠送冰箱，以及向分销商赠送电脑、手机、电视机、三轮车、货架，等等。

5. 各种额外补贴

针对中间商在市场推广过程中所付出的种种努力，带有奖励性质地对其中一些活动加以补贴，如广告费用的补贴、通路费用的补贴、促销人员补贴、商铺陈列的补贴等，如此既加大了产品的市场推广力度，也能提升渠道成员的工作积极性。

概括地说，物质激励作为渠道成员激励的一种重要手段，能最大限度地满足中间商的利益保障需要，激发其工作热情，但多用也可能会导致渠道出现价格失控、管理失控的混乱局面，同时还需要承担企业利益损失的风险。因此，企业应在了解中间商实际需要的前提下，以建立长远稳定的发展渠道为目标，有针对性地适度使用物质激励政策。

5.2.2 精神激励

渠道精神激励是通过满足客户某些方面的精神需求以调动其销售积极性的激励形式，比如组织旅游、提供培训、参与决策、授权开发、服务支持等。虽然物质激励非常重要，但它并非对所有的中间商都能产生激励力量，通常必须配合精神激励才能达到理想的效果。如果能使中间商感觉到自己受到了重视，在渠道中有较大的发言权和自主权，那么必然会形成较强的凝聚力和渠道忠诚。虽然确实有少数中间商只看重短期经济利润，不去关注企业的长远发展，但最终真正做强做大的都是那些注重企业成长、有长远战略眼光的中间商。因此，满足中间商的这部分需求也是一种有效的激励方式。

1. 参与决策

通过协商、咨询等方式使中间商参与企业的战略制定及业务管理工作，一方面能帮助企业直接获取目标客户的信息反馈，另一方面也可以满足渠道成员归属的需要和被认可的需要，最大限度地提升其工作积极性。比如，金龙鱼在上马面粉、大米项目前就曾经召集全国20多家优秀经销商到佛山"西樵山风景区"集中开会讨论可行性，听取经销商代表的意见，以提供决策支持。参会的经销商也受到鼓舞，感觉自己得到了公司的信任。

2. 授权激励

企业在管理过程中适当授权给中间商，如赋予其独家经营权或者其他一些特许权，对中间商来说也是一种很好的激励方法，可以满足其地位提升的需要，使其产生较强的成就感和责任感，从而达到较好的激励效果。

3. 合作开发

加强与中间商的合作范围与力度。将渠道成员间单纯的产品供销合作拓展到共同进行产品的研发与改进、市场开发与推广、售后服务活动等领域，以进一步扩大产品品牌的知名度。全面合作不仅加强了渠道成员间的沟通、增进了渠道成员间的感情，维持了较好的渠道稳定性，同时，不断提升的品牌效应也可以使渠道成员长期受益，成为对其最好的激励。

4. 提供培训

在专业性上对渠道成员进行全方位的培训与提升也是一种激励手段。如产品培训、行业培训、销售及维修人员培训，甚至市场营销培训、MBA短期培训等，对渠道成员将产生一定的吸引力和号召力，在渠道整体经营能力不断提升的同时，也减少了渠道的冲突和摩擦。

5. 开展活动

有些厂家经常开展一些活动来加强与自己的分销商的沟通交流，增进感情，主要包括开展旅游或文娱、体育活动。这些活动一方面能促进企业文化建设，另一方面有利于客户关系管理，对于自己的分销商也有激励作用。

6. 市场服务支持

及时了解渠道成员的实际困难并帮助解决。例如，当中间商出现较大的人员变动、组织结构不清晰或信息通路不畅等问题时，企业可在控制自身风险的前提下尽力为其提供帮助，提供服务支持，以维持渠道的稳定性和凝聚力。

总之，对渠道成员的激励必须从不同企业的实际需要入手，结合多种方式对其进行帮助和鼓励，物质激励与精神激励相结合，才能达到理想的激励效果。

5.3 渠道激励的原则和方法

5.3.1 渠道激励的指导原则

渠道激励，作为调动渠道成员积极性的一种手段，需要遵循一定的规矩或原则。否则，轻者起不到激励的作用，重者还可能引起渠道成员的不满、渠道领袖和渠道成员之间的矛盾、渠道成员与成员之间的争斗，以及一个企业不同渠道之间的混乱。

1. 有的放矢原则

渠道激励的起点是满足渠道成员的需要。但是，不同渠道成员的需要存在差异性和动态性，因人而异，因时而异。因此，渠道领袖在进行激励时，要有的放矢，深入了解各个渠道成员的实际需要。只有在调查研究的基础上，根据大多数渠道成员的需求层次和需求结构，有针对性地采取激励措施，才能收到实效。

2. 及时激励原则

激励的及时原则，指在激励过程中应该注意时机的把握。如果时机把握不当，应奖励时不奖励，则会使渠道成员丧失工作的积极性，甚至产生不满和消极情绪。如果导向错误，如过分重视短期效应的激励措施，则会使渠道成员产生错误的营销理念，只顾眼前，采用不道德的手段销货，损害企业形象，酿成恶果。因此，激励要及时，要注意长期效果。

3. 兼顾公平原则

人们通常用两种方法来判断自己所得报酬是否公平，即横向比较和纵向比较。横向比较，是指将自己与别人相比较来判断自己所获报酬是否公平；纵向比较，是指把自己目前的状况与过去进行比较。一个人对所获得的报酬、奖励是否满意，是通过纵横比较看其相对值。如果经过比较认为自己的所得偏低就会感到不公平、不合理，从而影响工作热情。因此，渠道领袖在激励渠道成员时一定要遵守公平的原则，让成员适当拉开差距，但要兼顾公平，只有这样，才能充分调动整个渠道大多数成员的积极性。

4. 目标一致原则

在激励机制中，设置目标是一个关键环节。目标设置必须体现组织的目标要求，并兼顾个体目标，力求使个人目标与组织目标一致，力求使渠道中各成员之间的目标相辅相成，以形成共同的目标取向。渠道激励是以提高销量为目标还是以拓展网点为目标，企业必须做出选择。当渠道目标与某些渠道成员的目标相左时，企业应设法激励符合组织利益的目标。

5. 多样性原则

渠道激励的多样性原则是指针对渠道成员的不同需要及愿望，结合不同的时机和环境，将激励的一般法则灵活地加以运用，以期达到最好的激励效果。如激励对象除了将渠道成员作为整体进行奖励以外，还可以对具体的销售人员进行奖励；而激励形式则更包含了物质激励、培训激励、参与性激励等多种方式，必须根据激励对象的不同有重点地结合使用。

6. 奖惩结合原则

奖励与惩罚相结合，才能收到最大的激励效果。奖励是一种正激励，处罚是一种负激励，两者都是必要的。只奖不惩，领袖没有威严；只惩不奖，渠道成员没有积极性。渠道领袖在激励时要善于正负结合，以正为主，以负为辅，鼓舞士气。

5.3.2 渠道激励的操作方法

渠道激励的方法多种多样，但目的只有一个，就是调动渠道成员的销售积极性，达成企业的经营目标。渠道激励的手段有物质的，也有精神的，其实质都是制造商的让利，或者说是渠道利益的再分配。主要的渠道激励措施包括以下几个方面。

1. 向中间商提供适销对路的优质产品

提供适销对路的优质产品，这是对中间商的最好激励，因为适销对路的优质产品能够给中间商带来源源不断的利润。也就是说，生产部门应该把中间商视为消费者的总代表，制造商的职责是创新产品和打造品牌，这些产品通过中间商进入最终的市场实现价值。

2. 给予中间商尽可能丰厚的利益

企业经营的职责是营利，追求利益是渠道的本性，所以，给予中间商尽可能丰厚的利益，能够最有效地提高中间商的经营积极性，刚刚进入市场的产品和知名度不高的产品尤其如此，需要高的利润空间刺激中间商在人力、物力方面加强投入。

3. 协助中间商进行人员培训

随着市场的专业化，中间商需要提高销售队伍的专业素质。许多产品需要安装调试、维修、改装、施工、技术改造以及其他业务的技术咨询，这些生产企业不能完成或不能全部完成的工作，就必须请中间商代为完成，同时就必须帮助中间商培训人才。

4. 授予中间商独家经营权

独家经营权即指定某一经销商为独家分销商或独家代理，这种做法能够调动中间商的经营积极性，中间商只经营一种产品。特别是作为大企业或者名牌产品的独家分销商，可以提高其在市场上的声望和地位，享受独家经营权带来的丰厚回报。

5. 与分销商共同开展品牌推广

市场竞争激烈，市场投入是必需的。所以，中间商大多希望得到制造商在市场及品牌推广方面的投入和支持。生产企业在当地做广告时，应充分听取和采纳一级分销商、批发商的建议，同时商讨有关问题，共同策划，共同投入，共担风险。

6. 对成绩突出的中间商在价格上给予较大的优惠

对分销商来讲，最直接的动力就是能取得较丰厚的利润，中间商在较大差价带来的较丰厚利润的驱动下，会积极拓展市场，力求尽快把货物销售出去。所以，能够给予成绩突出的中间商价格上的优惠，也是一种激励优秀渠道成员的有效手段。

渠道激励从本质上来讲是渠道利益的重新分配。如果分配得好，渠道各层次、各渠道成员都能获取相应的利益，渠道就能够协调平衡和共同发展；相反，如果分配得不好，渠道各层次、各渠道成员之间利益不均，就会产生渠道冲突，破坏渠道，影响渠道的正常发展。为此，要搞好渠道激励，必须掌握渠道激励的辩证法：因时、因行业、因地制宜，物质激励与精神激励相结合，成员愿望与渠道目标相一致，激励的重点性与全面性相结合，激励的及时性与长期性相结合，激励的投入与产出相匹配。

5.4 返利与渠道促销

企业可以采用各种各样的方式对其中间商、分销商进行激励，但从目前的营销实践来看，最直接、使用频率最高、激励效果最明显的渠道激励措施，主要有销售返利、渠道促销、销售竞赛等几类形式。

5.4.1 关于返利

1. 返利的概念

返利是指厂家或商家以一定时期的销量（回款）为依据，根据一定的标准，以现金或实物的形式给予下游分销机构利润返还或补贴。对生产厂家来说，采用返利是希望最大限度地刺激经销商销售自己产品的积极性，通过经销商的资金、网络，加速产品的销售，以期在品牌、渠道、利润等诸多方面取得更高的回报。返利对经销商来说，则是厂家对自己努力经营其产品给予的奖励，是其经营利润的主要来源之一。

然而，返利是一把双刃剑。如果运用得当，可以起到激励经销商的作用，有不少生产厂家也正是借此在市场上获得了巨大的成功。但值得注意的是，经销商往往会将企业的返利当成降价倾销的资本，而其倾销又是为了获得更多的返利。这种恶性循环很容易破坏整个市场的价格体系，导致卖低甚至卖穿市场价格，拉低整体行业利润。当初健力宝、旭日升就是利用高额返利吸引经销商，最后又是因为高额返利搞乱了价格体系，最终导致企业失去活力。因此，在制定返利政策时，一定要考虑它的连锁反应和副作用。

2. 返利的功能

返利是企业惯用的物质激励形式。返利具有两种特殊功能，即激励和控制。这两种功能是相辅相成的，二者之间是一种相互影响、相互作用的关系。

（1）激励功能。返利首先是一种激励手段，它能刺激分销商按时、提前或超额完成之前制定的销售目标。由于返利对经销商而言是一种额外收入，而且门槛不高，只要实现了销售目标就会有相应的返利回报，所以它能够起到激励经销商销售的作用。

（2）控制功能。返利也是一种控制手段，厂家利用经济杠杆对分销商实施控制。但返利是有一定的要求和标准的，达不到要求（如销量目标、回款率、退货率等）不能获得返利，所以，获得返利并不是一件轻而易举的事情，特别是高比例的返利，除了对经销商有销量方面的要求之外，企业一般还会要求经销商不能有严重市场违规行为等诸多限制，否则将受到扣减返利甚至取消返利的处罚。

3. 返利可能的风险

（1）返利策略运用不好可能会引起窜货。返利在产生激励的同时，常常会成为经销商窜货乱价等短期行为的诱发剂。特别是当厂家的产品占领市场，变成畅销产品后，厂家销售工作的重心就会转向管理市场，以稳定市场秩序和价格体系。这时，仅以销量为依据返利的政策的弊端就表现得越来越明显。

（2）销量越大返利越高，这可能会使经销商不择手段地去突击销量。各经销商在限定的区域内无法在限定的时间完成一定的目标时，它们很自然地采取违规行为，想办法跨区窜货。经销商会提前透支返利，不惜以低价将产品销售出去，平进平出甚至低于进价批发。结果，你窜货到我的区域，我窜货到你的区域，最后导致价格体系混乱甚至崩盘。

可以说，高返利诱惑经销商窜货的根源在于厂家太专注于其激励功能而忽视了其控制功能，未考虑其副作用也未采取防范措施。

4. 按返利兑现时间分类

返利通常是滞后兑现，而不是当场兑现。所以，从兑现的时间上来分，返利可分为以下几类。

（1）月度返利。月度返利是以月度的销量为依据的返利。月度返利有利于对经销商进行即时的激励，让经销商随时可以看到返利的诱惑，也比较容易根据市场的实际情况、淡旺季等来制定合理的任务目标和返利目标底线，操作起来非常灵活。但这种返利方法对公司财务核算有比较高的要求，而且月度返利金额往往较小，诱惑力不够，还容易出现投机心理，导致市场大起大落等不稳定现象。比如，经销商往往为了追求本月的高返利而拼命压货，而导致下月的销售严重萎缩。这种方式往往为一些超级快速消费品企业采用。

（2）季度返利。季度返利是以季度的销量为依据的返利。这种返利方法既是对经销商前三个月销售情况的肯定，也是对经销商后三个月销售活动的支持。这样就促使厂家和经销商在每个季度结束时，对前三个月合作的情况进行反省和总结，相互沟通，共同研究市场情况。季度奖励一般是在每一季度结束后的两周内，由厂家选择一定的奖励形式予以兑现。季度返利方式往往不常被企业采用。

（3）年度返利。年度返利是以年度的销量为依据的返利。这种返利方法是对经销商完成当年销售任务的肯定和奖励，一般是在次年的第一季度内兑现。年度返利便于企业和经销商进行财务核算，容易计算营销成本，且便于参照退换货、销售任务目标等政策因素，而且年度返利账面金额往往比较大，对经销商有一定的诱惑。年度返利能够有效地缓解企业结算压力，同时有利于企业资金周转。但是，对经销商来说，虽然返利周期比较长，对其即时性激励不够，但有持续激励的效果，经销商经营一年下来有一个良好的盼头。加上兑现时间与企业年会相吻合,企业借此总结、激励和安排来年目标,所以,此种形式为大多数企业所采用。

(4)及时返利。及时返利是以每单销量为依据的返利。这种返利方法是在购货时即进行返利,一般采用票面折扣的方式。其优点是计算方便,兑现快捷,缺点是无过程,影响市场价格,不是返利本身的初衷,小商小贩采用这种形式。

5. 根据返利签约方式分类

(1)明返利。明返利是指明确告诉经销商在某个时间段内的累计提货量对应的返点数量,按照与经销商签订的合同条款,对经销商的回款给予定额奖励。明确的返利,对调动经销商积极性有较大的作用,但需要厂家有配套的考核体系,对经销商比较熟悉和了解。明确的按量返利,有时也容易陷入恶性循环。

明返利的最大缺点在于,由于各经销商事前知道返利的额度,如果厂家稍微控制不力的话,原来制定的价格体系很可能就会因此瓦解。为抢夺市场和得到返利,经销商不惜降价抛售,恶性竞争。最终,厂家的返利完全被砸了进去,不但起不到调节通路利润的作用,反而造成了市场上到处都是乱价、窜货的现象。

(2)暗返利。暗返利是指对经销商不明确告知,而是按照与经销商签订的合同条款,对经销商的回款给予不定额奖励。暗返利不公开、不透明,就像常见的年终分红一样,在一定程度上确实消除了一些明确返利的负面影响,而且在实施过程中可以充分地向那些诚信优秀的经销商倾斜和侧重,比较公平。但是,暗返利在实施过程中是模糊、不透明的,可是当实施的那一瞬间,模糊奖励就变得透明了。经销商会根据上年自己和其他经销商模糊奖励的额度,估计自己在下一个销售周期内的返利额度。

暗返利小技巧:暗返利只能与明返利交叉使用,而不能连续使用,否则,暗返利就失去其模糊的意义。

案例 5-1

百事公司细化返利政策

百事可乐公司对返利政策的规定细分为五个部分:年扣、季度奖励、年度奖励、专卖奖励和下年度支持奖励,除年扣为"明返"外(在合同上明确规定为1%),其余四项奖励为"暗返",事前无约定的具体执行标准,事后才告之经销商。

1. 季度奖励

在每一季度结束后的两个月内,按一定进货比例以产品形式奖励。这既是对经销商上季度工作的肯定,也是对下季度销售工作的支持,这样就促使厂家和经销商在每个季度合作完后,对合作的情况进行反省和总结,相互沟通,共同研究市场情况,同时百事可乐公司在每季度末派销售主管对经销商业务代表进行培训指导,帮助落实下一季度销售量及实施办法,增强相互之间的信任。

2. 年度奖励

年度奖励是对经销商当年完成销售目标情况的肯定和奖励。年度奖励在每年年终结算,第二年的第一季度内兑现,按进货数的一定比例以产品形式的奖励。

3. 专卖奖励

专卖奖励是经销商在合同期内,在碳酸饮料中专卖百事可乐系列产品,在合同结束后,厂方根据经销商的实际销量、市场占有情况以及与厂家合作情况给予的奖励。专卖约定由经销商自愿确定,并以文字形式填写在合同文本上。在合同执行过程中,厂家将检查经销商是否执行专卖约定。

4. 下年度支持奖励

下年度支持奖励是对当年完成销量目标,继续和百事可乐公司合作,且已续签销售合同的经销商的次年销售活动的支持,此奖励在经销商完成次年第一季度销量的前提下,在第二季度的第一个月以产品形式给予。因为以上奖励政策事前的"杀价"空间太小,经销商低价抛售造成的损失和风险,厂家是不会考虑的。且百事在合同中还规定每季度对经销商进行一些项目考评,例如,实际销售量、区域销售市场的占有率、是否维护百事产品销售市场及销售价格的稳定、是否执行厂家的销售政策及策略等。为防止销售部门弄虚作假,公司规定考评由市场部、计划部抽调人员组成联合小组不定期进行检查,确保评分结果的准确性、真实性,做到真正奖励与厂家共同维护、拓展市场的好的经销商。

资料来源:根据百事公司官网相关资料整理编写。

6. 根据返利奖励目的分类

(1)销量返利。经销商在销售时段内(月、季或年)完成厂家规定的销售额,按规定比例及时享受厂家支付的返点,销量返利大多是以实际回款金额为计算依据,一般采用"梯级返利"制度。这种返利形式对厂家而言,优点在于容易操作,易于管理,缺点在于销量越大,返利越高,必然会使经销商不择手段地去增加销售量。当各经销商在限定的区域内无法在限定的时间完成一定的目标时,它们很自然地实行跨区窜货。经销商还会提前透支返利,不惜以低价将产品销售出去,平进平出甚至低于进价批发。结果,恶意窜货导致价格体系混乱甚至崩盘。所以,销量返利是基础,但不能完全或者仅仅使用销量返利,必须与过程返利相结合,才能保证市场稳定和企业的持续发展。

知识延伸

梯级返利

一般来讲,企业的返利制度都会设置一个基本的销售额指标作为返利的起点,也会设置一个返利标准的上限,上限和下限之间设置若干等级,形成一个"梯级"结构,销售额越是上一个等级,返利的比例越高,以此来激励分销商追求销售额上量,以获取年终(或阶段性)返利,最终目的是达到企业的分销(销量)目标。比如,某食品企业规定,凡年度销售额达到 300 万~500 万元的经销商可获年终返利 1%,年度销售额达到 501 万~1 000 万元的经销商可获年终返利 2%,年度销售额达到 1 001 万~2 000 万元的经销商可获年终返利 3%,年度销售额在 2 001 万元以上的经销商可获年终返利 5%。

说明：全部以年度回款计，根据年终总销售额统计，就上限全额计算返利金额，不做分段计算。

资料来源：根据亲身销售经历编写。

问题思考：梯级返利对企业有什么益处，又可能带来什么问题？

（2）过程返利。为科学地设计返利系统，应根据过程管理的需要综合考虑返利标准：既要重视销量激励，更要重视过程管理，这样既可以帮助经销商提高销量，又能防止经销商的不规范运作，还可以培育健康有序的市场环境。厂家可以针对营销工作的细节来设立奖励，奖励范围可以涉及铺货率、终端生动化、全品项进货陈列、遵守区域销售、专销、积极配送和守约付款等。

铺市陈列奖：在产品刚进入目标市场时，为了迅速将商品送达终端，厂家给予经销商铺货奖励，作为适当的人力、运力补贴，并对经销商将产品陈列于最佳位置给予的奖励。

渠道维护奖：为避免经销商的货物滞留和基础工作滞后导致产品销量萎缩，厂家以"渠道维护奖"的形式激励经销商维护产品的有效分销、有适当规模的渠道网络。

价格信誉奖：为了防止窜货、乱价等不良行为的产生，导致最终丧失获利空间，厂家设定了"价格信誉奖"，鼓励经销商遵守价格，加强价格管控。

合理库存奖：厂家考虑到当地市场容量、运货周期、货物周转率和意外安全储量等因素，设立"合理库存奖"，鼓励经销商保持适当库存。

竞争协作奖：为经销商的政策执行、广告与促销配合、信息反馈等设立协作奖，这样能强化它们与厂家的关系，又能淡化它们之间的利益冲突。

7. 返利的形式

返利兑现的常用形式包括现金、产品和折扣等。企业在选择兑现方式时，可根据自身情况进行选择，以方便客户和自己，起到激励和控制的作用。

（1）现金支付。可以根据经销商的要求和企业实际，以现金、支票或冲抵货款等形式兑现。如现金金额比较大，企业可要求用支票形式兑现。现金返利兑现前，企业可根据事先约定扣除相应的税款。现金方式很刺激，但厂家资金压力大，企业采用得越来越少。目前，大多数企业以冲抵货款的方式兑现返利，这对双方都方便有利。

（2）产品抵算。以产品形式返利，就是企业用经销商所销售的同一产品或其他适合经销商销售的畅销产品作为返利。需要注意的是，产品必须畅销，否则返利的作用就难以发挥。这种返利方式有利于厂家销售产品，而且以厂家产品价格核算计算返利金额，对厂家是非常有利的，经销商会接受，但激励效果会打一些折扣。畅销品牌还可以，对一般品牌来讲，经销商不大乐意接受。

（3）账面折扣。账面折扣，这是一种常见的及时返利模式。其特点就是返利不以现金的形式支付，而是让经销商在提货时享受一个折扣，但前提是现款现货交易。厂家主要是通过这种模式减少自身的现金压力，尽快回笼资金。

8. 返利力度的确定

顾名思义，"返利"就是制造商根据分销商所完成的销量（回款）或其他贡献定期给予分销商一定额度的利润补贴。它实际上是渠道利润的平衡和再分配过程，是制造商惯用的吸引和控制渠道成员的手法，并逐渐成为行业惯例。

返利应该多大力度（比例）才合适呢？力度太小了，对渠道成员没有吸引力；力度太大，厂家利润不允许。而且，如果返利力度较大，聪明的分销商会将一部分预期返利打入价格，降低价格来销售，以博取更大销量和更多返利。这样一来，低价倾销、窜货、价格战在所难免，厂价有可能被卖穿（低于厂价），厂家的价格体系和市场秩序将会受到破坏，产品价格下降，渠道利润下滑，市场必将萎缩，甚至垮掉。

返利作为额外的奖励，首先，必须具有一定的诱惑力。对于以利为先的商人来说，返利的力度必须能刺激经销商努力去提高销量，以获取尽量多的利益。其次，必须在严格财务核算的基础上确定奖励点数的范围。不同行业的利润率是不同的，所以，点数的确定需科学、谨慎。因为返利的力度还需考虑行业利润和厂家的承受能力，毕竟，返利是营销成本的一部分，企业在确定前要充分考虑同行业的水平、产品的利润水平、产品类别和竞争对手的返利水平等。隔行如隔山，对不同行业的了解，及对竞争环境的把握，是制定科学合理的返利力度的关键。

由于各行业存在巨大差异，所以业界也没有定论。一般来讲，科技含量高的、资金密集型的行业，如家电等，由于销量（销售额）比较大，所以返利额度一般比较小，以1%～2%比较合适；而科技含量较低、劳动密集型的行业，如食品等，由于销量（销售额）比较小，所以返利额度相对较大，在3%左右比较合适，但不能超过5%。为使返利真正成为激励力量而不是破坏力量，厂家在制定返利政策时必须参照两条标准：一是行业的平均水平，二是不至于引起冲货。此外，厂家一般设置的是"梯级返利"，即销量越大，返利越高。这里要提醒的是，适当拉开差距，兼顾公平，不能过分偏向大客户而轻视中小客户，注意上限的设置以及"过程返利"的实施。

9. 返利频度的把握

返利在频度上一般有月度返利、季度返利、半年返利和年终返利几种。月度返利体现快捷、立竿见影的特点，受一些中小经销商欢迎，但厂家的财务管理难度增大，也容易导致短期行为，只适于部分经营快速消费品的中小企业采用。季度返利也追求快速兑现的承诺，让分销商看到希望并很快实现希望，有很强的成就感，且持续刺激，激励效果较好，往往适用于一些生产季节性较强的快速消费品的中小企业，如生产面包、新鲜牛奶和时装的企业，但同样存在短期行为和结算难度大的问题，且不利于渠道的长远规划，没有整体感。而很少有企业采用半年返利，只有少数一年召开两次年会的企业选择这种做法。

年终返利是绝大多数厂家惯常采用的返利方式，因为一年是一个完整的销售周期，厂家可以对分销商进行一个完整的考核，通过每年一次的年会对上一年的销售工作进行总结，并兑现年终返利，同时，对来年市场进行整体规划，并制定新一年的目标和返利政策，所以，它是一种与目标激励相结合的全面、持久的激励方式，具有很强的生命力。

10. 返利条件的约定

到目前为止，很多企业采用的还是单一销量（回款）指标考核计算返利的形式，这种形式简单易操作，在市场经济的初期起到了催化剂的作用，但随着市场经济走向成熟、走向深入，我们不得不关注价格体系和市场秩序的时候，这种结果导向的返利形式就显得越来越落伍了。因为简单的销量返利会助长低价、冲货、不择手段、短期行为，对市场发展不利。

现在越来越多的厂家采用过程导向的综合指标（如目标销量完成、价格体系保持、市场秩序维护、品牌推广支持等）分解考核返利，即把返利总额分解到多个指标上分别给予考核，分别兑现返利，以弱化销量指标，强化市场维护和市场支持指标，旨在追求市场的良性、持续发展。而且，业界也在逐渐淡化返利的功能，强化分销商自身赢利能力的提高，这是未来的一种趋势。

5.4.2 关于渠道促销

渠道促销是指专门针对中间分销机构（而非零售客户）的促销。渠道促销实质上是渠道利润的再分配，目的在于刺激中间分销机构的销售热情。如何选择一个适宜的进退自如的激励支点，已成了经销商管理的瓶颈，渠道促销就是这个支点。撬动了经销商，销售就成功了一半。关键是如何找到一个支点，既能激励经销商努力地卖货，又不窜货乱价。经销商促销是厂家改善渠道状况、改善与一级经销商的关系，以提升销售业绩的一种杠杆启动方式。由于借助经销商这个杠杆来间接启动渠道，因而在杠杆支点的选择上，即具体促销政策的制定和促销激励手段的使用上，面临着诸多变数。

1. 促销政策的制定

好的促销政策可以促进销售，差的促销政策反而会使销售下降，所以在制定促销政策时一定要考虑好以下几个方面。

（1）促销的目的。很多人认为促销就是增加销售额，这种观点有失偏颇，比较笼统，不便于企业执行、考核。所以，企业在制定促销政策时必须明确促销的目的，明确促销能够增加多少销售额，增加多少批发商以及能够渗透多少终端店等。

（2）促销力度的设计。设计促销力度，第一要考虑到促销能否引起分销商的兴趣，要能够吸引分销商参与，促销才有意义；第二要考虑促销结束之后分销商的态度，是不是不促销不进货；第三要考虑该力度是否会引起向周边窜货，参照流通到周边的平均运输成本比例；第四还要考虑成本的承受能力以及产品的利润水平。比如，食品行业促销，一般将力度控制在5%以内，以防止冲货，家电类资金密集型行业的比例更低一些，1%都是不小的力度。

（3）促销内容。促销的内容一定要新颖，能够吸引人，可以是搞赠品、折扣、联合促销、累计奖励、刮卡、换购、抽奖等。渠道促销以数量折扣、价格折扣、赠品促销为主，目的是突击销量。

（4）促销的时间。什么时间开始，什么时候结束，一定要设计好，并让所有的客户知道。每个行业都有自己的销售高峰（旺季），都有自己的淡旺季规律，一定要把握行业规律，才能在该促销时促销，达到最好的销售效果。

（5）促销活动的管理。促销活动在正常营销工作中占有很重要的位置，无论是公司统一组织、统一实施，还是分区组织、分区实施，从提交方案到审批、实施、考评、总结，都应当有一个程序，从而确保促销活动的过程控制，保证促销活动的执行效果。管理执行不到位，容易出现虎头蛇尾，影响活动效果，浪费促销资源。

2. 促销激励的措施

企业对中间商的促销激励手段名目繁多、各不相同，大致分为以下三类。

（1）对经销商进行的促销激励。

1）长期年度销售目标奖励。厂家设定一个销售目标，如果经销商在规定的期限达到了这个目标则按约定的奖励给予兑现；也可设定多个等级的销售目标，其奖励额度也逐级递增，激励经销商向更高销售目标冲刺。对经销商的奖励最好不要以现金或货物等方式，以避免出现低价倾销或冲货等扰乱市场行为的发生。

如某食用油企业曾经将新加坡国立大学 MBA 培训班和"新、马、泰"游作为经销商年终激励奖，取得了良好的效果，使经销商获得了荣誉，得到了学习和旅游机会，更开阔了视野。

2）短期阶段性促销奖励。厂家为提高某一阶段的销量或其他营销目标而开展一些阶段性促销奖励。相对于长期目标奖励，短期促销更有诱惑力，更能激发经销商的积极性。百事可乐经常开展此类促销活动，如"即日起到月末，经销商进货 25 件赠 1 件"等。

3）非销量目标促销奖励。除具有针对性的销量促销奖励外，开展如"产品专项经营奖励、铺货奖励、陈列竞赛"等一些营销目标奖励也是十分必要的。如华润啤酒公司、百事可乐公司的产品专项经营奖励，在一定程度上能排挤竞品，将其阻挡在经销商的大门之外。对经销商的促销必须注意两点：一是经销商为达到目标、取得额外利益而采取低价倾销，为此奖励额度不宜过大，避免奖励现金或同类产品；二是经销商在促销期间大量囤货，一旦无力快速出货，待促销结束就会闲置一段时间才能进货，出现销售窒息现象。

（2）对二级批发商进行的促销激励。有实力的厂家除了对一级批发商设计了促销奖励外，还对二级批发商进行短期的阶段性促销，以加速产品的流通和分销能力。

如百威啤酒公司在上海市场曾对其二级批发商签订奖励合约，凡在规定时间内达到销量目标并拥有 50 家固定的零售客户，即可获得相应价值的奖品，这一策略使其产品以较快的速度铺到了终端售点。当然，这样做也将渠道的竞争力度提高了。

（3）对终端售点进行的促销激励。除了要鼓励批发商的经销积极性，还应该激励零售商，增加其进货、销货的积极性，如提供一定的产品进场费、货架费、堆箱陈列费、POP 张贴费、人员促销费、店庆赞助和年终返利等。为了吸引消费者的注意，还应借助于售点服务人员、营业员的主动推荐和推销,以达成并扩大消费者的购买数量。

如虎牌啤酒针对酒店服务人员的促销奖励活动,只要服务人员向消费者推荐售卖了虎牌啤酒后,可凭收集的瓶盖向虎牌公司兑换奖品。目前,"瓶盖换物"已成为各啤酒厂家常年的销售补贴项目。但是,类似活动也有相应的弊端:促销一停,销量即降。

3. 关于销售竞赛

经销商与销售人员一样,同样需要定期获得达到某一目标的动力。在短期销售竞赛活动中,获胜给予的奖励和认可能够提供直接的动力。虽然经销商获利与获得赞赏同等重要,但获利并不能带来赞赏,你不能炫耀它们。只有以奖杯、奖品而不是金钱的方式给予的赞赏才能有助于推动经销商创造更加辉煌的业绩,重要的是,赞赏不仅来自厂家,而且还来自家庭和朋友,因为,奖品能够带来快乐和激励效果。实践证明,"胜利"以及成为"最好"等荣誉能够给经销商提供真正的强效激励。

故此,厂家在渠道管理过程中经常开展一些销售竞赛项目,吸引经销商参与其中,把娱乐、工作、利益结合在一起,通过追求一种荣誉,引进竞争的因子,调动经销商以及全体销售人员的积极性,推动市场活动开展,达到促进销售的客观效果。

案例 5-2

厂家开展的销售竞赛项目

某企业在推广某系列重点新产品时,为了把新产品尽快铺到渠道、终端,以便打广告和展开全面市场推广,设计了渠道销售竞赛。企业颁布政策,规定只要本月该产品销售额达到 100 万元,奖励小型送货车一台,最先达到者另奖数码相机一部,三个月之内该产品销售额达到 500 万元的经销商,奖励奔驰轿车一辆,另送一个哈佛大学 EMBA 培训名额,即日起施行。试想,经销商都会是怎样一种状态?必然是摩拳擦掌,奋勇争先,唯恐落在其他经销商的后面失去了这个机会。其实,销售竞赛就是一种目标激励,一种项目激励,只要设计得好,项目具有吸引力,销售竞赛的作用是非常明显的。

(1)开展经销商销售竞赛的好处。

1)激情。经销商获胜之后通常十分兴奋,激发出销售的激情。

2)关心。销售竞赛能够提供个性化奖励,从而显示出公司对经销商的关心。

3)凝聚力。在经销商所处的环境较为恶劣的情况下,通过销售竞赛和沟通活动,能够增强厂、商内部团队的凝聚力。

4)团队合作。通过销售竞赛的开展,有利于增强经销商之间的相互了解和业务合作。当未来发生窜货等事件时,可以促使经销商之间主动解决问题。

5)达成目标。经销商会将关注重点放在竞赛目标上,便于厂、商共同达成销售目标。

(2)经销商销售竞赛设计的步骤。

第一步:确定销售竞赛目标。

第二步:确定优胜者奖赏。

第三步：制定竞赛规则。
第四步：确定竞赛主题。
第五步：制定竞赛费用预算。
第六步：召开经销商动员和总结会议。

总之，在渠道激励问题上，商家希望多多益善，厂家则要考虑投入产出。如何找到这个"均衡点"，恰当地把握激励的"度"，既能有效激励，又能兼顾公平，这是摆在每一个市场管理者面前的一道难题。而渠道激励是营销渠道得以持续有效运行的动力来源，是它驱动着渠道物流、商流、资金流、信息流的不停运转，以实现渠道增值，同时激活渠道活力。渠道本质上由利益所驱使，渠道激励就是渠道利益的"重新分配"。分配得好，它会形成渠道动力，推动渠道有效运行，提高企业分销效率和效益；分配不好，它则会成为渠道破坏性的力量，导致渠道冲突，影响厂、商关系，重则引发渠道的萎缩，甚至解体。

专题五

渠道激励的"三大法宝"

在人力资源管理领域有一个重要的思想，就是人员激励的"三大法宝"，即目标激励、奖励和工作设计。用此思想分析、解释企业对其渠道成员的激励，也有异曲同工之妙。可以说，目标激励、渠道奖励和工作设计构成企业渠道激励的"三大法宝"，如图5-4所示。

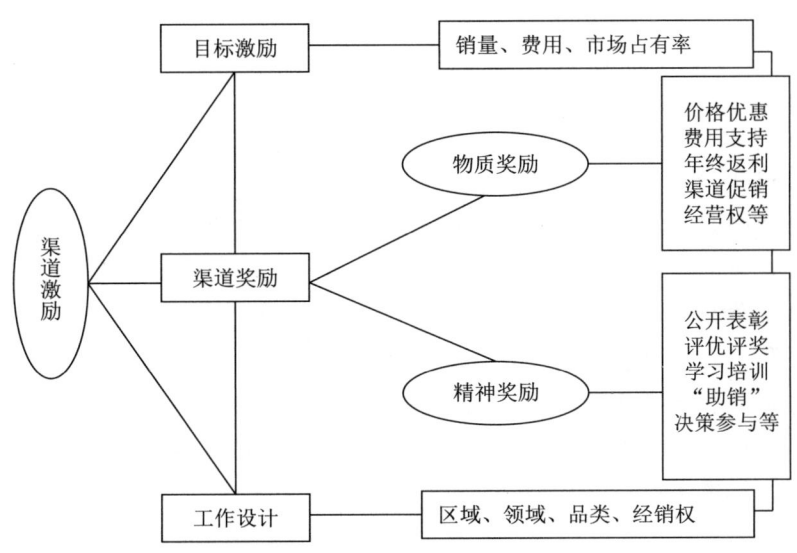

图 5-4 渠道激励"三大法宝"示意图

1. 目标激励

目标激励是通过目标的设计和管理来实现的。目标管理是指企业的最高领导层根据企业面临的形势和需要，制定出一定时期内企业经营活动所要达到的总目标，然后层层落实，要求下属各部门主管甚至每个员工根据上级制定的目标，分别制定分目标和保证措施，形成一个目标体系，并把目标的完成情况作为对各部门或个人考核依据的一种科学管理方法。

为什么要进行目标激励呢？因为目标的设置为企业各级人员规定了奋斗的方向和目标，形成工作压力，进而转化为行为动力；目标的设置能够以此为工具有效地管理管理者，它为各级管理人员的考核提供客观依据，成为人们行动的标尺；目标的设置还是分权制的结果，因为目标管理强调"自我管理"和"自我控制"。

目标设置理论指出，指向一个目标的工作意向是工作激励的主要源泉，因为目标告诉员工需要做什么以及需要做出多大的努力才能达到目标。目标激励有三个要点：第一，如果能力和目标的可接受性保持不变，则目标越具体、越困难，绩效水平就会越高；第二，当人们获得了工作业绩的反馈时，人们会做得更好，因为反馈能帮助他们认清已做的和要做的之间的差距；第三，如果员工有机会参与设置自己的目标，他们会更努力地工作。

渠道目标激励是一种最基本的激励形式。厂家每年都会给营销渠道成员制定（或协商制定）一个年度目标，包括销量目标、费用目标、市场占有率目标等，完成目标的分销商将会获得相应的利益、地位以及渠道权力。所以，目标对于分销商来说，既是一种巨大的挑战，也是一种内在动力。在目标的制定方面，企业往往存在"失当"的问题，大多数表现为目标过高的倾向，而过高或过低的渠道目标都不能达到有效激励的效果，过低了轻而易举，过高了遥不可及。因此，要制定科学合理的渠道目标，必须考虑以下特征。

- 目标的明确性，即忌含含糊糊。
- 目标的可衡量性，即可量化、可考核。
- 目标的挑战性，即忌太高和太低。
- 目标的激励性，即忌空洞无物。
- 目标的可实现性，即现实可操作。

2. 渠道奖励

奖励是制造商对分销商最为直接的激励方式。渠道奖励包括物质奖励和精神奖励两方面。其中物质奖励主要体现为价格优惠、授予经营权、渠道费用支持、年终返利、渠道促销等，具体体现为"money"，金钱永远不失为一种有效的激励武器，这是渠道激励的基础手段和根本内容。

而精神激励的作用也不可低估，因为经济基础决定上层建筑，上层建筑也反作用于经济基础，渠道成员同样有较高的精神需求。精神激励重在满足分销商成长的需要和精神层面的需求，具体包括以下几方面。

- 公开表彰。
- 评优评奖。
- 扩大势力范围。
- 提供专业培训。

- 参与公司决策。
- 独立项目责任。
- 提供学习和旅游机会。
- 推行"助销"制度。
- ……

3. 工作设计

工作设计的原义是指把合适的人放到合适的位置，使他们开心，使他们能够发挥自己的才能。这一思想用在渠道领域，则是指厂家合理划分渠道成员的经营区域（或渠道领域），授予独家（或特约）经营权，合理分配经营产品的品类，恰当树立和定位各渠道成员的角色和地位，互相尊重，平等互利，建立合作伙伴关系，实现共进双赢。渠道的"工作设计"是指让合适的经销商掌管合适的渠道，能够调动各级经销商的工作积极性，这是比较高级的激励模式。渠道的"工作设计"可以依据以下三种思路进行。

（1）区域分工：根据目标市场的地理区域分界，一个区域设计选择一个分销商，发挥该经销商的优势，保障该经销商的利益。

（2）产品分别：根据公司的不同产品线选择不同的经销商进行经营，根据各个经销商的经营特点及优势特长确定授予其不同产品线的经营权。

（3）渠道区隔：根据目标市场不同的渠道层次及类型（如大卖场连锁超市、批发市场、小店及周边开发、特殊通道、组织市场等）选择不同的分销机构进行渠道的开拓和管理，以发挥它们各自的资源优势及经营特长，达到激励它们全力经营的目的。

测试题

一、名词解释

1. 渠道激励
2. 渠道物质激励
3. 渠道精神激励
4. 返利

二、选择题

1. _____就是制造商根据分销商所完成的销量（回款）或其他贡献定期给予分销商一定额度的利润补贴，其实质是渠道利润的再分配。
   A. 渠道促销　　　B. 市场支持　　　C. 销售返利　　　D. 通路费用
2. "渠道促销"是厂家针对中间_____（经销商、代理商、批发商、终端零售商）所进行的促销活动，目的是刺激渠道成员的进货热情和销售积极性。
   A. 制造商　　　　B. 服务商　　　　C. 渠道商　　　　D. 消费者
3. 渠道激励的"三大法宝"，即渠道目标激励、渠道奖励和_____。
   A. 销量统计　　　B. 市场份额　　　C. 工作设计　　　D. 客情关系

三、简答题

1. 渠道激励应该坚持哪些主要原则？
2. 渠道物质激励的策略主要有哪些？
3. 渠道精神激励主要包括哪些方式？

四、论述题

1. 谈谈你对渠道激励作用的认识。
2. 论述渠道激励的"三大法宝"。

训练设计

1. 请你为一家公司制订一个年终返利的操作方案，假设公司环境条件，确定返利的条件、比例、内容、形式、操作方式等，并分析该方案可能的利弊。

2. 假定一家公司的经营环境，设计一套项目性销售竞赛的策划方案，包括竞赛的目标、主题、内容、程序、奖项、实施与监控、总结评估等。

综合案例

可口可乐的分层渠道激励

可口可乐公司将自己的销售原则总结为两条："随处可见"和"随手可得"。"随处可见"是指其终端管理的问题，"随手可得"即其渠道建设的目标。可口可乐公司以此为指导建设自己的营销渠道网络。

可口可乐公司在中国的营销渠道众多，总体来看，可以归纳为经销商（包括批发商与零售商等）、KA客户和直营渠道三种主流渠道。这三个主渠道的运作，构成了可口可乐渠道系统的基本框架。可口可乐公司在中国的营销渠道系统如图5-5所示。

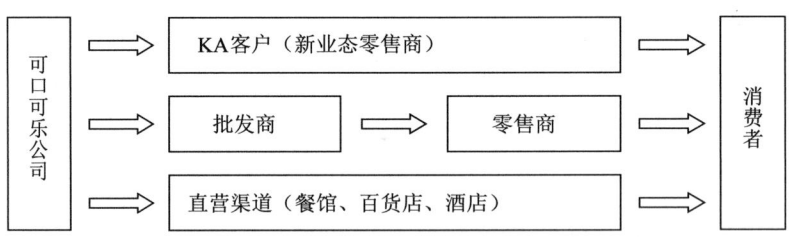

图5-5　可口可乐公司在中国的营销渠道系统

KA客户即关键客户，又称为重要客户，是指在国际市场上有较大影响力且与可口可乐公司有长期合作历史的大型新业态零售机构，比如沃尔玛、家乐福、麦德龙、吉之岛、7-Eleven等，具体可分为大卖场、连锁超市、便利超市三类。而批发渠道和直营渠道属于传统渠道，在可口可乐公司的营销渠道中一直处于重要地位。

合同化管理是进行渠道管理的最起码方式，通过在合同中专列条文，详细说明双方的权利、义务和责任，可将渠道运作时渠道系统可能引起的价格和市场混乱的因素进行约束，这就是我们常说的"有约在先"。

在可口可乐公司与客户签订的合同中，除通过很多方面来促进客户取得合理的返利之外，合同中的关键考核激励指标主要是销量、生动化和账款（可口可乐公司的账款主要是指在一定账期内未收回的货款，而非经营赊账），但这三个指标在各个渠道的要求很不相同，重要程度也不一样，具体内容也有很大差别，如表5-2所示。

表5-2 可口可乐公司关键考核激励指标

KA客户	经销商	直营渠道
·生动化考核 ·销量返扣 ·账款考核	·销量返扣 ·非碳酸饮料销量返扣	·销量返扣 ·生动化考核

对KA客户，主要考核生动化指标。可口可乐的生动化概念是指在销售终端醒目地开展广告宣传、陈列展示和其他促销活动，借以影响消费者购买可口可乐产品。对KA客户进行生动化考核的主要内容包括三个方面：产品和售点广告的位置、产品和售点广告的展现方式、产品陈列和存货管理。可口可乐将对KA客户的店面表现、常规堆头、特殊堆头以及各种促销活动的要求非常详尽地写在合同中，并标明属于检查考核的主要内容。通过对KA客户的生动化和账款考核，避免其与批发客户一样对销量进行盲目的追求，从而极大地减少了与其他渠道的正面竞争。

对经销商的考核渐渐从单纯的销量考核过渡到销量考核和非碳酸饮料销量考核的结合。在以碳酸饮料而闻名的可口可乐公司，将非碳酸饮料的考核单独列出来，既是为了非碳酸饮料的成长，也是为了让客户牢牢记住可口可乐公司更要成为一个全方位的饮料公司。加强对经销商的非碳酸产品销量的考核，就避免了经销商只做成熟品牌的毛病，并解决了客户一直将可口可乐成熟产品进行带货而冲击其他渠道的问题。当然，客户也获得了从可口可乐公司非碳酸饮料带来的更多利润。可口可乐中国公司的业务系统中，没有大批、小批、二批、特约经销商、分销商这些繁杂分类，统称为经销商，在功能要求和奖励政策上一视同仁。

直营渠道是指一些传统的直接面向消费者的零售销售点，如餐馆、酒店、快餐店、百货店、娱乐场所、车站、火车与航空公司等。这些销售点在向消费者提供非饮料产品的同时，也要提供饮料产品，满足消费者的需要，并且还能依据实际情况实施个性化服务。这类渠道受到本身业务的限制，冲击或被其他渠道客户冲击的可能性不大，它们还能从个性化服务中获得自己的利益。

可口可乐公司在中国市场上的物流配送功能是由特定渠道提供的。该渠道客户为可口可乐公司承担产品配送和物流的使命。公司只给予该客户配送货物的奖励，就是让其远离流通渠道（公司不允许该客户从事货物流通，假如有部分货物流通，公司将给予严肃处理）。这就避免了它们与批发客户争夺下线客户，消除了渠道窜货的隐患。

问题讨论：

1. 可口可乐是怎样进行渠道的分层设计和激励的？
2. 怎样理解可口可乐"协调平衡"的渠道管理理念？

第6章 CHAPTER 6

营销渠道权力与控制

章首语

有人说,商战如同兵战,但商战与兵战的根本不同在于:兵战要拼个你死我活,而商战可以在竞争中共同生存和发展。商界没有永远的敌人,现代企业竞争已经从传统的互相倾轧转向了"竞合",寻求公平的合作与共赢发展。虽说渠道控制与反控制、厂商博弈是厂商关系的常态,但竞争的最高境界是合作,现代渠道成员更看重彼此间平等互利、合作双赢,更重视建立自由平等、公平公正的合作伙伴关系。

学习目标

1. 了解渠道权力的概念与内涵。
2. 认识渠道控制的实质与特点。
3. 掌握提高渠道控制力的策略与方法。
4. 讨论应收账款的过程控制问题。
5. 讨论商品"助销模式"的软控制。

开篇案例

中国移动与渠道商的战略合作

中国移动与OPPO、VIVO、金立、京东等就TD终端销售签署了渠道战略合作协议。随后,中国移动与苏宁、国美、京东、天猫、联想、小米、金立、OPPO、VIVO、迪信通等数十家手机销售的终端渠道商签订了战略合作意向书。其中,迪信通、苏宁、国美三家已在4 000多个门店设立了TD终端专区专柜,以方便顾客现场体验和购买。

随着TD终端产品的日益丰富,产品竞争力的日益增强,越来越多的渠道商加入TD终端销售的队伍中来。天猫、小米、联想等是在终端销售业具有较大的市场份额和影响力的名牌渠道商,此次也和中国移动签订了渠道战略合作意向书,共同携手致力于中国移动4G终端的销售与推广。中国移动加大了与PC混营业态和互联网销售业态知名渠道商的谈判力度，与天猫、小米、联想达成了战略合作伙伴关系。此次与终端厂商渠道、零售连锁渠道、电商渠道的战略合作，将有效提升 TDS、TD-LTE 终端的销售规模，进一步促进产业链的繁荣与拓展。

资料来源：改编自秦勇，李东进. 营销渠道管理 [M]. 2 版. 北京：中国发展出版社，2020.

问题思考： 中国移动为什么要与诸多终端渠道商开展战略合作？

6.1 渠道权力

6.1.1 渠道权力的界定

power 在英文中有权力和力量双重含义，而权力被认为是"威信""权威""影响""支配""强制"等词义的代名词。channel power（渠道权力）也有两层意思：一是指一个渠道成员相对于另一个或一些渠道成员拥有某种特殊权力，另一层意思是这种权力是一种力量，会促使其他成员做一些他们原本不会做的事情。根据渠道专家伯特·罗森布洛姆的观点：渠道权力是某个特定渠道成员控制和影响另一个渠道成员行为的能力。本书认为，渠道权力是一个渠道成员对于在同一渠道中的另一个渠道成员的控制力和影响力。

渠道成员之间合作与冲突的背后实际上是对渠道权力的争夺。渠道权力的分配将最终取决于各渠道成员实力的大小，实力相对较大的一方能够获得对整个渠道的有力控制，拥有渠道事务的话语权（如定价），而实力相对较小的渠道成员又会千方百计地增强自身的渠道权力来与之抗衡。换句话说，渠道控制问题的根源就是争夺渠道权力（话语权）。只有弄清楚渠道权力的来源，才能找到解决渠道控制问题的方法。

6.1.2 渠道权力的理论依据

关于渠道权力的来源，有三种最有代表性的理论可以参考，一是"权力依赖说"，二是"权力基础说"，三是"权力的五种力量说"。

1. 权力依赖说

权力依赖说来自社会心理学家爱默生（Emerson）。这种学说认为，权力就是一种依赖关系，渠道权力来源于渠道成员之间的依赖。当 A 依赖于 B，在一定程度上，B 就对于 A 拥有权力。相反，当 B 依赖于 A，A 就或多或少对于 B 拥有权力。渠道成员之间的相互依赖，是渠道成员功能专业化及分工的必然结果。由于成为一个渠道的成员这件事本身就意味着这个成员既依赖于别人同时又被别人依赖，所以从理论上讲，每个渠道成员都多多少少对其他渠道成员拥有一定的权力，也依赖别人，给别人权力，而被别人依赖又使自己拥有权力。

2. 权力基础说

权力基础说源于社会心理学家弗兰奇（French）和瑞文（Raven）。这种学说认为，与其他权力一样，渠道权力也来源于六种权力基础（power bases），即奖励权力、强迫权力、法定权力、认同权力、专家权力和信息权力。

- 奖励权力：来源于一个渠道成员能够给予另一个渠道成员某种有价值的东西以帮助他们实现其目标的能力。比如，一个零售商具有给某种产品（生产这种产品的企业）更多或更好的展位的能力，而生产商则具有为零售商提供批量折扣、优先供货等能力。
- 强迫权力：基于一个渠道成员惩罚另一个渠道成员的能力。实际上，奖励权力和强迫权力是可以相互转化的。当一个渠道成员为另一个渠道成员提供某种优惠时，这是在用奖励权力；而当他撤销或威胁要撤销这种优惠时，则是在用惩罚权力。
- 法定权力：产生于渠道内成文或不成文的规则，这些规则规定一个渠道成员有权影响另一个渠道成员的行为，而后者有义务接受这种影响。比如合同或协议规定的权力或义务。法定权力与强迫权力的区别在于：法定权力一般是有法律保障的，一方违法时另一方实施的惩罚也是通过法律机构进行的；强迫权力则无法律保障，一方对另一方的惩罚是直接的，无须法律机构或其他机构插手。
- 认同权力：来源于一个渠道成员的形象，其形象对其他成员具有较大的吸引力，获得其他成员的尊重和认同。一般名牌产品、名店都具有这种认同权力。
- 专家权力：来源于一个渠道成员在某一方面所具有的专业知识或能力，或者是在某一方面具有的优势。专家权力与奖励权力的区别在于：作为一种资源，专家权力一旦提供给合作伙伴，就不能再撤回；而奖励权力是可以撤回的。
- 信息权力：产生于一个渠道成员提供某一类有用信息的能力。信息权力与专家权力很相近，二者在提供出去后都不能再收回。二者的区别在于：专家权力是长期经验积累或专业训练的结果，而信息权力则只是由于一个渠道成员容易接触到某一类信息而对于某一类事物具有更多的知识。最明显的一个例子是零售商具有的对于各种商品销售状况的信息。

因为在进行实际运用时，很难将各种非强迫性权力基础区别开，所以渠道权力理论倾向于将以上六种权力基础重新组合划分为两大类：一是强制性权力基础，由上面的强迫权力构成；二是非强制性权力基础，由除强迫权力以外的其他权力构成。

3. 权力的五种力量说

著名的管理学家罗宾斯在其《管理学原理》中提出了"权力的五种力量"学说，其内容与上述"权力基础说"基本一致。他认为，权力可以分为五个方面，或者说权力具有五种主要来源，包括以下几点。

- 强制的权力：世袭、继承而来的权力，如权力转移的"二代"现象。
- 合法的权力：组织结构设计中赋予某个岗位、职位的权力，如总裁、科长的权力。
- 关系的权力：与相关行业、机构中某些具有特殊地位或影响力的人存在的特殊关系。
- 专家的权力：在某个行业或领域具有丰富知识或特殊能力而被人敬仰和尊重。
- 感召的权力：具有某种独特的道德品质或人格力量而受人推崇和遵从。

这种说法实际上也是把权力分为两个大类：一是强制力；二是影响力。而作者更加强调非强制性的影响力的作用。事实上，人们总是可以从某个方面去努力并获得上述某种权力，个人如此，机构如此，作为渠道成员的企业亦是如此。

6.1.3 渠道权力的观点

根据上述权力来源理论，渠道权力可以从以下六个方面理解。换句话说，任何渠道成员都可以从以下六个方面努力，争取和获得渠道权力（控制力与影响力）。

1. 经济力

"经济力"是一种综合实力，是企业控制销售渠道的最根本的力量源泉。拥有强大的经济力，必然会在"厂家-中间商-消费者"的博弈关系中占有支配地位。经济力主要表现在以下几个方面。

- 规模经济：其最直接的结果就是创造了低成本的优势，一方面给入侵者制造较高的"资本壁垒"，另一方面也掌握了与中间商讨价还价的主动权。
- 产品线：产品种类多，产品线宽度广、深度大、相关性强都有利于企业控制销售。
- 质量和服务：今日之质量和服务，意味着明日之市场。
- 融资能力：扩大规模、研发产品和市场扩张的保障。
- 广告力度：由此提高产品力和品牌力，增加消费者的信任度和忠诚度。

2. 专家力

谁更专业，谁就更有发言权。企业了解了渠道规律，掌握了市场开拓、产品推介、现场促销、公共关系等技巧，就有助于有效地控制渠道销售，获得话语权。例如，有的中间商对产品特性不了解或营销技能不足，厂家可以组织培训或现场指导，或派遣职业经理进行助销，获得控制力。

3. 奖赏力

奖赏是对工作成绩的正面肯定，通过奖赏可以提高对渠道成员的控制力。"有钱能使鬼推磨""重赏之下必有勇夫"都说明了奖赏的威力。企业可以根据自己的能力，选择使用诸如折扣、铺货、培训、设奖、提升地位、续签合同等奖赏方式，提高渠道成员的积极性，利用经济杠杆控制渠道。

4. 产权力

很多企业为了控制上游的原材料供应及下游的销售，往往以产权为纽带实行纵向一体化战略，形成"供-产-销"价值链。纵向一体化主要有两种形态：一是后向一体化，如钢铁公司从自己拥有的铁矿山获得铁矿；二是前向一体化，如汽车制造公司通过自己的销售网络销售本公司的汽车。企业可以通过合资、控股、参股、连锁等形式来整合渠道，获得控制权。制造商可以发挥特约经营权和独家经营权等产权力，制约渠道。

5. 品牌力

品牌是企业的一项无形资产，是企业经济力的延伸。品牌，从表面上来看，不过是产品的牌子，是卖者给自己的产品规定的商业名称，通常由文字、标志、符号、图案和颜色等要素组合而成；但从深层来讲，有没有品牌，有没有好品牌，意义是不一样的。

品牌力的本质是：它表明卖者对交付给买者的产品特征、利益和服务惯性承诺，也体现了许许多多的消费者在亲身购买、比较和实际享用过程中，对厂家产品和服务质量的一种信任。

关键点是：企业要从"眼球经济"中获利，拥有知名品牌是关键。产品是用厂家品牌面市还是中间商的品牌面市，可以反映出厂家与中间商谁对销售渠道拥有控制权。弱小企业的产品为获得进入诸如沃尔玛这样的零售巨头的店面，不得不加大力度投入品牌建设，而诸如可口可乐、德芙、娃哈哈、宝洁、格力、格兰仕、强生、联合利华、西安杨森等知名品牌则牢牢地控制着销售终端。

6. 关系力

俗话说，"人情是宝"，尤其在我国这样一个很重视人情世故的国度，拥有良好的人际关系无疑会提升企业在渠道中的地位。有些企业经过长期的苦心经营，凭借自己的商业信誉，与众多供货商、批发商和零售商结成了较为密切的合作关系，这些关系作为"软权力"，在很大程度上影响着渠道成员的决策。所以，公共关系、客户关系管理尤其重要。

提示：关系就像一盆花，需要不断地松土、浇水、施肥、剪枝，才能枝繁叶茂，花开四季。否则，关系也会像花日趋枯萎、逐渐凋谢一样，日益疏远甚至破裂。

6.2 渠道控制

6.2.1 渠道控制的内涵

营销渠道是一个系统，是一个以流动的商品为载体，由制造商、中间分销机构和消费者构成的动态循环系统，产品、人员、信息、资金等借助这个系统的流动实现其价值。在这个系统中，各个渠道成员都有控制性的要求，而且都不希望被别的渠道成员所控制，但从整体来讲，渠道系统是需要控制的。

1. 管理学关于控制的理论

控制是管理的一项重要内容，是指一方能够影响和支配另一方的行为或过程。在管理科学中，控制论与系统论、动力论相关联，任何事物都是一个系统，系统具有动力源泉，系统是需要控制的，系统也是可以设计控制的。

管理学的控制理论包括过程控制、重点控制、例外控制等重要思想。其中过程控制的思想认为，只要把事情的各个环节和过程处理好，好的结果是顺理成章的事情。而重点控制也称为"关键点控制"，认为在企业管理活动中，只要把一些重要的、关键的环节处理好，就能保证事情的发展方向，就能保证一个好的管理结果，正所谓"牵牛要牵牛鼻子"。例外控制是指在管理过程中，只关注那些偏离正常轨道的异常情况或事件，对于正常情况下的事件通常不过多干预或控制。

2. 渠道控制的概念内涵

渠道控制（channel control）是指某个渠道成员希望通过自己的行动影响或制约甚至支配另外一些渠道成员的某种决策的意识和行为。渠道控制与渠道权力及其运用有密切的关系，渠道控制的实质就是争夺渠道权力。渠道权力是一种渠道影响力、控制力，企业既可以通过发挥渠道影响力来实现渠道控制，也可以通过成功使用其他方式，如合作、参与、关系和联盟等来实现渠道控制。

渠道控制的意义主要体现在以下几个方面。

（1）渠道控制是充分实现渠道功能的基础。营销渠道承担着调研、促销、接洽、谈判、产品配组、物流、风险分担和融资等众多功能，而所有这些功能都必须依靠渠道成员之间的协调和配合才能实现，渠道控制是达到渠道正常运作的必要手段。整个渠道是由所有渠道成员组成的一个系统，只要有某些成员行为失控，采取违背渠道整体利益的行为，渠道的功能就无法顺利完成，渠道目标就无法实现。而适当控制渠道成员的行为，可以充分发挥渠道功能，节约流通成本，增加交易数量和提高企业经济效益。

（2）渠道控制是维持渠道生存和发展的前提。渠道是一个系统，渠道控制是渠道生存和发展的必要前提。渠道一旦失去控制，不仅企业原来所拥有的渠道优势会荡然无存，而且企业本身的生存也会受到严重威胁。三株公司、巨人集团一夜间崩溃就是一个最有力的例证。能对渠道进行有效控制的企业，通常都可以更有效地保护现有市场和开发新市场，保证其成本低于竞争对手，确保企业的生存和可持续发展。

（3）渠道控制是协调内部关系、创造竞争优势的途径。在市场环境多变和竞争激烈的情况下，利用渠道建设来获取竞争优势已经成为越来越多企业的选择。许多企业深刻地体会到，得渠道者得天下，而失渠道者失天下。但是，如果缺乏有效的管理和控制，渠道成员间必然会产生渠道利益冲突，削弱整个渠道的竞争力。相反，如果对渠道能够进行有效的管理和控制，能够合理分配和平衡渠道成员之间的利益关系，就能够减少渠道冲突的发生，即使发生冲突，也能较好地处理和化解冲突，并通过优化渠道关系，维持和创造竞争优势。

3. 渠道控制的特点

由于渠道模式、结构的复杂性，渠道控制所面临的问题具有多样性。在直销渠道或者公司型垂直营销渠道中，渠道控制实际上是组织内部的层级控制问题，具有强制性，可以实行"硬控制"。而渠道控制所面临的主要问题是对中间商渠道的控制，这是一个跨组织的控制问题，具有非强制性，并不能采用基于企业层级体系的控制方法，更多要采用"软控制"的手段。具体地说，中间商渠道控制具有如下特点。

（1）渠道控制的目的不同于一般的控制。对于中间商渠道的控制是对各自独立法人组织的控制。不同的中间商不仅具有独立的法人资格，而且具有不同的企业文化，追求各自不同的利益，会实施不同的战略，自然就会有不同的行为方式。因此，渠道控制的目的并不是限制对方的行为，更不是限制其他渠道成员的发展，而是要建立、发展和维持一种相互依赖、互利互惠的渠道关系。

（2）渠道控制对象具有相互性。渠道成员常常互为控制者与被控制者。某个渠道成员在某一个或几个方面上有较大的发言权，就可能希望在这些方面控制其他成员，但在另外一些缺乏发言权的方面就可能会受到其他渠道成员的控制。传统上，制造商常常拥有对经销商的控制权，但近年来越来越多的制造商却受到了经销商的控制。

（3）渠道控制力源于市场控制力与制度控制力的组合。渠道成员之间的控制既可以利用市场机制来实现，也可以利用组织内的层级制度控制力来实现。一般来说，中间商渠道控制是上述两种控制力的混合。有时组织内的制度控制力较强些，如特许经营渠道中的那样；有时则是市场控制力特别强，如一般的贸易渠道中的那样。

（4）渠道控制在方法上更多的是建立在平等原则上的沟通或影响，而不是建立在层级制度上的命令和指挥。

6.2.2　渠道控制的实质

渠道控制的实质在于争夺渠道权力。最近十几年，中国营销渠道经历了数次根本性的变革，特别是连锁经营业态的迅速兴起，挑战了传统制造商的领导地位，使得制造商与经销商、零售商之间的关系变得更加微妙、复杂，并使得厂、商之间的利益和地位的冲突越发尖锐和突出，这种冲突是利益的冲突，是控制权的争夺。

1. 渠道控制：争夺渠道话语权

在目前市场竞争异常激烈的情况下，厂、商之间始终处于一种"博弈"状态，始终在进行着控制与反控制的争夺。

按照麦克利兰的三重需要理论，厂、商都有"成就的需要、归属的需要和权力的需要"。而渠道控制就是渠道成员之间对渠道话语权的争夺，体现在对利益的争夺和对地位（影响力）的争夺上。换句话说，就是争做渠道领袖。因为渠道领袖除了能够保证本企业的利润外，还能获得很多额外的渠道利益和权利，那是所有渠道成员无不崇尚和向往的。

正因为如此，在中国营销渠道领域出现了"厂家自建渠道"和"商家自营品牌"的现象，这是厂、商"博弈"和希望不受控制的结果。

TCL是自建渠道的先驱，起初只是为了摆脱分销商的要挟和牵制，为了能实现对分销过程的控制，可以说此举达到了前期的目的，但运作起来以后发现，自建渠道的运营费用相当大，人力物力的投入相当高，还要承担复杂而艰巨的销售管理任务，此举使厂家产生得不偿失和力不从心之感。TCL 从 2001 年就着手渠道改革，进行"渠道瘦身"，精简销售管理机构和人员，重视与各地经销商的协作，并且将其销售机构建成一个独立的销售平台，代理销售飞利浦及东芝产品，实现其部分渠道的资源共享，以此渡过了渠道模式难关。格力电器也是自建渠道获得渠道控制权的典型代表。格力电器早期推行"区域股份制销售公司"模式，格力电器自己以产品入股做大股东，将当地经销商作为小股东，共同开发市场，共同受益，有效掌控了当地的销售渠道。"格力-国美冲突"发生以后，为了不受大型家电连锁企业的牵制与约束，也为了弥补与国美"断交"之后的渠道损失，格力电器开始在全国大中城市大规模建立格力电器专营店。这一方面扩张了销售网点，提升了品牌影响力，另一方面加强了格力电器对于零售终端的控制力。近年来，随着电商的普及、新零售的兴起，格力电器除了登陆各大电商平台，"董明珠的店"也横空出世并成为"网红"，董明珠亲自开展直播带货与品牌推广，极大提升了格力电器网店的影响力与控制力。

案例 6-1

格力的"区域股份制销售公司"

格力的"区域股份制销售公司"模式是由格力董事长董明珠创立的一种渠道创新模式。早在 20 世纪 90 年代，董明珠还是武汉地区经理的时候，格力在武汉有三家经销商，经销商之间互相压价、窜货、争抢客户，武汉市场一片混乱，销量上不去业绩也上不去，还受到公司批评。经过调研和冥思苦想，董明珠想出了一个好办法，即由格力出面在武汉成立一家股份制销售公司，把三家经销商纳入作为股东，格力控股，以整合厂家和经销商的力量，统一协调和管理市场。通过董明珠的不懈努力，股份制销售公司成立并运作得很好，格力不但整合了分销商、控制了渠道，还获取了渠道经营利润。这种模式获得成功之后，格力很快在全国市场推广，并最终成为格力独具竞争力的渠道模式。

新营销理论要求企业的营销从以价格为竞争导向向以整个价值链为激励体系转变，价格不再是简单的"成本+利润"的构成方式，而是由"厂方利益+经销商利益+消费者利益+其他利益"构成的价值链所决定的。实际上，格力通过和代理商进行股份合作共同组建分公司，达到了关系紧密化的效果，保证了渠道伙伴的忠诚度；充分利用经销商的资金、网络、人员和管理能力，分享对方的企业资源，实现风险共担，利益共享，建立了信息共享的一体化经营体系；通过合理的价格体系保证了分销网络获得合理的利润而使自己的流通渠道畅通，始终保持着渠道掌控权。格力始终坚持并强化这种渠道模式，维护了自己行业龙头的地位。

资料来源：根据网络资料编写。

另一方面，一些商家（经销商、零售商）则纷纷推出自己的品牌，希望能自给自足，减少或摆脱制造商的品牌控制，但事实证明这只是一厢情愿。商家自己推出的品牌大多成为鸡肋，成不了气候，这是市场经济的必然，因为品牌具有丰富的内涵，品牌的打造需要一个不断投入和刻画的过程，因此并不是想象的那么简单。其实，就是因为在消费者头脑里,它们是商家品牌而非产品品牌。

厂家自建渠道与商家自创品牌都有什么益处与局限呢?在表 6-1 中,我们做一个对比分析。

表 6-1 厂家自建渠道与商家自创品牌的对比

两种方案	益 处	可能的局限
厂家自建渠道	有利于重点开发目标市场 有利于提高目标市场销量 有利于对渠道实施控制	投入成本比较大 增加了管理难度 容易导致渠道冲突
商家自创品牌	有利于丰富自己的产品线 有利于提高销售额 有利于减少对制造商的依赖	使得经营产品杂乱 容易和品牌厂家发生冲突 显得不够专一和专业

案例 6-2

沃尔玛的自创品牌策略

世界连锁零售企业沃尔玛实施的是自创品牌策略。沃尔玛线下主要有沃尔玛购物广场、山姆会员店、沃尔玛商店、沃尔玛社区店四种营业方式,其在全球 27 个国家和地区开设了 10 000 多家大卖场。沃尔玛除了大量代理销售全球各地品牌商品外,在全球有 40 多个自有品牌,在全球范围内已开发超过 19 万种规格的商品。沃尔玛在中国市场也积极开发和推广其自有品牌,推出"质优价更优"的自有品牌商品,覆盖了食品、家居用品、服装、鞋类等主打品类。自有品牌商品的生产厂家都经过严格的审核和产品检测,确保每件商品都拥有领先同类品牌的优良品质;同时,自有品牌商品均由生产厂家直接生产,直接进入沃尔玛超市销售,此举不但减轻了它对各类商品品牌厂家的依赖,还降低了成本,提高了利润水平,使售价比同类商品更具竞争力。

其实,从社会分工的角度来讲,厂家抑或商家为了争夺渠道话语权而"自建渠道"和"自创品牌"都是不太科学的。厂家和商家都应该立足做好自己擅长的事,明确分工,而不是越俎代庖,互相倾轧。厂家重点创新产品和打造品牌,商家重点承担商品的分销工作,通力合作,优势互补,才能够发挥最大的效益,减少资源的浪费。那么,厂家为什么要自建渠道?商家为什么要自创品牌?答案只有一个,就是厂家和商家都不希望受别人控制,都希望获得渠道的话语权,哪怕这会付出不菲的成本。

2. 渠道博弈:实力的较量

流通领域出现的新鲜事也映射出厂、商之间对渠道控制权争夺的尖锐性、复杂化。继山西代理商联合会成立以及广州百龙商贸公司、上海中永通泰家电采购联盟出现之后,国美收购永乐、苏宁洽购大中、沃尔玛控股好又多,都成为渠道控制的热点话题。

此外,一大批行业协会和联盟组织相继成立,它们的特点是以行业、区域或共同地位为特征,结成联盟,资源共享,以对抗另外的联盟或利益集团,并争取在行业或区域的采购优势或有利的谈判地位。应该说,这是渠道制衡的一种有效形式。

当然，"博弈"的过程体现为实力的较量，"博弈"的结果始终以实力说话。想当初，制造商是营销渠道无可争议的中心、主宰，一切分销机构都要依附它才能生存，但随着市场经济向纵深发展，产品过剩，销售困难，终端零售企业蓬勃兴起，挑战并逐渐取代了制造商的中心地位，逐渐成为现代商业的主角，并成就了"终端为王"的时代。

这时的制造商必须调整心态，以适应日新月异的渠道变革，像娃哈哈的"联销体"模式、格力的"区域股份制销售公司"模式、宝洁的"助销"模式、可口可乐的"直营"模式，以及商务通的"区域独家代理"模式，都是有效的渠道控制的创新模式，这些企业都成功地发挥了自身的优势，通过渠道创新，掌握了渠道的主动权。而以卖场、连锁为主要特征的新兴渠道（如沃尔玛、家乐福、联华、华联、国美、苏宁等）则因为拥有庞大的规模、巨大的销售空间、空前的客户群以及高度专业化的服务水平，在现代渠道竞争中处于有利的位置。

3. 渠道纷争：从竞争走向竞合

有人把厂、商关系形象地比喻为"谈恋爱"，其中免不了吵吵闹闹，但恋爱的"最高形式"是"结婚"，这就是一个从竞争到竞合的过程。大凡天下大事，分久必合，合久必分，合才是最高境界。厂、商之间始终存在着利益冲突，任何渠道成员都有控制别人和不受别人控制的欲望，这是不能回避的。但我们能够坐视这种冲突无休止地扩张、升级吗？显然不能。因为冲突本身不能有效解决冲突，合作才是解决冲突的最好形式。这就是宜疏不宜堵的问题。当厂、商发现激烈冲突的结果是两败俱伤毫无益处时，必然会反思过去，进而从相互争斗转向联盟合作。当然，这需要一个认识的过程。

宝洁与沃尔玛也曾经剑拔弩张，谁也不屈服于谁，经过几十年的纷争，双方终于坐到了一起，形成了通力合作的共识，并通过资本的相互渗透（相互持股），把双方的利益、前途捆绑在了一起，真正做到了你中有我，我中有你，真正建立起了"相互依存、共同发展"的战略合作伙伴关系。最终，沃尔玛给予宝洁产品最好、最大的陈列空间，宝洁给予沃尔玛最优惠的价格和促销支持，双方携手共进，产品畅销全球，这样的双赢何乐而不为呢！

厂、商之间从简单走向成熟，从恶性的争斗、对抗走向良性的竞争、合作，应该是现代商业发展的一种潮流，也是解决本土渠道纷争的一条出路。况且，随着资本市场的成熟，国内并购热潮的兴起，这种以资本为纽带的联盟合作已经从可能变为了现实。

反观国内一些中小连锁企业，自高自大，盛气凌人，眼中无视供应商和顾客，甚至对供应商百般盘剥、刁难，从长远发展来讲，这种心态和做法都是极其有害的，它不利于顾客忠诚，更不利于持续发展。所以，为了加快我国商业的发展，呼吁厂、商之间少一些争斗，多一些合作。

相对而言，沃尔玛就比较尊重供应商，注重和供应商建立合作伙伴关系，其管理理念相对人性化，因而获得了广大供应商的认可、信赖和忠诚，这就是沃尔玛之所以成为全球零售业巨头的内在动因。沃尔玛重视内部营销，追求的是员工满意、供应商满意、顾客满意三位一体，那么联盟合作当然是其公司文化的主旋律。

令人欣慰的是，一些具有远见的企业家已经意识到了这一点。曾任苏宁易购集团董事长的张近东接受采访时就曾提出："商界没有永远的敌人，只有永远的利益。企业和企业之间存在的矛盾不过是利益问题。利益建立在相互平等的基础上，如果只顾自己的利益，合作不会长久。我认为厂、商之间要处得好，一定要换位思考，寻找相互都能接受的条件，而不是一味地从自己的角度出发。"

由此可见，"博弈"是厂、商关系的必然现象，而联盟合作则是一种趋势、潮流，它是解决厂、商渠道纷争的最高形式，是厂、商通往共进双赢的必由之路。从理论上讲，随着市场经济的发展，社会分工越来越细，市场对专业化的要求越来越高，企业与企业之间的协作需求会越来越强，而任何企业都只是社会机器的一个部件，只有与别的部件协同起来，才能发挥整体最佳效果。所以，编者也认为，厂、商之间有冲突，也有妥协；有对峙，也有携手。冲突与合作并存，合作才是最终必然，这将是厂、商关系的长期特征。因此，本土企业应该积极调整竞争心态，从竞争走向竞合，去追求市场竞争的最高境界。

案例 6-3

宝洁与沃尔玛：从竞争走向竞合

宝洁和沃尔玛是两家众所周知的实力强大的公司，彼此之间争斗了几十年，最终从竞争走向了合作，获得了双赢的结果。一方面，以往宝洁以其强大的实力控制了与其零售商之间的大部分贸易关系，在零售商采用能收集客户信息的POS系统之前，它们对宝洁的客户数据分配和交易控制不敢有任何争议。另一方面，沃尔玛开始执行向供应商直接订货的政策，取消了所有销售中介的协议，沃尔玛仅仅与愿意投资于其专用的电子数据交换系统并在产品包装上使用条形码的生产企业进行交易活动。沃尔玛凭借其强大的势力，使制造商不得不服从其条件。

在过去的10多年里，宝洁和沃尔玛这两大巨人却建立了牢固的伙伴关系，它们相互持股，利益共享，风险共担，成为制造商与零售商关系的标准，成为渠道冲突处理的典范。这一关系基于双方的依赖度：沃尔玛需要宝洁的品牌，而宝洁需要沃尔玛的客户通路。

现在，宝洁和沃尔玛通过电子数据交换系统连接起来。这一网络系统使宝洁能够监控沃尔玛的存货管理。通过卫星传送，宝洁连续收到来自众多独立的沃尔玛商场销售其各种不同规格产品的即时销量、存货数量和价格信息。这一信息使得宝洁公司可以预测产品的销量，决定货架的空间、需求量并自动传送订单。整个交易循环使用电子信息传输和电子货物传送，由于订单处理周期缩短，沃尔玛在将产品卖给最终消费者之后的结算非常迅速。

这种伙伴关系为客户创造了巨大的价值，客户可以非常容易地以最低的价格得到他们所喜欢的宝洁公司的产品。通过双方的合作，诸如订单的处理、结账等过程中的多余活动得到了简化；销售代表也不再需要经常对商店进行访问；文书工作和出错的概率也大大地减少。即时订货系统使宝洁公司实现按需生产,也减少了存货。此外,沃尔玛也成功地减少了存货和空货架的可能性,为双方避免了销售的损失。

为了分享双方良好的关系所带来的利益,沃尔玛必须充分信任宝洁,让宝洁分享销售和价格信息,并将一部分订单处理和存货管理的控制权授予宝洁;而宝洁也必须充分信任沃尔玛,认同其天天低价的经营哲学,并投资于专门的信息网络。除了关注沃尔玛的订货量,宝洁的销售队伍开始集中力量去寻求如何提高沃尔玛的销售业绩,使双方的利益最大化。

资料来源:根据网络资料编写。

6.3 渠道控制的策略与方法

6.3.1 增强渠道控制力的策略

营销渠道是一个系统,系统是需要控制的。渠道无疆,但控制有方。对营销渠道的控制手段多种多样,根据控制方式的特点,可以将渠道控制方法归结为两类:硬控制和软控制。硬控制就是利用强制性权力的控制,如上下级渠道之间的命令与服从;而软控制是利用非强制性权力实现的控制,如通过掌握渠道产品与品牌、渠道网络及激励资源、渠道服务和"助销"等方式实现对其他渠道成员的控制。谁都想控制渠道,获得渠道话语权,企业可以通过以下方式实施渠道控制。

1. 开发优质畅销产品(品牌),形成渠道控制力

无论是生产企业还是流通企业,只要手上拥有优质畅销的产品和品牌,就掌握了渠道的控制权,这是控制渠道的最有力武器。试想,哪一个卖场没有宝洁或可口可乐的产品,那还叫卖场吗?所以,流通企业要争取抓住一线品牌或重要品牌,而生产企业要力争产品创新和品牌投入,创造一流的产品和品牌,以提升企业产品力和品牌力。这是渠道控制的根本,是一种专家权力的显示,它决定了厂、商之间根本的地位和方向。

2. 提供良好服务,增强渠道感召力

无论对于制造商还是中间商来说,拥有完善的服务体系,能为其他渠道成员或最终消费者提供优质服务,都能产生强大的吸引力和影响力,由此赢得对渠道的控制。服务是产品价值的一部分,良好的服务是让顾客满意,形成顾客信任、偏好和忠诚的必要条件,也是企业持续发展的基础。售前服务集中体现在产品设计中;售中服务是销售过程中与顾客面对面的服务,它直接决定顾客的满意程度;售后服务实现的是顾客购买价值的增值,它是决定顾客忠诚度的主要原因。良好的服务通过口碑传诵,达到一传十、十传百的效果。

据了解,大众汽车在中国销势不减,主要得益于其完善的服务体系和高质量的服务水平。所以,无论对于生产企业还是流通企业,只要拥有良好的服务,都会对上游和下游顾客产生强烈的吸引力和影响力,其实这是一种感召的权力,也是一种渠道控制力。

3. 实施规模经济，掌握渠道主动权

我们说，渠道控制最终取决于企业实力，而规模则成为实力的最重要表征，它包括生产规模（产量）和市场规模（份额）。谁的规模大，谁就拥有渠道发言权；谁的规模大，谁就可以制定和修改游戏规则，这就是渠道新赋予的强制权力。

格兰仕微波炉的产销量曾占中国市场50%以上的份额，占世界市场30%以上的份额，成为微波炉行业名副其实的渠道领袖和价格领导，所以，很多微波炉行业标准和价格水平都是根据格兰仕的制定的，而可口可乐毫无争议地确定了全世界关于"可乐"的各项指标。同样，一个流通企业如果在当地市场拥有一个较大的销量和市场份额，它也可以对生产企业和下游零售商的政策、决策产生强大的影响力，这就是行内"客大欺店""店大欺客"现象所揭示的道理。

4. 推行"助销"制度，实现渠道掌控

"助销"制度是由宝洁率先推行的一种有效的分销管理制度，它是指厂商通过人、财、物、广告、技术等资源的投入，支持中间商发展，是一种完善客户服务、强化市场开发管理的渠道运作理念。它的做法是，向中间商派出专业的销售代表，协助中间商进行营销策划、市场开拓、队伍培训、营业推广以及市场管理，同时提供必要的市场费用支持。

这种策略的高明之处在于，通过帮助中间商，进而影响中间商，达到控制中间商和终端市场的效果。其中最微妙的是，通过输出培训、参与策划以控制理念、策略，实行的是文化控制；"助销"制度的实质是，厂商通过帮助中间商，进而影响中间商，达到控制中间商和终端市场的效果。"助销"制度之所以有效，是因为厂商通过提供培训和参与策划，控制经销商的理念和策略，实现文化和思想上的控制；通过参与市场开发和管理活动，实现管理过程上的控制。这种"助销"制度最早是由宝洁公司创立采用的，随后，娃哈哈、美的和格兰仕等企业也成功地推行了这种办法。

5. 掌握尽可能多的下游中间商控制渠道

目前中国的法律不健全，通过合同契约根本无法约束中间商，通过掌握尽可能多的下游中间商可以获得渠道主动权。因为制造商若想争取主动，必须掌握越来越多的下游中间商，以及未来的可替代该中间商的其他多个中间商，这样当遇到特殊情况时可以对其更换，而不会受其制约。如果掌握下游中间商，若该中间商对制造商的合作与支持达不到要求，由于下游中间商都是该中间商的客户，是该中间商的利润之源，同时制造商又掌握了其他的可替代的中间商，那么从中选择一个可替代的中间商就是一件容易的事情。因此，一方面掌握下游中间商，另一方面掌握可替代的其他中间商，就会形成竞争态势，在渠道管理和控制上占有主动地位。制造商可以去自主地开发掌握下游中间商，从而掌握渠道主动权。

6. 有效利用渠道激励资源，发挥其"杠杆"功能

渠道激励实质上是渠道资源的再分配，因此，渠道激励也是一种渠道权力，而且是

一种很有效的权力。作为渠道权力的一种运用，渠道激励，也称渠道成员激励，就是针对中间商的渠道行为及贡献持续提供一些资源奖励，进而不断地增强和维系双方关系。渠道激励是一项复杂的系统工程，在内容、形式、力度、条件和执行等方面都显示出变动性、灵活性。激励得当，它可以像催化剂一样推动渠道整体良性运行，而如果实施不当，出现激励过度、激励不足或激励失效等问题，它则可能变成渠道发展的阻力，甚至是破坏力。所以，渠道成员，不管是制造商还是中间商，只要拥有渠道激励资源，如授予独家经营权、额外价格优惠或市场推广费用的支持等，也就获得了对于渠道成员的一定程度的控制权。不过当采用激励手段进行控制时，要兼顾个体和全局、现在和将来的利益，同时还要权衡成本和效益的关系。

不管是生产企业还是流通企业，如果拥有这些资源，将获得强大的支配渠道、调节渠道关系的合法权利，这是一种最有效的权力。企业应该合理、有效地使用这些资源，发挥其"杠杆"作用，但切不可滥用这个权力，要兼顾个体和全局，兼顾现在和将来，还要考虑成本和效益因素。除此之外，企业选择直营（自建网络）、特许经营（加盟连锁）、一体化战略、个性化服务以及拓宽产品线、直控重点终端等，都不失为渠道控制的有效形式，企业应该根据自己的战略目标、资源状况、产品特点、竞争态势等做出因地制宜的选择。

6.3.2 提高渠道控制力的方法

渠道由制造商、经销商（批发商）、终端零售商、消费者等构成，在业务运行过程中，厂、商之间始终处于一种博弈状态，争做渠道领袖，争夺渠道控制权。所以，制造商、经销商和零售商都千方百计地运用各种营销策略获得和保持各自的影响力，争夺渠道控制权。

1. 制造商如何提高渠道控制力

一个制造商的影响力可能基于规模经济、高市场份额、品牌忠诚、特许权、拒绝交易权力、销售商关系终结权力、垂直一体化（合并）及销售激励资源等。其中有些方法，如销售商关系终结，是以强制力为基础的；另外一些方法，如特许权，是以合法力为基础的；还有一些方法，如规模经济和高市场份额，是基于经济力。

经济规模影响力是指由于制造商的总体规模而形成的渠道影响力。销售额规模大、市场份额高或资产雄厚的制造商，一般具有很强的讨价还价能力。制造商增强其经济力的方法是找到本公司使用的共同产品，然后集中进行采购。

高品牌忠诚度是制造商的另一个影响力来源。它能鼓励零售商介绍新产品，参加合作广告，给新产品安排适当的展示空间。

通过特许经营，制造商可以保持高影响力。制造商可以提供给特许经营者有利的采购价格、有利的经营店址，也可以谋求中止某种特许权，威胁在一个特许经营者现在的区域内增加新店等。这就把奖赏力、强制力和合法力结合在一起了。

制造商在一定情况下也会拒绝向经销商和零售商供应其产品，控制产品、品牌就是控制了渠道资源，必要时使用限制供货或停止供货的方式获得渠道话语权。

生产者可能因为销售商对顾客服务差、不能实现预期的销售额、存在倒卖行为等结束与它的买卖关系。同特许经营一样，制造商也可以重新建立而不是延续一种销售商关系。

有些制造商和经销商通过垂直一体化来控制营销渠道。制造商也可以威胁采用前向一体化越过经销商。制造商还可以利用直销的方式越过价格离谱的零售商。

制造商还能通过销售激励杠杆获得渠道影响力。当把销售激励直接提供给销售人员时，则会导致制造商直接控制销售商的销售力量。

总结起来，制造商可以通过以下方式和途径提高渠道控制力。

- 提供优质畅销产品。
- 提供良好售后服务。
- 提供营销专业培训。
- 推行"助销制度"。
- 实施规模经济。
- 建立直营网络。
- 开展特许经营。
- 提供个性化服务。
- 采用一体化战略。
- 加强直控重点终端。
- 多条产品线互相牵制（制约作用）。
- 激励措施的有效利用（杠杆原理）。

问题讨论： 制造商还可以通过什么方式获得渠道控制力？

2. 经销商如何提高渠道控制力

通常，经销商可以通过经销代理更多的产品、品牌，或者自己打造一个系列产品品牌，尽可能丰富自己的产品品种、系列、规格、数量，特别在某一类产品方面形成品种、品牌、规格齐全的专业化集中优势，使得大型零售商不能忽视，甚至产生依赖，由此形成专业集中化和规模化优势，增强渠道议价能力。

经销商还可以通过完善自己的下游分销网络，甚至发展由经销商自己发起的自愿连锁店等方式增强其渠道控制力。经销商既可以运用向后一体化越过制造商，也可以运用向前一体化越过零售商。在特定地理区域占很大市场份额的经销商，能够获得较大的渠道影响力。

经销商还可以通过自创品牌获得影响力。不像全国性品牌，顾客只忠于品牌本身；在自创品牌策略中，顾客的忠诚既对品牌，也对经销商。自创品牌策略可以有效改善经销商对厂家的依赖，以及产品方面的被动地位。

经销商还可以从顾客的高忠诚度和拥有顾客群获得影响力。这样的经销商可以从一个供应商向另一个供应商转移销售，可以用来销售其他品牌产品。制造商害怕损失销售额可能不愿意中止与拥有高忠诚度的经销商的关系。

经销商还可以通过加强自己的分销能力，强化自己的分销队伍，完善自己的终端销售网络，以及加强自己的公共关系和融资能力，扩展社会关系网络来增强渠道控制力。

总结起来，经销商可以通过以下方式和途径提高渠道控制力。

- 大批量进货形成规模优势。
- 经营品种、规格多样齐全。
- 拥有自己的品牌产品。
- 发展并维护忠诚顾客群。
- 采用一体化策略。
- 强大的仓储配送能力。
- 快速周转优势。
- 网络完备、分销能力强。
- 有资金实力、经营信誉好。
- 有良好的人脉关系及社会影响力。

问题讨论： 经销商还可以通过什么方式获得渠道控制力？

3. 零售商如何提高渠道控制力

大商场由于提供广泛的选择性和专用商品系列而拥有很高的顾客忠诚度。小商店通过与顾客保持密切的社会关系和提供良好的服务获得顾客的忠诚度。一旦顾客来到店中，零售商就可以利用其高忠诚度使顾客从对一种品牌的偏好转移到另一种品牌上。零售商还是把关人，能拒绝采购特定品牌或类型的产品。

随着连锁店规模的扩大，它们一直努力获取商品陈列货架位置津贴、合作广告金及其他让步条件。小零售商也可以通过零售商拥有的合作系统扩展其渠道影响力。对货架位置的竞争非常激烈，以至于许多零售商能在自己的要求上获得满意的答复。零售商还可以通过集中采购增强其渠道影响力。集中采购通过增大订购量和得到数量折扣优惠可以增强零售商讨价还价的能力。

采用自创品牌是零售商控制渠道的一种理想方法。与全国性品牌不同，自创品牌能带来对零售商的忠诚度。如同经销商的自创品牌策略一样，零售商的自创品牌策略在下列场合作为一种渠道影响力手段特别有效：自创品牌很著名而被消费者视作具有很高的价值，以及零售店占一个供应商全部业务的大部分份额。

在同全国性品牌对抗销售中，零售商特意向全国性品牌收取高价以鼓励消费者购买自创品牌商品。零售商经常在其广告中进行特别价格比较，表示自创品牌提供更有价值的产品。在某些情况下，这些广告把全国性品牌宣传为远高于市场价格的产品。

许多零售商想推动制造商供应给它们专用商品，专用商品可减少价格竞争，创造兴奋点，以及提高商店业务量。

进场费、货架堆头费、陈列费和促销费等对谋求新产品销售的卖主来讲都意味着高价值的货架空间。零售商可以利用这些费用，作为合理利用稀缺的零售货架空间的手段。

通过零售商行业协会也可以增强零售商的渠道影响力。这些协会可以采取联合行动，以团体请愿及代表成员游说等方式提高零售商的渠道影响力。一些研究表明，行业协会的力量同成员成分的同类性相关，拥有同类会员的行业协会能够更有力、更好地维护会员的利益。

总结起来，零售商可以通过以下方式和途径提高渠道控制力。

- 大量订货、集中采购。
- 高市场份额、强大的议价能力。
- 先进的销售管理、物流配送技术。
- 大的销售空间和经营场所。
- 拥有大批忠诚、稳定的顾客。
- 专有零售和客户管理技术。
- 收取进场费、陈列费及其他费用。
- 增强商家品牌和自创品牌的影响力。
- 用了解顾客需求上的优势发展强有力的零售商行业协会。

问题讨论：零售商还可以通过什么方式获得渠道控制力？

6.4 应收账款的过程控制

渠道账款问题是让很多企业头痛不已的问题，无数企业因资金链断裂而消亡。特别是中小企业销售困难，为了生存竞相赊销，造成渠道环节应收账款拖欠严重，甚至引发整体市场信用下降。行内有句话："不赊销等死，赊销找死。"在这种情况下，是要销量还是要安全感？很多企业选择销量，甘愿冒应收账款之风险，因此陷入应收账款的泥潭。然而，这只是问题的一个方面，企业应收账款拖欠严重，甚至呆账坏账时常发生的更主要原因在于企业的销售管理，很多应收账款问题的存在是企业的销售政策偏离和过程管理的懈怠、疏漏造成的。但不少企业把应收账款管理当作一种事后行为，等到呆账坏账发生了才去想办法催收，为时晚矣！

6.4.1 赊销现象

1. 何谓赊销

所谓赊销，就是企业允许经销单位不交现款就提货销售并约定还款时间的经营行为。赊销大多发生在不具有强势产品力、品牌力的中小企业或新企业的身上，这些企业由于在规模、产品、技术、网络以及品牌等方面不具有优势，对经销商难以形成足够的吸引力，在渠道中处于弱势地位，不能完全实现"现款现货"。为了生存和发展，很多企业就采取了"先市场后利润"的经营策略，进行不同程度的冒险赊销。对于这些企业来说，赊销是一件很无奈、很心酸的事情，甚至成为它们心中永远的痛，因为赊销就意味着存在应收账款，就可能出现呆账坏账，弄得不好，会给企业造成沉重负担，甚至会带来灾难。赊销对企业来讲无疑是一把双刃剑：企业通过适当赊销可以扩大销路、提高市场占有率，而不良赊销会造成企业资金不足、周转困难以及实际利润降低，严重制约和威胁着企业的正常发展。20世纪90年代之后，赊销行为在我国流通领域非常普遍，"三角债"曾经成为一种非常严重的社会现象，不少企业被赊销拖垮。时至今日，信用制度已逐步完善，营商环境也不断优化，但如何更有效地解决这一问题仍值得我们深入探索。

2. 赊销的危害

赊销使经销商心理上没有负担，没有压力，感觉是不花钱的东西，能卖一点就赚一点，一点不卖也没有关系。没有付现钱，又可以退货，他就没有销售压力，就不会去关心产品的前途，更谈不上主动推销了。相反，赊销会让厂家十分被动。第一批货下去了，紧接着就会有第二批，即所谓的一批压一批。当需要整顿市场时，厂家往往会因为有一批货的货款压在别人那里而投鼠忌器，只好采取迁就忍让的态度。这样一来，管理便没有了力度，被经销商"牵着鼻子走"，显得很被动，从而丧失市场开发的主导权。

在业务操作过程中，往往赊货时什么都好说，收账时客户不爽快，会以种种理由拒付货款，这是商人通常的一种心态，有的甚至以毁坏产品声誉相要挟，会产生一系列的麻烦。不收就会造成资金沉淀，强收还会引发渠道纠纷，企业左右为难。所以，无序赊销最终会拖累公司，输掉企业的产品质量、有效的市场管理和客户关系，也给双方带来伤害，同时，赊销必将提高成本，影响企业或产品的市场竞争力。

对于厂家来说，一旦赊销，随之会带来资金利息、收账费用、坏账准备金等成本的大幅度上升。这部分成本必然要计入产品成本中，致使产品卖价提高，降低竞争力。若这部分成本不计入产品成本，又会影响企业经营利润，从而影响企业的可持续发展，削弱企业竞争力。赊销还会迅速加大经营风险，因为赊销引起应收账款的增加，会使企业资金周转不灵，制约了企业发展，企业被迫赊欠供应商货款，造成恶性循环，从而使原料质量无法保证，生产成本不断上升，严重者最终导致企业倒闭，赊销形成的呆账、坏账甚至会直接导致厂家破产。

问题讨论：企业不赊销行吗？有什么办法解决赊销问题？

6.4.2 应收账款问题

1. 何谓应收账款

所谓应收账款，顾名思义就是企业销售产品以后按理应该收回，但还没有实际收回的销售账款。一般超过应收日期6个月以上不能收回就会被视为呆账、坏账纳入处理程序，最后因对方企业倒闭、恶意拖欠等原因造成的企业实际无法收回的账款，叫作呆账坏账。应收账款从理论上视为可回收货款，从财务上计入企业的流动资产。应收账款过多就会使企业现金流不足，重则造成企业资金链断裂而出现严重经营风险。应收账款如果不能及时催收，超过一段时间就会转变为呆账坏账，给企业带来严重的经济损失。

2. 应收账款的成因

长城不是一天建成的，企业应收账款问题也并非一朝形成。有人说现款现货或者说先款后货，是避免推销过程应收账款产生的最好办法，没错。但是，在如今的买方市场条件下，现款现货或者先款后货政策较难执行。市场上存在着众多竞争对手，你不允许赊购，而别的企业允许，你的竞争对手就会因此而抢走你的客户。在我国消费品行业，赊销甚至已成风气，不赊销就没法销售，所以，赊销现象的普遍存在是应收账款产生的最主要原因。

当然，在推销过程中，其他因素也会导致应收账款的发生，总结起来有以下几个方面。

（1）公司销售政策方面。公司如果采用单纯的销量导向，单纯以销量考核业务员并计算报酬，业务员为了完成销量任务不得不冒险赊销，有时甚至是明知故犯。

（2）业务员主观心态方面。有的业务员具有消极心态，由于没有认识到应收账款的危害，对账款回收问题采取无所谓的态度，在销售活动中容易出现疏忽、松懈，导致把关不严。

（3）公司销售管理方面。这表现为公司销售管理环节松懈，制度不严或者主管管理不力，比如在发货管理和信用审批发放环节出现了漏洞，或因客户流失及客户人员异动导致账款回收出现问题。

（4）业务员专业知识方面。由于很多新业务员缺少警惕性，欠缺销售方面的知识和经验，只知道发货不知道收款，容易轻信客户的承诺而误入陷阱。特别是新业务员的畏惧心理会造成应收账款出现问题。

（5）客户方面。部分客户因经营道德水平低下，出现恶意拖欠的不道德商业行为，这类客户从一开始就没有打算回款，他们的经营目的就是"滚款"。有的因为对企业的政策有所不满，就以拖延货款来报复。另一些客户则因为自己经营不善而无法偿还，或者希望通过拖欠货款来获取经营资金，这在中国较常见。

所以，根据对应收账款成因的分析我们发现：推销员必须尽可能现款交易，因为收不回资金的销售比没有销售更糟糕；要账比销售更困难，与其将大量的时间和精力花费在要账上，不如用这些时间去开发更多更好的客户；企业现金流才是根本，宁可失去这笔生意，也不抱着侥幸心理冒险赊销；客户尊重做事专业而且严谨的企业，在账款问题上的妥协不可能换来客户的友情，也不可能换来客户对你的尊重。

6.4.3 应收账款的危害

应收账款只是账面销售、账面利润，一旦应收账款成为呆账坏账，是需要企业用其他盈利来冲抵的。不良账款吞噬销售额、侵蚀企业利润。为压缩成本，增加利润，企业必须控制赊销账款。应收账款问题使企业的渠道运营成本增加，主要表现在以下几个方面。

（1）费用支出增加，表现为税金、账款管理成本、讨债费用等，当然最重要的是财务费用和税金。客户欠着你的钱，你还得替这笔钱支付利息和税金。

（2）导致周转不良，如应收账款的增加会使企业的产品转化为现金的时间拉长、不良资产增加、使企业的流动资金不足。应收账款的增加会使资金停止循环，就如同血液停止循环。

（3）呆账坏账损失。不是所有的账款都能收回来，如果应收账款变成了呆账坏账，造成直接经济损失，后果更加难以弥补。

（4）市场运作困难。如果被不良客户和已发生的账款牵制，要账也不是，不要账也不是，还不能停止供货，结果是应收账款越积越多，企业越陷越深，形成恶性循环。

（5）精力、心理上的危害，如许多企业为要账问题所累，明明是别人欠你的钱，而你却要为之支付利息、税金，想要回自己的钱，还要付出应酬费，耗费精力和财力。

所以，作为一种投资，赊销如果控制得好可以提升销售业绩，提升竞争力，增加经营利润。但如果管理不当，则会陷入应收账款泥潭，造成经营被动，失去市场竞争力。应收账款甚至要以10倍、20倍的销售额来弥补，呆账坏账犹如洪水猛兽侵蚀着企业的利润！

6.4.4 应收账款的风险防范

1. 销售政策的制定是控制、防范应收账款风险的关键

销售管理政策制定的取向左右着应收账款问题的发展方向。企业在制定销售政策时必然要做出一个选择，是以"业绩"为中心还是以"利润"为中心，这是政策制定的指挥棒、灵魂。换句话说，是采用销量取向，还是利润取向（安全性取向）？

在目前销售举步维艰的情况下，企业大多采用销量取向，对职业经理、业务人员的业绩考核偏重销量增长，奖金、提成甚至市场费用的拨付主要倚重销量指标，无视应收账款、退货、过渡费用等风险因素，这无形中给职业经理和业务人员一种误导，即只要销量（业绩）上去了，其他都无所谓。"先完成销量再说，管它应收不应收，管它呆账还是坏账，反正不是我的钱"——这就是典型的"打工心态"，这种可怕的短视行为对企业的危害是非常大的。

这时的业务人员也许全然没有了对货款的责任感和风险意识，为了自身的眼前利益可以置货款风险于不顾，甚至可能瞒天过海，以致造成不可挽救的呆账坏账损失。当然，这里有业务人员的职业道德问题，但更主要的是管理问题，是不正确的政策取向误导了业务人员的行为，企业决策者有责任，应该自我检讨和及时调整。

实践证明，单纯的销量取向或者单纯的利润取向都是不科学的。单纯的销量取向容易导致应收失控和市场质量下降；单纯的利润取向又容易导致企业经营的保守和市场份

额的萎缩。所以，正确的政策取向应该是综合取向，它兼顾销量和利润，或者说，它应该兼顾市场的数量和质量，"区域利润中心"的模式可以作为借鉴。

2. 应收账款的风险防范必须抓住几个要点

（1）狠抓培训，灌输应收账款风险意识。事实上，业务人员大多对应收账款问题的危害性认识不足，对自己销售行为的可能后果认识不足，对客户可能的手段计谋认识不足，于是有意无意之中就会犯下无法弥补的错误。这就需要企业加强内部培训，让员工认识到应收账款问题可能带来的极端危害性，认识到自己肩负的责任，以提高应收账款的风险防范意识。实践证明，这种培训是非常有效的，它能起到事半功倍的效果。

（2）明确有关责任，任务落实到人。渠道是由业务员开拓的，有效的应收账款管理，最终往往要落到业务员身上，用一句话来概括，就是谁发出的货谁负责收回货款。然而，在现实中，业务员通常较重视销售绩效，片面追求销售额，造成了盲目赊销，对货款缺乏理性管理，造成了不必要的损失。要知道，销货机会的丧失只不过是潜在利益未能获得，但是一旦发生坏账，就连生产制造产品的成本与分摊的营销费用也一并损失掉了。所以，企业应督促业务员对其业务状况随时进行分析、总结、管理，减少坏账发生的可能性。

（3）制定政策，加强内部协作管理。在传统的企业内部，信息传递结构是金字塔型的，如：上级对下级下达命令，下级将信息反馈到上级，同级之间的信息沟通往往由于企业金字塔型的企业组织结构产生了信息传递缓慢、信息更新周期长等弊病，造成内部互相推卸责任、互不通气等现象，影响账款催收。销售业务部门只管销售，不管回笼资金，讨债是财务部门的事情；财务部门只管记账，不管报账，应收账款余额高低与自己无关。针对这种情况，监督部门在制定信用额度、赊销数量时，应和财务人员及一线的业务人员进行充分的讨论和协商。对一些前款不清、业务人员连续发货的行为，要及时解决。要推动不同部门工作人员的联系，克服由于员工处于不同部门而缺乏沟通的弊病，最好成立专门的信用管理部门协调管理。

（4）严格落实审批制度，把好信用控制关。销售过程大大小小的审批环节，实在是产生应收账款的最大缺口。包括开户审核（资信评估）、合同条款审核、赊销申请、信用额度与信用期限申请，以及条件外的发货控制等，这些都是产生应收账款的直接原因，企业应该制定规范严格的销售管理制度和申请审批流程，特别对于赊销、授信、条件外发货更应严格控制，对此，最好设立销售部门主管和财务部门主管两道审批关口，实行双重把关，以避免某些个人因素对结果的影响。销售部门主管从市场开发、市场竞争的角度权衡业绩与风险并做出判断，财务部门则从资产存量、流量以及客户的资信情况去判定其风险与价值系数，也可以将最后的决定权交给营销副总经理或总经理。总之，就是要实行多方控制，才能做到科学把关。其中也许会出现因为角度不同产生的销售部门与财务部门的意见分歧甚至矛盾，这就需要上级主管出面沟通协调，必要时将使用权威，但它要求最高主管掌握客观、公正、全局、发展的原则。为了做好这项工作，有的企业设立专门的信用管理部门，赋予专门的权力，对企业信用实行专项控制。

（5）搞好发货控制，掌握赊销执行的频率。这里的发货控制不是指正常的发货品种、数量和频率的控制，而主要指条件外的发货，也就是超出合同或规定条款的放货。原则上，超出条件不能再发货，不能相信客户的口头承诺，不能轻信客户念的"苦经"，否则，公司会越陷越深，企业被越套越牢。有的销售经理心存侥幸，碍于面子，结果吃了大亏。也许业务员、销售经理都是因为怕断货，只考虑业绩而中了对方的圈套，其实对方一样怕断货，断货会遭下游客户责难，所以我们要敢于断货。在这个问题上，我们应当相信自己，不要犯轻信的错误。市场经济更多的是相信"利益"，而不相信"眼泪"。当然，并不是所有的客户都不值得信任，在销售旺季时企业也常常放货给信誉好的客户以冲量，不过，别忘了旺季结束及时收款。此外，在信用额度、频度、期限的控制上也要讲究方式方法。信用额度实施总额控制，最好是在预期总额（预期销售额 × 信用比例）基础上以实际销售额按一定比例计算，以免客户夸大预期销售套取大额信用。信用频度同样以实际销售按信用比例分批发放信用额，避免一次或提前发放到位后销售出现变故。信用期限实行超期严格催收，否则果断断货。

（6）库存管理有学问，积极疏导客户库存。其实，库存管理不当，滞销产品大量积压在客户仓库里，往往是客户拖欠货款的一大原因。试想，货没销出去，客户怎么肯给钱呢？所以说，要使得收款顺利，必先做好库存的管理工作。首先，要争取下单的准确性，多发畅销产品，少发滞销产品，保证货流畅通。其次，要力争库存产品结构、数量的合理性，以减少不合理的渠道库存压力。在产品结构和数量上实行优化策略，保障优势畅销产品的库存数量，同时下决心淘汰滞销产品，切忌贪大求全、眉毛胡子一把抓的"全品项分销"行为，否则，收获的将是没完没了的退货和投诉。最后，要加强库存的跟踪管理，利用调货、退货、打折、促销等手段，及时帮助客户解决诸如积压、滞销、过时和临期的产品，以扫清货款回收障碍。

（7）了解客户的结算习惯，提高收款成功率。如果企业没有抓住客户的结算规律和各种周期，企业的应收账款回笼计划就会十分被动，因为客户的结算周期往往与你的预期是相冲突的。企业的业务员每次去客户处收款，总是"不巧"，客户经销商账上的钱刚好被别的公司拿走了。解决策略有以下几种。

1）尽可能地全面了解经销客户的经营状况、进货周期、结账周期。特别关键的是，你要争取比其他企业领先一步拿到应收的账款。因为大多数客户的资金周转都不会十分宽松，别的企业挤进"头班车"，你就只能等"末班车"了。

2）以诚待人。不要为了讨债而去收款，而是协助客户一起去经营好其货款，这才是降低企业呆账坏账的根本所在。纯粹的讨债者是不可能与商人合作成功的。

3）信守诺言，养成"说到做到"的好习惯。在与客户平时的交往中，就立下规矩："我决不食言，你也应说话算数。"虽然开始时，动机不一定完全是为了货款，但当真正涉及收款时，这对客户就是一种无形的压力。反之，如果企业自己经常食言，那么别人也会这样对待自己。

4）在平时就多关心客户，不要等到收款时才想起他们。例如，在每次账款周期到来之前，帮助客户去回收几笔他的应收款，会对企业自身的收款工作带来积极的作用。

5）与客户的财务人员保持良好关系，虽然他们对产品销量没有直接贡献，但如果你能够像关注客户的业务经理那样，也经常想到他们的财务主管，其效果往往在关键的时刻就能呈现出来。

（8）新客户交易额不能太大，并要求第三方担保。对新客户或没有把握的老客户，无论是代销或赊销，交易的金额都不宜过大。宁可自己多跑几趟路，多结几次账，多磨几次嘴皮，也不能图方便省事，把大批货物交给对方代销或赊销。须知欠款越多越难收回，这一点非常重要。很多销售人员都有这样的经验：有些新客户，一开口就要大量进货，并且不问质量，不问价格，不提任何附加条件，对卖方提出的所有要求都满口应承，这样的客户风险最大。

企业可以要求客户在发生应收款之前，寻找第三方（或上级单位）担保，其担保书最好能伴以相应的公证手续。这样做，在未来发生货款纠纷时，你至少还能找到一位相应的相关债权人，以减少呆账坏账的可能性，同时，这对客户本身来说也是一种信用约束。

（9）随时关注客户的信用变化，提高应变能力。通过分析能反映客户信用状况的所有资料，包括近期财务报告、银行信用等级、销售数据材料、付款历史等信息，对已发生的应收账款实施监控，同时关注客户经营情况变化，一有风吹草动，立即采取行动。企业应设置信用审核员对每张订单进行审核，看其欠款期限、支付方式等是否符合规定。如有异常，立即采取措施。财务人员要准确记录每一笔业务账款，采用客户账龄分析表来分析账款情况（见表 6-2）。

表 6-2 客户账龄分析表

客户名称	金额	1～30 天	31～60 天	61～90 天	91 天及以上

_____年_____月_____日

（10）跟进市场管理，为客户也为自己。帮助分销商销货，其实也是应收账款管理工作的一部分，正所谓"工夫在诗外"。业务员积极协助客户解决市场问题，包括窜货、乱价、投诉等，理顺分销结构和价格层次，维护渠道的持续健康发展，使得货畅其流，这就是业界流行的"助销"模式。客户销售顺畅，利润滚滚而来，这时就算你不收货款客户都催你收了。当然，"助销"模式还包含理念培训、推广筹划、客户关系、费用支持等多方面的内容，它是企业综合销售管理能力的集中体现。"助销"模式贯彻执行得越好，对企业回收货款就越有利。

6.4.5 应收账款的催收

应收账款的催收是一项艰苦而富于挑战性的工作。业务员首先要树立良好的收款心态。因为应收账款的形成有客观因素，也有主观因素。有的应收账款是业务员的胆怯、软弱和碍于情面造成的。客户是利用我公司品牌赚钱的，赚钱之后支付货款是天经地义的，我们催收货款也是理所当然的，不要感到不忍心，不要碍于情面，没有什么难为情的。其次要掌握适当的收款方法。收款是一门学问，光有胆量还不行，还必须讲究方式方法。一旦应收账款形成，必须坚决催收，形成习惯，必要时利用法律武器，坚决打击和威慑。

1. 收款策略事项

（1）账款发生后，要立即催收。据英国销售专家波特·爱德华的研究，赊销期在60天之内，要回的可能性为100%；在100天之内，要回的可能性为80%；在180天内，要回的可能性为50%；超过12个月，要回的可能性为10%。另据国外专门负责收款的机构的研究表明，账款逾期时间与平均收款成功率成反比。账款逾期6个月以内应是最佳收款时机。如果欠款拖至一年以上，收款成功率仅为26.6%，超过两年，收款成功率则只有13.6%。

（2）对那些不会爽快付款的客户，经常催收。如果业务员要账时太容易被打发，客户就不会将还款放在心上，他会觉得这笔款对你来说不重要，能拖就多拖几天吧。业务员经常要账会使得客户很难再找到拖欠的理由，不得不偿还账款。

（3）对有信誉、只是一时周转不灵的客户，适当给予延期。诚信催收，并尽可能帮他出谋划策，帮他联系业务等，以诚心和服务打动客户，达到收回账款的目的。要注意在收款完毕后再谈新的生意，这样，生意谈起来也就比较顺利。

（4）对于支付货款不干脆的客户，提前催收。如果只是在约定的收款日期前往，一般情况下是收不到货款的，必须在事前就催收。事前上门催收时要确认对方所欠金额，并告诉他下次收款日一定准时前来，请他事先准备好这些款项。这样做，一定比收款日当天来催讨要有效得多。

（5）对于付款情况不佳的客户，直截了当催收。一碰面不必跟他寒暄太久，应直截了当地告诉他你来的目的就是专程收款。如果收款人员吞吞吐吐、羞羞答答，反而会使对方在精神上处于主动地位，有充分的时间做好如何应对的思想准备。

（6）为预防客户拖欠货款，应明确付款条款。在交易当时就要规定清楚交易条件，尤其是对收款日期要做没有任何弹性的规定。例如，有的代销合同或收据上写着"售完后付款"，只要客户还有一件货没有卖完，就可以名正言顺地不付货款；还有的合同或收据上写着"10月以后付款"，这样的模糊规定今后也容易扯皮。双方的约定必须使用书面形式（合同、契约、收据等），并加盖客户单位的合同专用章。

（7）到了合同规定的收款日，上门的时间一定要提早。否则客户有时还会"反咬一口"，说他等了你很久，你没有来，他要去做其他更要紧的事了，此时你就无话可说。登门催款时，不要看到客户处有另外的客人就走开，一定要说明来意，专门在旁边等候，这本身就是一种很有效的催款方式。因为客户不希望他的客人看到他的债主登门，这样做会搞砸他别的生意，或者让他在亲朋好友面前没有面子。在这种情况下，只要所欠不多，他一般会赶快还款。

（8）发现情况不对，立即迫使其还款。如果客户一见面就开始讨好你，或请你稍等一下，他马上去某处取钱还你（对方说去某处取钱，这个钱十有八九是取不回来的，并且对方还会有"最充分"的理由，满嘴的"对不住"），这时，一定要揭穿对方的"把戏"，根据当时的具体情况，采取实质性的措施，迫其还款。

（9）如果收到的货款与约定有出入，需马上纠正，而不是等待对方说明。如果你的运气好，在一个付款情况不好的客户处出乎意料地收到很多货款时，就要及早离开，以免他觉得心疼。

（10）在催讨欠款时要发挥"缠"的功夫，不能轻言放弃，步步紧逼，不达目的不罢休，也不能相信客户的"苦经"，不能客户一诉苦就心软，可以调动群体的力量帮助催收。比如，可考虑从客户的家人、同学、朋友入手开展公关，形成压力催收。

2. 催收方法要领

对于应收账款的催收，做过销售业务的人员都会有心得，特别是在发展中国家市场做销售，因为经营环境的复杂性，企业间信用度很低，货款拖欠严重，应收账款的催收成为考验企业经营和业务人员能力的一大难题。编者根据在企业催收账款的实战经验和心得体会，总结出十条催收货款的有效办法，姑且作为"锦囊"奉献给大家参考。

（1）了解客户的结算周期及时催收。要知道客户结算的规律，了解客户账户上什么时候有钱，有的放矢，提高收款效率。

（2）利用第三方施加压力催收。坐在老总办公室，尽量找机会跟老板的客人和员工聊天说明收款来意，声音越大越好，给老板施加心理压力，有助于催收。

（3）做好前期准备工作提前催收。包括与仓库和财务对账、开好发票、结清费用和做一些相关部门、人员的公关工作，到收款时老板找不到什么理由拒绝。

（4）不要怕催款会失去客户。有的业务员怕催收货款影响客情关系，实际上，通过催收，加强业务交流和感情交流，直截了当地解决问题，形成良好习惯，对业务开展和客情关系还有好处，权当是创造与客户沟通的机会。

（5）可化整为零、高频次小金额催收。有的客户因为经营不良，资金周转困难，不能一次付清，这时可以一次收一点，别指望一次收齐，别拒绝小金额回款。

（6）必要时敢于断货逼对方付款。如果经销商总是拖欠货款不还，厂家可以采用断货的策略。厂家怕断货，怕影响销量，经销商经常利用这种心理在旺季欠款，其实，商家更怕断货，这样不但影响销量和利润，还要承担来自大型零售商的断货罚款。

（7）必要时找对方上级领导。收款时，业务员有时会受到对方基层办事人员的刁难，如果对方太过分，我们又在理，不妨直接找对方上级领导说说（如在一些大型零售企业可找财务总监），也许会收到很好的效果，下次就不敢再刁难了。

（8）必要时以货抵债或退货调货。如果发现你的客户经营不善，面临倒闭的风险，在了解其经营状况后，当其提出采取以货抵债或退货调货措施以减少损失时，千万别拒绝。

（9）如果经过多次催讨，对方还是拖拖拉拉不肯还款，千万不能放弃。要开动脑筋，采用一些非常规的合法手法灵活催收；或者在得知对方手头有现金或对方账户刚好进了一笔款项时，就立刻赶去，逮个正着。

（10）必要时提出诉讼或追债威胁。如果对方实在是恶意赖账，首先要表明态度，强调诉讼或追债的决心，逼对方就范。实际上，每个公司都不希望卷入官司，可以先请律师发律师函或委托追债公司通知对方，先礼后兵，必要时提起诉讼或委托合法的追债公司追债。

当然，仁者见仁，智者见智，每一个企业、每一位业务人员都要根据自己的实际情况，采用不同的收款方法，最终把账款收回来才是硬道理。

专题六

渠道"助销模式"

"助销模式"是宝洁公司率先提出来并有效践行的一种销售管理模式，该模式属于旨在通过人、财、物、技术、管理资源的投入，帮助经销商发展生意、拓展业务、管理市场的一种渠道运作理念和销售管理模式。

1．"助销模式"的内涵

"助销模式"是宝洁公司的"秘密武器"，它的指导思想是"帮助经销商发展生意"。

"经销商即办事处"是宝洁公司的一句口号，但这不是一句普通的口号，它是宝洁公司对助销理念通俗化、形象化的理解。它意味着宝洁公司的一切市场营销、管理工作均以经销商为中心；一切终端铺货、陈列等工作必须借助经销商的力量。它更意味着宝洁公司在视经销商为密切合作伙伴的同时，也视之为公司的下属分销机构，通过实施"助销模式"，终端市场实际上掌握在宝洁公司的手中。

全面支持、管理、指导并控制经销商是宝洁公司助销理念的核心。在支持经销商专营小组管理和大卖场陈列费用的背后，是宝洁公司各管理部门之间严谨的分工合作。宝洁公司八大核心管理部门中，就有销售部、市场部、市场研究部、人力资源部四个部门与经销商终端联络极其密切。特别是市场部，是宝洁公司营销的灵魂，各种渠道推广方案的制订，各种陈列费、促销费的分配均由该部门负责。在助销理念的指导下，制定经销商支援、渠道奖励、陈列奖励等各项政策，厂家代表通过全面控制经销商下属的宝洁产品专营队伍，高效执行各种销售方案，以实现营销渠道网络的最大化覆盖、最佳销售陈列效果。总之，通过组建宝洁产品专营小组，宝洁公司基本上掌控了渠道及终端销售网络，实现了对渠道的"软控制"。

作为一种渠道运作理念，它体现了宝洁"一切以消费者为中心"，帮助客户成长的营销战略思想，希望通过完善销售过程的服务，建立伙伴型厂、商关系，提高客户关系管理水平。作为一种销售管理模式，它体现了宝洁把经销商当作自己销售队伍的一种延伸，作为自己分销战略的一个重要组成部分，希望通过输出管理、输出人才以帮助经销商提高分销效率，增强竞争力，同时掌控整个市场。由此，宝洁干脆把自己的"销售部"改名为"客户生意发展部"，以表明宝洁帮助客户成长的决心。

2. 宝洁"助销模式"是一种服务型模式

宝洁提出了"经销商即办事处"的口号，将自己的办事处建立在经销商公司内部，以缩短和经销商之间的距离，加强沟通与协作，提高服务和管理效率。全面支持、管理、指导并协助经销商，是宝洁公司"助销模式"的基本内容，其服务特性体现在以下几个方面。

（1）协助经销商进行市场开发。包括开发新的网点，寻找新的客户，特殊通路的开发，重点零售终端的进入和谈判，客户拜访，铺市陈列，促销等。

（2）协助经销商进行营销策划。包括市场的整体规划、产品价格的定位、通路层次的划分、价格策略的制定和实施、促销活动的策划和开展，品牌的推广，品类管理等。

（3）协助经销商进行队伍建设。包括销售人员的招聘、培训、工作分工、目标确定、过程管理、绩效考核、薪资激励、团队建设等。

（4）协助经销商进行市场管理。包括价格维护，区域划分，冲货问题，应收账款，顾客投诉，费用控制等，还包括铺市、理货、促销的过程监督管理。

（5）为经销商提供必要的市场支持。包括提供质优畅销产品，提供人员支持，提供通路费用支持，提供广告促销活动支持等。

（6）加强双向沟通，增进厂、商客情。销售代表应在政策允许的范围内为经销商谋利益，他们是厂、商之间联系的桥梁和纽带，需要加强沟通，减少误解和摩擦。沟通可以增进客情，提高渠道管理的效率。

但我们在实施"助销模式"的过程中，必须避免一种误区：包办和依赖。厂家的职责是帮助经销商提升和发展，要注意培养经销商的理念和锻炼经销商的队伍，这是"助销"的实质，切忌越俎代庖，为经销商包打天下，否则就失去了"助销"的意义。经销商也不能过分依赖厂家的支持和参与，必须不断增强自己的市场竞争力和管理力。

3. 宝洁"助销模式"更是一种控制型模式

宝洁公司每开发一个新城市市场，原则上只找一家经销商，派驻一位厂家代表。该厂家代表的办公场地就设在经销商的营业处，肩负全面开发管理该区域市场的任务，其核心职责是管理经销商及经销商下属的销售队伍，以达到开发和控制整个区域市场的目的。

宝洁公司要求经销商组建宝洁产品专营小组，由厂家代表负责该小组的日常管理。专营小组构成一般不超过10人，具体可分为针对大中型重点零售店（KA）、批发市场、深度分销三个销售小组。每个销售人员在给定的目标区域、目标客户范围内，运用"路线访销法"开展订货、收款、陈列、POP张贴等系列销售活动。厂家代表必须协同专营小组成员拜访客户，不断进行实地指导和培训，同时，为了确保厂家代表对专营小组成员的有效控制，专营小组成员的工资、奖金、差旅费、福利费等全部由宝洁公司负责发放。厂家代表依据销售人员的业绩，以及协同拜访和市场抽查的结果，确定小组成员的奖金额。宝洁还要求经销商配备专职文员以及专职仓库管理人员，工资、奖金及福利仍由宝洁公司承担。通过组建宝洁产品专营小组，宝洁公司基本掌控了终端网络。

宝洁公司通过协助经销商制订各种营销方案，提供专业的销售培训，提供市场费用支持等手段，以实现最佳的铺市陈列、最大的销量和网络覆盖。通过厂家代表、专营小组的共同努力，宝洁将其控制市场的无形之手延伸到了零售终端，牢牢控制了经销商，控制了整个市场。可以说，宝洁是通过控制策略、控制过程、控制终端而控制了经销商，通过"帮助经销商—影响经销商—控制经销商"而掌控了整个市场。这时的厂家代表扮演的则是"特派员""市场总监"的角色。因此，我们说，宝洁的"助销模式"更是一种控制型模式。其控制的实质体现在以下几个方面。

（1）宝洁通过输出优质产品和服务实现基本控制。产品和品牌是厂家渠道控制力的根本要素，向经销商提供富有影响力的品牌和优质畅销的产品，是实施渠道控制的最基本形式，宝洁通过打造强有力的品牌，通过研发多个系列适销对路的产品牢牢地控制着渠道，控制着经销商和消费者，同时，宝洁通过"助销"为经销商提供增值服务，为经销商直接创造效益，增进了客情，把厂家与经销商的利益紧紧地联系在一起，相互依存，实现了共赢，同时达到了无形且有效的控制。

（2）宝洁通过参与营销策划和队伍建设实施理念与文化的控制。中国市场发育较晚，大多数经销商半路出家，且文化素质不高，缺乏营销及管理的专业知识，因而最需要也最喜欢厂家提供的人员培训、团队建设、营销筹划和经营管理等方面的智力支持。宝洁的厂家代表通过经常性的专业销售培训和营销个案策划，不断地向经销商及其销售人员灌输宝洁的市场理念、经营策略和管理方法，潜移默化地影响经销商的思路和行为，久而久之，经销商的思路和行为就会逐渐地与宝洁理念趋于一致，这就是宝洁"助销"所追求的效果。而这种通过培训和参与，改造经销商的观念和行为的过程，就是一种理念和文化控制的过程，是一种极其高明的控制策略。

（3）宝洁通过参与市场开发和市场管理进行销售过程的控制。宝洁的厂家代表自始至终参与经销商生意的各方面、全过程，包括网点的开发、客户的拜访、重点终端的业务谈判、送货、收款、售后服务等。他们对经销商的生意了如指掌，对自己产品的流向及销售状况一清二楚，特别是宝洁的专营小组，可以说，完全掌控了宝洁产品在该区域的分销网络，包括特殊通道，在此种情况下，经销商只能按照宝洁的思路积极配合，没有其他选择，如果经销商不配合，宝洁会轻而易举地把原有的业务和网络交给新的经销商，实现平稳过渡，这就是宝洁"助销模式"控制性的力量。

（4）宝洁通过加强信息反馈和客户关系管理达到信息控制与软控制。宝洁非常重视对消费者的研究，特别注意对消费者需求信息的收集、整理，每年花大量的人力、物力在消费者研究上，以期了解消费者需求的变化以及经销商、竞争对手的状况，所以宝洁遇事往往能够做出迅速的反应和有力的决策。而宝洁能够做到这一点，依靠的是其成熟的客户关系管理（CRM）技术，即运用现代信息技术，进行市场信息的收集、加工、整合，通过信息共享，优化业务流程，提高分销效率，实现厂、商双赢和共同发展。因为只有建立在相互支持和共同发展基础上的厂、商关系才是最牢靠的，而宝洁就是利用客户关系管理技术，实现了对经销商，甚至对整个渠道的有效控制。

测试题

第6章
测试题参考答案

一、名词解释
1. 渠道权力
2. 渠道控制
3. 应收账款
4. 助销模式

二、选择题
1. 根据管理学家罗宾斯提出的"权力的五种力量"学说,权力可以分为强制的权力、合法的权力、关系的权力、专家的权力、_____五个来源。
   A. 信息的权力　　　　　　　　　B. 品牌的权力
   C. 管理的权力　　　　　　　　　D. 感召的权力
2. 麦克利兰的三重需要理论,厂、商都有"成就的需要、归属的需要和_____"。
   A. 平等的需要　　　　　　　　　B. 安全的需要
   C. 尊重的需要　　　　　　　　　D. 权力的需要
3. 格力的"_____"模式是由格力董事长董明珠创立的一种渠道创新模式。
   A. 联销体　　　　　　　　　　　B. 网络营销
   C. 连锁经营　　　　　　　　　　D. 区域股份制销售公司
4. 宝洁"助销模式"的主张是"帮助客户发展生意",它是一种服务型模式,更是一种_____模式。
   A. 投资型　　B. 交易型　　C. 关系型　　D. 控制型

三、简答题
1. 渠道成员可以从哪些方面争取和获得渠道权力?
2. 怎样理解渠道控制的实质?
3. 制造商都有哪些增强渠道控制力的策略?

四、论述题
为什么说宝洁的助销模式"更是一种控制型模式"?

训练设计

1. 指导学生查找"厂家自建渠道""商家自创品牌"的典型企业,以小组为单位准备,然后安排一节课的时间上台展示调研结果。在老师的指导下分析讨论:厂家为什么要自建渠道?商家为什么要自创品牌?各自有什么优势和劣势?

2. 应收账款的催收是一个很困难的问题,催收业务员特别难以跨过心理关。可以模拟公司情景,让学生扮演公司老板、财务经理和催收业务员,演练账款催收的过程、语言、动作及心理与行为,锻炼学生催款的胆量和技能。角色可以互换,交替演练。

综合案例

相宜本草：多渠道协调平衡

相宜本草成立于 2000 年，它没有机会搭乘 20 世纪 90 年代国内美妆品牌野蛮生长的"高速列车"。能够成为占据一席之地的后来者，相宜本草靠的是这两点：渠道上实施以 KA（此处是指大型商超）为核心的多渠道战略，功效上定位"中药本草"填补当时的市场空白。近年来，随着线上购物规模的不断扩大，美妆品牌也纷纷加码电商业务，但随之而来的是线上线下渠道交叉、经销商窜货等乱象频频出现。相宜本草的做法是，将渠道完全分开，为各个渠道设计专供产品，这一做法有效地避免了互相干扰。

1. 强势经营商超渠道

相宜本草另类的渠道切入点至今仍为许多业内人士津津乐道。不同于许多本土化妆品品牌一开始从专营店入手、强势崛起后再自下而上"跨界"进入商超等渠道的发展路径，相宜本草从创立之初便瞄准了更为高端的 KA 渠道。在这一渠道体系中，丁家宜、东洋之花、佳雪等品牌都曾作为本土化妆品企业的代表与外资品牌分庭抗礼。

相宜本草的突出之处在于对销售终端的高度重视和精细化管理。相宜本草采取了分段考核制度，将各项具体费用消耗标准量化落地。另外，分布在全国卖场内的数千名 BA（化妆品导购员）也是相宜本草终端销售的保证。据了解，相宜本草对这些 BA 进行无中介直接管理，不仅专门成立导购培训中心，还为其设置了多种激励方式。为避免不同渠道产品造成消费者认知的混乱，相宜本草更是酝酿着新一轮渠道产品明星代言计划，除明星单品红景天系列、百合高保湿系列签约了两位气质优雅清新的影视明星作为代言人之外，相宜本草还计划为每个系列产品设置一名代言人，以此向消费者明示某系列产品属于特定渠道。

2. 多渠道协调平衡

现在，相宜本草的渠道不仅包括其赖以崛起的大型商超，还有线上销售和专营店等其他渠道，这"三驾马车"共同构成了相宜本草的多渠道发展格局。

事实上，进货渠道五花八门、终端定价参差不齐几乎是每一个选择多渠道策略的企业都会面临的难题，但相宜本草有自己的解决方案。在经销商网络体系管理方面，相宜本草按地区进行渠道分线，每个省在三大渠道都分设代理商。在此基础上，进一步严格规定每个经销商只能选择一个单一渠道，其他渠道不得涉足。为了进行相应的监督，相宜本草还在产品上配备了明码暗码系统。而在价格管控上，相宜本草将定价权收回并强势推行线上线下统一价，从根源上遏制了价格的多样化。另外，针对同一品牌在不同渠道销售可能引发的价格体系和消费者认知混乱，相宜本草还为各个渠道研发了相对应的产品，例如专供商超的红景天、黑茶系列，仅在线上销售的红石榴系列，以及专柜独有的芍药皙白系列产品。

公司前任总裁严明将相宜本草近年来的渠道策略归纳为"E 时代的全渠道营销"，并表示将在渗透过程中进一步理顺各渠道。电子商务所引起的线上线下管理无疑是渠道矛盾的焦点，因为不同渠道同一品牌的销售除引起价格体系的混乱外，还会引起消费者对于品牌认知的混乱。对此，相宜本草的市场应对策略是为各渠道研发了符合渠道特色和定位的不同产品系列，比如现代渠道的红景天系列，网络渠道的红石榴、仙人掌系列，专营店渠道的古方今酿系列等，以使各渠道业务相互区隔。

3. 深度渗透低线市场

向二三线城市甚至周边县城、乡镇下沉是近年来美妆品牌的大势所趋，对于优势一向在于一线城市大型卖场的相宜本草来说也不例外。

严明说，要趁着国际品牌还没大力布局低线市场的时候迅速出手。2010年，雅诗兰黛位于成都王府井百货的专柜就创下过年销售额6 558万元、该品牌全球专柜销量排名第一的纪录。而欧莱雅旗下高端品牌兰蔻近些年已进入二三线城市，近两年内更是在广大的三四线城市开设了专柜。相宜本草的应对方式是"深度渗透"，在低线市场，没有"大牌"压力的相宜本草可以自如地将终端渠道开进社区店、小型日化店和偏远的便利店。从单店坪效来看，一线城市的布局属于"少网点多产出"，而低线市场则是"多网点少产出"，"越往下走，单店产出越少，网点数量相应就会越多，必须借助广大本地经销商的力量来拓展市场"。

但不可否认的是，越往低线市场走，品牌对经销商的依赖程度会越高。随着渠道下沉，相宜本草的直营店占比已经从过去的超过80%下降至50%以下，对代理商的有效管理或许将成为其快速扩张过程中无法绕过的难题。

资料来源：根据相宜本草网站资料整理。

问题讨论：
1. 怎样理解相宜本草的多渠道组合设计？
2. 相宜本草是怎样实现多渠道协调平衡的？

CHAPTER 7 第 7 章

营销渠道冲突与解决

章首语

在渠道运行、管理过程中,由于各渠道成员属于不同的利益主体,因此矛盾冲突不可避免。要引导良性冲突转化为渠道动力,避免恶性冲突的发生,如恶意赖账、窜货、经营假冒伪劣产品等。"君子爱财,取之有道",渠道成员要发扬中华民族传统美德,诚信经营,遵纪守法,遵守社会主义商业伦理,减少或避免渠道恶性冲突,构建文明和谐的商业秩序。

学习目标

1. 了解渠道冲突的内涵。
2. 认识渠道冲突的根源及实质。
3. 分析渠道冲突的表现形式。
4. 掌握渠道冲突的处理策略。
5. 讨论窜货及其治理问题。
6. 讨论渠道伙伴关系的建立。

开篇案例

樱花卫厨如何利用渠道冲突

渠道冲突是每个企业都希望能避免的状况。然而有些企业却以冲突作为手段来启动市场,当品牌有一定影响力时再进行渠道盘整并对市场严加管控和进行区域精耕,从而成为市场的领导品牌。樱花卫厨是一家专业从事厨卫电器生产和销售的台资企业,主要产品为燃气热水器、抽油烟机、灶具等。为了打开上海市场的局面,负责该区域销售的高经理在对上海市场进行了几个月的实地市场调研后,制订了利用"渠道冲突"启动上海市场的计划。

第一步:广泛撒网,网点为先

高经理一改为避免渠道冲突而详细规划各区域的网点数量、网点的性质组合,规定网点基本条件的渠道管理策略，对所有业务人员大胆执行除销售量之外，将网点开发数量作为重要考核指标的策略。不管客户是哪种性质和处在哪个区域，只要能销售樱花卫厨公司产品的都可以成为销售网点。短短几个月时间与公司签约并进行实际交易的网点客户几乎翻了一番。

第二步：营造渠道冲突的条件，广告造势

网点数量的快速成长带来了销售量的成倍增加，而由于网点的密集性与公司刻意造成的市场的无序状态，渠道间开始产生冲突，零售价格战也开始愈演愈烈，价格战的硝烟又吸引了更多消费者的购买。加上随处可见的终端形象与由于销量增加后广告投入的加大，樱花卫厨品牌快速崛起，成了上海市场的知名品牌。

第三步：渠道盘整，新品跟进

当价格战打到利润空间太小、终端网点销售的积极性开始下降，并且一些重点商场找到上海分公司要求公司立即进行市场整顿否则就停止合作的时候，这场价格战的谋划者——樱花卫厨开始了声势浩大的渠道盘整行动。

早在网点开拓的时候，高经理就开始进行各终端资源情况的调查与分级了，经过销售高峰价格战的洗礼，他对各终端网点和特殊渠道的经营能力与背景情况更是有了十足的把握。公司就势召开了"上海区域经销商暨新产品上市推广会"，会议邀请了事先已进行了洽谈的目标客户。在会上，公司宣布了新的一年确保经销商的利益并重振其信心的上海市场经营计划，主要内容包含精简渠道网点、统一价格、严禁窜货和价格管控的相关措施，对违反价格规定者给予严厉的处罚直至取消其经销资格。会上新推出的十几款功能和造型升级的产品让经销商满怀信心，而新产品的利润和政策保障措施给经销商吃了定心丸。

接下来的行动就按照原先预定的计划进行了：对一些小网点或不能满足公司要求的网点停止了供货，对原先价格已乱的机型进行了集中处理，对恶意降低零售价的客户毫不留情地进行了处罚。经过一段时间的渠道盘整与市场整顿，樱花卫厨的渠道和网点又重新焕发了生机，通过再投入新品策略，樱花卫厨成功地启动了上海市场。

资料来源：http://www.4oa.com/office/753/968/200512/95742.html.

问题思考：樱花卫厨是如何利用"渠道冲突"达到自己的经营目标的？

7.1 渠道冲突及其类型

7.1.1 冲突的含义

1. 什么是冲突

按照辞典中的解释，冲突指的是"矛盾表面化，发生激烈争斗"。我们不能将营销渠道中的冲突与竞争相混淆，竞争是一种以目标为中心的、间接和非个人的行为，而冲突是一种直接的、个人的、以对抗为中心的行为。而我们所处的这个世界，恰恰是充满了矛盾变化、充满了激烈争斗的。当潜在的矛盾公开化，就预示着冲突的发生。世界上的冲突发生频繁，大到国际争端，小到私人恩怨，真是剪不断，理还乱。然而，冲突必有原因，它的产生、发展和解决是有一定规律可循的，我们需要尽可能将恶性的冲突转化为良性的竞争。

2. 冲突无处不在

现实生活中，冲突是无处不在、无时不有的。尤其是在管理活动中，冲突的出现更为频繁、剧烈。试想，如果所有成员都能够为着一个共同的目标而和谐一致、按部就班地奋斗，那么大量复杂艰巨的沟通和协调工作也就自然而然不再存在，管理者的工作恐怕要减轻一大半了。

按照传统意义上的理解，冲突一般都是对抗性的，总是以一方胜利、另一方失败而告终，甚至往往出现两败俱伤的后果。因此无论何时何地，出现冲突总不是件好事。对企业来说，虽然日常的冲突不至于发生流血、减员，但它无疑会使组织出现严重的"内耗"，导致战斗力减弱。我们认为，企业间的竞争更多的是"一种游戏""一种竞赛"，而不是"一种战争"（不以消灭对手为目的），所以，企业所面临的种种冲突大多是"竞争性"的，而不是"战争性"的，解决的办法主要也是"和平解决"，而不是"消灭"。

3. 冲突的两面性

发生冲突虽然不是什么好事，但它同样也有其积极的一面，冲突有时可以激发活力，转化为事物发展的动力。组织内部的潜在矛盾转化为冲突，总比它被长久地掩盖起来要好。任何事物总是在斗争中得以成长的，如果对冲突处理、引导得当，很可能就会使它转化为组织发展与变革的动力，并达到更新观念、拓展事业的效果。尤其是当外界环境发生重大动荡或者组织面临变革转型阶段的时候，就难免会有代表不同利益的群体彼此产生冲突。也许冲突的产生正是组织发展的必经阶段。由此可见，冲突对于组织来说，也是有利有弊的，不可一概而论。从积极的意义上讲，适度冲突可以激发渠道成员的竞争意识，促进创新。企业可以有意识地设计一些良性冲突因子，作为其渠道经营策略的一部分，以增加渠道活力和竞争力。

因此，企业应该以积极的态度面对冲突，有时还要设计和利用冲突进行管理，对待不同性质的冲突的处理方式也应有所差异。为了正确对待冲突，我们必须首先区分冲突的类型，了解冲突产生的原因，然后才能采取有效的措施处理冲突。

7.1.2 渠道冲突的概念

冲突无处不在，冲突无时不有。营销渠道管理过程充满矛盾和冲突，让企业头疼，让企业困惑，对此，企业间的认识、态度和处理方式体现出差异，有的放任冲突，有的害怕冲突，有的能够有效利用冲突。我们不要指望回避冲突，更不要指望从根本上消灭冲突，这没有可能也没有必要，因为矛盾普遍存在，矛盾无时不有，矛盾还是事物发展的动力。当然，恶性冲突是一种破坏性的力量，必须坚决制止，而良性冲突则是渠道运营和发展的动力，必须加以利用。

1. 渠道冲突的界定

渠道冲突是指渠道成员之间因为利益关系产生的种种矛盾和不协调。例如，冷战、互相要挟、拖欠货款、要条件和要政策、跨区域窜货、相互报复、相互压价乱价等。渠道冲突的主体可能是所有渠道成员，包括制造商、经销商、代理商、批发商、终端零售商、消费者等；渠道冲突的程度包括激烈冲突（直接对抗）、冷战（不协调、排斥）；渠道冲突的根源是利益问题（对经济利益和渠道权力的争夺）。

2. 渠道冲突的管理

销售管理的实质是利益管理，即利益分配。渠道成员之间始终处于一种利益博弈状态，渠道冲突不可避免。目前，渠道成员趋向于在大分销链中实现专业化、功能化分工；供应商专注于生产制造和全国性促销；分销商专注于销售、分销和地区性促销。任何渠道成员都不可能独自完成渠道的所有功能，都需要依靠其他环节的功能，从而使得渠道成员之间产生相互依赖。渠道链中的各个环节独立运作，各自追求最大的个人利益，如果整个渠道缺乏统一的协作指导，就很容易爆发渠道利益冲突。

渠道冲突的根源在于渠道成员之间具有相互利益关系。因为渠道中的每个环节都希望最大限度地成为自主经营者，对渠道内部相互独立的业务实体来说，他们既希望实现渠道协同，又希望实现最大限度的自主经营，其行为背后也存在着多种利益动机，因此，冲突就时有发生。

值得注意的是，冲突和竞争往往被混淆。实际上，良性的竞争行为在本质上是有利于渠道目标实现的，它是建设性的，也不是针对个人的意气之争。相反地，冲突本质上是敌对性行为，它是破坏性的，大多是非常直接的意气之争。

7.1.3 渠道冲突的类型

1. 按照冲突具体形式的不同分类

渠道冲突的形式可分为四种：水平渠道冲突、垂直渠道冲突、不同渠道间的冲突和同质渠道间的冲突，如图 7-1 所示。

（1）水平渠道冲突。水平渠道冲突，也称横向渠道冲突，是指存在于渠道同一层次的成员之间的冲突，主要是分销商之间、批发商之间及零售终端之间的冲突。

典型的分销商之间的冲突主要表现在越区销售，即窜货（或称冲货）。所谓窜货，就是营销渠道中的各级代理受利益驱动，使所经销的产品跨区域销售，危害正常市场组织和经营活动，或以低价直接杀伤目标市场原已确立的价格体系，造成价格混乱，从而使其他分销商对产品失去信心，消费者对品牌失去信任的营销现象。

（2）垂直渠道冲突。垂直渠道冲突，也称纵向渠道冲突或渠道上下游冲突，是指同一渠道中不同层次渠道成员之间的利害冲突，主要表现为生产厂商和分销商、分销商与批发商及零售终端之间的冲突。这种冲突一般情况下是在同一区域内发生的。

典型的生产厂商和分销商之间的冲突表现为应收账款问题。比如原先的分销商会以拖欠或拒付货款（实行信用销售时）、要求增加市场支持、降低产品的批发价等手段来抵制和打击厂商的计划及新渠道的市场信心。

企业与分销商的冲突解决起来比较困难，因为冲突的主要原因是目标不同、利益分歧。分销商希望独家经销，并希望通过更高的毛利率、更快的存货周转率、更低的支出及更高的返利获取高额垄断利润。而企业则更愿意看到分销商以更低的毛利率夺取更大的市场份额。

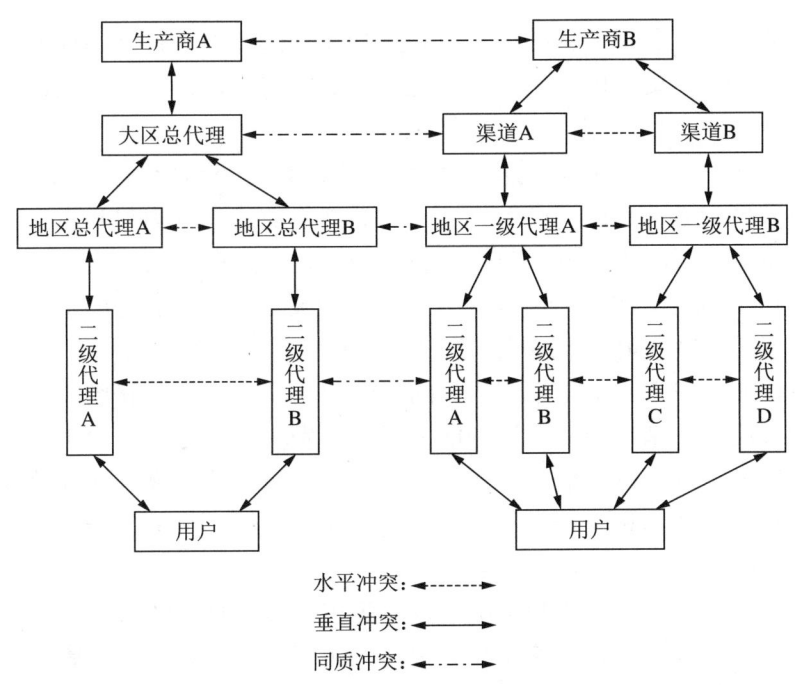

图 7-1 渠道冲突形式示意图

分销商与批发商及零售终端之间的冲突一般都与价格高低、市场支持的大小等利益相关。冲突发生时，批发商及零售终端往往会转移进货渠道，或以产品退出货架、给予较差的产品陈列位置作为威胁。

（3）不同渠道间的冲突。不同渠道间的冲突，也称为多渠道冲突或交叉冲突，是指企业建立了两条或两条以上的渠道向同一市场分销产品而产生的冲突，其本质是几种营销渠道在同一个市场内争夺同一种客户群而引起的利益冲突。

不同渠道间的冲突在现阶段有所增加，这与以下几方面原因有关。

首先，企业在区域市场运作中存在渠道规划不尽合理，终端过于密集和交叉，导致渠道为争夺顾客而进行价格战和促销战，产生冲突。其次，市场营销策略组合单一，没有针对不同的渠道进行相应的区隔和细分，同时渠道的日常维护简单粗放等。最后，尽管企业对不同渠道的销售政策不同，对有些个别渠道进行倾斜，但是并没有在各个渠道成员之间进行良好的说明和沟通，导致有的渠道成员不理解。如果没有建立起深度协同合作的营销价值链，渠道成员就会在各自短期利益的驱动下各自为政，进而可能引发恶性渠道冲突。

（4）同质渠道间的冲突。同质渠道间的冲突指的是在一个宏观环境的市场中，一家企业的营销渠道与另一家企业的营销渠道在同一水平上的冲突。它是一种广义上的渠道冲突，往往与市场竞争相关。比如，处在互相竞争中的两个零售商因为相同的市场目标而产生同质冲突；又如，一个批发商与同一层次的另一个制造商的批发商之间的竞争也是同质冲突。

2. 按照冲突具体内容的不同进行分类

（1）资源冲突。这是最常见的例子，制造商和分销商为了自己的利益，总会在渠道资源上讨价还价。渠道资源的冲突主要体现在人员支持、广告投入、促销资源分配及通路费用承担等方面。

（2）服务冲突。制造商将经销商看成自己的顾客，经销商将批发商看成自己的顾客，批发商将零售商看成自己的顾客，而零售商则将消费者或用户看成自己的顾客。通常的做法是下游的成员将上游的成员视为服务的提供者，而自己是服务的受惠者，如零售商向制造商提出信贷支持、广告支持、销售促进服务、进场费等要求。当上游成员提供的服务不一视同仁时，就会产生纵向和横向的渠道成员冲突。

（3）关系冲突。一方面由于渠道成员的规模大小不一，经验和经历的不同，会造成渠道成员的配送能力、销售能力和管理能力千差万别；另一方面，由于渠道成员代表的个人差异，如服务水准、待人接物方式、形象仪表的差异等因素，会导致渠道成员之间的相互信任、相互理解和相互帮助的差异，这就形成了渠道成员之间的关系冲突，在合作过程中形成厚此薄彼、另眼相看的情况。

（4）价格冲突。生产企业的利益出发点与零售商策略难以统一，企业在尽可能覆盖终端的竞争中只希望价格战来自不同品牌之间，而不是来自同一个品牌。但产品到达新兴终端与传统终端的物流环节、管理方式的不同，使得零售价格构成不同，从而形成终端的不同价格；同时由于零售终端过于密集或交叉，渠道为争夺顾客而进行的价格战成为渠道的最主要冲突。

（5）促销冲突。

1）渠道类型的不同使企业与各渠道成员的利益关系不尽一致，企业在管理上很难兼顾每一个成员组织，从而形成不同终端的不一致的促销行为。

2）由渠道成员自主开展的促销使同一品牌的市场行为在不同终端表现出不一致，造成了品牌对外宣传口径的不一致。

（6）策略冲突。企业构建多渠道组合的目的是将产品送达每一个可能与消费者接触的终端，但由于难以对不同的渠道制定合理的策略并保持不同策略间的配合，渠道管理的策略重点无法体现出来，这表现为对长短两种渠道的管理策略没有差异性。

（7）政策冲突。渠道策略上的模糊势必导致渠道政策上的差异和随机性，有时出现对个别渠道成员没有理由的政策倾斜，如果生产企业不能就这种政策倾斜在各个渠道成员之间进行良好的说明和沟通，则可能形成制造企业与渠道之间、渠道各成员之间的相互不理解。渠道政策冲突不仅会使一部分渠道成员失去积极性，而且严重时会造成渠道成员联合起来抵制企业。

（8）掌控力度冲突。以前对传统零售终端掌控力较强，演变到现在对品牌专卖连锁零售终端掌控力较强，这意味着渠道的变化使企业对不同类型渠道的掌控力度发生了变化。由于掌控方向的不明确和掌控力度的不同，大多数渠道成员以各自的短期利益为目标，从而形成更为复杂的渠道冲突。

3. 按照冲突的不同性质进行分类

按照冲突的不同性质，可以将渠道冲突分为良性冲突和恶性冲突。

（1）良性冲突。良性冲突是不会对产品、市场及厂、商关系造成根本影响和实质性变化的冲突形式，比如经营权、返利、价格、促销、费用、产品等方面的冲突。良性冲突是一种渠道动力，销售经理不要害怕，不能回避，要加以利用，因为销售经理的职责就是解决这些冲突，并使之转化为渠道动力。

良性冲突作为一种适度冲突，从积极意义上讲，它可以激发渠道成员的竞争意识，产生创新。所以，不少厂商有意设计了一些良性渠道冲突，作为其渠道战略的组成部分，以增强渠道活力和竞争力。比如：①利用"放水"的方式，增加固定区域内的经销商数量，人为地制造内部竞争，以降低总经销商或独家代理商的反控制力；②在自身市场占有率还不高且尚有主导品牌主宰市场时，适度的冲货可以促进市场尽早地进入火爆状态，对提高市场占有率是有帮助的。操作的关键是厂家必须具有完全的控制能力及高超的驾驭技巧，否则，可能会造成市场混乱而伤害自身。

（2）恶性冲突。虽然渠道的冲突在一定程度上意味着渠道的一种活力，但更多的时候它展现的还是极具破坏性的一面。这时候的冲突就是恶性冲突，为保证对渠道的控制力和维持中间商的忠诚度，采取有效的化解措施是必要的。

恶性冲突是指会对产品、市场及厂、商关系造成根本影响和实质性变化的冲突形式，如跳楼价甩卖、跨区域窜货、恶意赖账、制假售假等。恶性冲突是一种渠道破坏力，它会影响渠道成员的销售信心，严重阻碍渠道的正常运行。

7.1.4 渠道冲突利弊分析

既然渠道冲突存在良性冲突和恶性冲突两种性质，我们应该坚持辩证的观点，客观、科学地分析渠道冲突问题，并寻找到合理的解决方案。

1. 渠道冲突的危害

在激烈的市场竞争中，许多渠道冲突会对渠道产生不利的后果，如中间商的窜货问题、打价格战的问题、进销存的管理问题等，概括起来，渠道冲突的危害主要有如下几点。

（1）破坏渠道成员间的关系，损害双方的利益。许多渠道成员间的冲突是从一些微小的局部利益摩擦或认知误差产生的，如果协调不力，将可能使得冲突一方针对另一方采取严重的报复行为，如此不仅会导致冲突双方的关系由互相依存的合作伙伴变成势不两立的竞争对手，而且会使其出现明显的目标偏移，将提升渠道业绩和获取企业利益的营销目标抛于脑后，甚至可能做出不顾一切打击对方的非理智行为，最终将损害双方甚至整个渠道的整体利益。

（2）降低整个渠道的销售业绩。在充分竞争的市场环境中，产品销售的成功需要整个渠道所有成员的共同努力，任何一个环节的冲突都会导致销售业绩的下降。

（3）使整个渠道的规则体系受到破坏。在渠道建设初期，制造商通常都会制定一整套渠道成员的行为规范，借以规定中间商的权利和义务，并以此为标准对中间商予以检查和评价。规则的主要内容包括价格政策、付款方式、中间商的区域范围以及双方应提供的特定服务内容等方面。某些中间商为了获取更大的利润，常常超越规定区域进行销售或擅自压低商品价格，如果不能及时发现并制止这种行为，必将使得渠道其他成员由于担心利益受到损害而纷纷效仿，最终导致原有的价格体系、经销商区域划分规则完全崩溃。

（4）影响产品品牌在消费者心目中的地位。对消费者来说，判断一个产品品牌价值的高低，最直观的标准应该是具备可靠的质量、稳定的价格、放心的服务、良好的口碑，而渠道成员间的恶性冲突则常常将其毁于一旦。

渠道管理中常常存在窜货现象，许多业界人士都在感叹："货一窜，辛辛苦苦打下来的市场就被冲得七零八落。"窜货（又称倒货或冲货）主要有几种表现形式：①分公司为完成销售指标，取得业绩，往往将货销售给需求量大的同级分公司，造成分公司之间的窜货；②甲乙两地供求关系不平衡，货物可能在两地中间商之间低价抛售，走量流转；③经销商为降低损失，低价倾销过期或即将过期的产品；④经销商将假冒伪劣产品与正品混同销售，掠夺市场份额。毋庸置疑，窜货行为作为一种恶性经营现象，势必会造成市场倾轧、价格混乱，严重损害消费者利益和产品的品牌形象，必须严加防范和控制。

2. 渠道冲突的益处

有些时候，渠道成员间的冲突是积极而有益的，这种冲突可能会促使渠道产生一种新的、更有效率的运作模式，或者使得渠道成员间互相监督、互相促进，关系变得更为密切。另外，渠道冲突的激烈程度还可以成为判断冲突双方实力及商品热销与否的"检验表"。在这种冲突中，渠道成员都非常明白他们之间的互相依赖性，在将对方作为竞争对手进行挑战的同时，互相指出对方的弱点并监督改进，共同提高彼此的业绩。这种积极性冲突的有益之处有以下几点。

（1）使渠道沟通变得更加频繁和有效。冲突的产生使双方都意识到沟通的必要性和紧迫性，冲突中的沟通会更加务实和有针对性。

（2）使渠道管理更加科学、客观、规范。在很多情况下，渠道冲突都是渠道成员对渠道利益和资源分配不平衡造成的，因此，冲突的解决过程必然是渠道管理者综合考虑各方面利益，使渠道的系统资源和权利分配体系更加合理，同时，冲突将使得渠道成员共同建立起一套完善的冲突处理的标准规则和制度体系，从而健全整个渠道管理体制。

（3）客观上强化了制造商的"领袖"地位。在水平渠道冲突中，冲突双方平等的权利和地位以及特殊的利益依存关系，往往使得中间商在解决冲突时苦于无法直接向对方施加压力，转而寄希望于制造商能为自己"主持公道"，如此便自然将制造商的地位进行了提升，同时增强了中间商对制造商的依赖性。

（4）重要的是把渠道冲突转化为渠道活力。管理学中强调一种"鲇鱼效应"，即只有在一个激烈竞争的市场中，企业才会保持旺盛的生命力。同样，渠道成员只有在冲突不断产生和解决的过程中，才能更加清晰地认识到自己的问题和对方的实力所在，并及时加以修正和提高自身水平，最终达到共同超越的效果。

7.2 渠道冲突的实质和根源

7.2.1 渠道冲突的实质

利益原则是所有商业活动的最高原则，渠道冲突的实质是利益冲突。各种各样的渠道冲突最终归结为一点，那就是利益的分配和对利益的追求。有人认为，销售管理的实质是利益管理，实际上就是利益分配，非常有道理，所有的矛盾与冲突的根源不就是利益吗？

商界没有永远的敌人，只有永远的利益。利益导致的渠道冲突也可以用利益的方式去解决。所以，从表面来看，渠道冲突非常复杂，但只要抓住问题关键（利益分配），就能将渠道冲突转化为渠道动力，而转化的主动权始终掌握在厂家的手里，这里关键是要掌握一个利益平衡点，一个"度"的问题。

根据冲突所处的阶段，可以分为潜在冲突和正面冲突；根据冲突发生的规模，可以分为局部冲突和全面冲突。但从实质上讲，渠道冲突主要是利益冲突、观念冲突和目标冲突。

1. 利益冲突

这是最根本、最敏感、最难于调和的矛盾和冲突，因为每个组织或成员都是独立的经济利益体。尤其是在总体资源有限的情况下，往往一个群体获益只能以牺牲其他群体的利益为代价，由于牵涉利益冲突，总是体现为群体间的直接对抗。比如，渠道产生的费用（进场费、促销费、人员费、罚款、产品报废损失等）由谁支付或者怎么分担，就会直接关系双方利益，可能产生冲突；又如，某连锁企业开业是由经销商负责还是厂家直接管理，也会产生渠道势力范围的冲突。

2. 观念冲突

组织冲突很多都是由于非利益因素引起的，例如成员的固执己见、误解、沟通渠道不畅等。一旦在观念上产生了冲突，调和起来就相当困难了。利益上的纠纷可以通过谈判来解决，而群体间如果观念上有分歧，短期内是很难调和的。比如，对目标市场的开拓或产品推广，厂家希望采用"人海战术"，利用促销员在终端进行强力推广，配合特价或抽奖等方式，比较节约费用，但经销商可能觉得那样影响小、效果不好又烦琐难以操作，主张采用在小区域投入广告的方式推广，这样当然省事，但费用较高，厂家不乐意。

3. 目标冲突

严格来说，目标冲突也可以算是观念冲突的一种形式，不过两者并不能完全等同。目标冲突指的是组织或群体中的各个部门之间为了各自不同的目标而产生的冲突，哪怕这些部门的分目标与总体目标在方向上并不矛盾。每个组织和成员都是独立的经济实体，当然都会有自己不同的目标，包括销量目标、市场份额目标，所以，目标冲突不可避免。

案例 7-1

哥想的和你不同

广州"鹰金钱"企业集团公司在上海曾经有一家经销商，生意做得相当不错。该公司独家经销鹰金钱的罐头食品，在上海市场每年的销售额达到 800 万元。经销商对此业绩很满意，但厂家有些不满，认为如果经销商调整价格策略的话，销量会更大一些。因为企业的拳头产品"鹰金钱""鲮鱼罐头"当时出厂价为 6.8 元，但在上海的超市中零售价达到 12.8 元，厂家认为经销商加价太高，导致零售价太高，影响销量增长，而经销商不以为然，感觉这个销量已经可以了，主要是有丰厚的利润可赚。厂家多次要求经销商调低渠道加价率，以便进一步提高销量和市场占有率，但经销商不从，由此闹得有些不愉快。其实，问题出在哪里呢？究其原因，经销商追求的是"利润"，而厂家更关注"销量"和"市场份额"，目标不同，冲突难免。

资料来源：作者根据亲身经历编写。

7.2.2 渠道冲突的根源

渠道成员之间因为目标不一致、角色权利不明确、移情销售竞品或另选经销商、处理库存或冲销量之降价、产品质量或促销问题引起顾客投诉、压货或产品滞销造成库存积压、经销商货款拖欠、厂家渠道政策不公、厂家渠道支持力度不够、渠道售后服务不周、成员间沟通不畅造成误解、一方发展滞后拖另一方的后腿等，都会引起渠道成员之间的不满，引发渠道冲突。渠道冲突的根源可以归纳为以下几个方面。

1. 角色界定不清

一个成员的角色代表着所有成员都能接受的有关该成员的行为范围。在营销渠道中每个成员都担任着一定的角色，比如，制造商的主要角色是提供优质的产品、不断进行产品创新、开展品牌推广以提升品牌影响力、为分销商提供必要的市场支持；而分销商（包括经销商、代理商、批发商、零售商）的职责是做好市场的开发和维护（包括铺货、理顺价格、理货、收款、处理顾客投诉等），做好产品的销售，做好顾客的售后服务等。如果分销商总是热衷于去参与厂家的品牌建设、广告等事务，就会引起厂家的不满；反过来，如果厂家经常干预分销商所在区域的具体分销工作，也会引起分销商的反感。不同渠道层次渠道成员之间（如经销商与批发商、批发商与零售商）因为角色界定不清而抢了对方的客户，同一渠道层次渠道成员之间因为地域划分不明确争抢客户也会引发渠道冲突。一句话，渠道如同一个戏剧舞台，各渠道成员在其中扮演着不同的角色，只有各自扮演好自己的角色，这场戏剧才会完满，任何角色不清、"捞过界"的行为都会引发渠道成员之间的冲突。比如，厂家自建渠道和商家自创品牌，就属于没有正确定位自己角色的情况。

2. 观念存在差异

因为渠道成员利益出发点不同，因此在营销渠道运作中，会对同样一个事情存在感知差异，其实质是价值观、利益观的差异。比如，在旺季促销折扣时，生产厂商可能觉得 3% 的折扣应当是合适的，因为该折扣率已经占到生产厂家销售毛利率的 20%，但作为购买者的经销商或零售商，则觉得 3% 的折扣太低，不能充分弥补它们在组织商品销售中所付出的宣传和促销费用。反过来，生产厂商可能认为分销商在商品销售中的宣传和促销都是分销商应该做的，费用不能由厂家来负担。从这里可以看到，生产厂商与分销商就商业折扣率高低的决策存在不同的意见。这样的观点差异也是一种冲突，它将影响其中一方参与合作的积极性。

3. 目标不一致

每一个渠道成员都是独立的经济实体，都有各自不同的利益目标。如代理商的目标是希望厂家提供更多的存货支持、更高的促销广告支出、更高的佣金；而零售商的目标则是更高的毛利、更快的周转、更低的促销支出。当厂家与商家的目标值超出对方可接受的范围时，就会产生不和谐，冲突就有可能产生。再如，生产企业希望占有更大的市场，获得更多的销售增长额及市场份额，因而希望分销商薄利多销；但大多数经销商、零售商追求的是利润最大化，不赞同薄利多销，往往加上较高的毛利，而价格高则影响销量；制造商希望中间商只销售自己的产品，但中间商只要有钱赚就不关心销售哪种品牌；制造商希望中间商将折扣让给下游买家或消费者，而中间商却宁愿将折扣留给自己；生产企业希望中间商为它的产品做推广，而中间商则要求生产企业负担广告费用，同时，每一个渠道成员都希望自己的库存和资金占用少一些，都希望对方多一些。如此种种，因目标不一致导致的渠道冲突在所难免。

4. 决策权的分歧

当一个零售商在特定地区以较高的价格销售商品时，如果受到生产厂商有关价格限制要求的制约，这个零售商就会产生不满的情绪。在许多情况下，一个渠道成员在似乎拥有独立决策权的领域，受到来自同一渠道其他成员的权力影响，这样就产生了"决策权分歧"。比如，经销商会认为它有独立定价权，而厂家会给分销商提出定价要求，有时甚至强力干预定价以维护价格体系，此定价权应该属于谁一直存在争议，最后是实力决定话语权。

5. 资源的稀缺性

营销渠道中渠道资源（包括产品、渠道支持费用、客源）分配上的意见分歧也会引起成员之间的冲突，例如，某些制造商在一个地区实行直接分销和间接分销相结合的多渠道组合策略，把一些好客户、大客户留给直接销售机构，而要求其他分销机构去寻找、开发小客户，开发偏远的、基层的市场，付出更多的成本和努力还得不到很好的回报，因此会引起其他分销机构的不满。因为相对来说，维护大客户的成本相对较低，而回报却很大。

6. 期望的差异

渠道成员对经济形势的预测、市场发展及客户经营效果的预期不同，也会导致冲突。例如，制造商预测近期经济形势比较乐观，希望分销商经营高档新产品，但分销商对经济形势的预期却并不乐观，拒绝销售高档产品，而主要销售传统中档产品；又如，经销商可能认为厂家所定的销量目标过高，导致自己无法获得期望的返利额而不满；而厂家则认为经销商对目标的重视和努力程度不够，因此对经销商采取惩罚性措施。

7. 沟通出现障碍

渠道成员之间的有效沟通对于保证渠道合作具有重要的作用。然而，不少渠道成员之间的信息传递存在障碍或者非常迟缓，有的信息内容不清晰，甚至出现发布虚假信息的情况，导致沟通障碍，影响渠道效率。例如，一种商品在市场上出现了销售下降的情况，零售商虽然了解这一情况，但是却没有告诉生产厂家，以致生产厂家还在扩大生产，因而导致库存积压；又如，某生产厂家的一批商品售后发现存在缺陷，厂家撇开批发商和零售商直接通知最终用户和消费者到原先购买的商店退货，导致分销商不满等。这些都是渠道成员之间由于缺乏有效的沟通，导致渠道行动不协调的情况，在渠道管理中需要避免。另外，也存在渠道成员间因为做市场的理念的差异导致的冲突，需要厂、商之间加强沟通和协调。

7.2.3 渠道冲突的表现

1. 价格问题

各级渠道价差常常是渠道冲突的诱因，主要因为渠道政策不公、价格歧视等所引起的价格差异。制造商常抱怨分销商的销售价格过高或过低，从而影响其产品形象与定位，而分销商则抱怨给自己的价格无利可图。折扣是渠道政策中比较常用的一种，企业总是希望尽可能地实现自己的利润目标，而只给分销商以较低的折扣率；而分销商也要求利润最大化，因而要求企业给予更优惠的条件和更高的折扣率，互相提出要求，冲突由此产生。

2. 存货水平

主要问题是因渠道管理不善引起的库存积压。由于季节性原因，企业产品的销售往往存在淡旺季的问题，如北方市场的冷饮、空调等。在旺季时，分销商往往要求企业大量供货，提供供货保证，缩短供货周期，以防止产品的"脱销"。而在淡季时，企业往往要求分销商多囤货，因为这样既能占用分销商的资金，防止竞争性产品进入，又为旺季实现高铺货率，占领市场做好准备。而此时分销商则不愿意投入资金进行大量的存货，而希望将资金投入其他热销产品的经营中，以获取更大的利润，厂家与分销商之间的矛盾也由此产生。

3. 大客户原因

制造商与分销商之间存在着的持续不断的矛盾来源是制造商与最终用户建立直接购销关系。这些直接用户通常是大用户，交易量大，是企业的重要客户资源。而且工业品市场需求的二八原则非常明显，分销商担心其大客户直接向制造商购买而威胁分销商自身的生存，从而产生了关系冲突。

4. 跨区冲货问题

在渠道管理过程中，由于厂家销售区域划分不够清晰，或由于渠道监管不力、渠道激励不当（如激励力度过大或激励政策的区域差异性）等原因，有的经销商就会为了自己眼前的利益（获得销量或争夺客户），冒险跨区域冲货。冲货的结果是必然打破平衡，引起被窜货地区经销商的不满或报复，引发渠道冲突。

5. 应收账款问题

在渠道管理中，企业往往希望分销商尽快回款，以加快资金的周转，同时缓解企业的资金压力；而分销商则希望尽量延期付款，最好等到其下一级分销商回款之后再付款，以便使自己承担的风险最低。通常的情况是，企业的分销商都是在支付定金或完全依靠信用的基础上先行提货，待货物售出后，再付清全部货款。但总经销商通常又以同样的方式将货物转让给其下级分销商，以此类推，构成了一个很长的回款链条，使货款很难付清。而且一旦链条中的某一个环节出现了问题，都会把风险转移给制造商，从而使企业资金链吃紧，严重的话使公司蒙受损失。

6. 技术与市场支持不够

分销商不能提供良好的技术支持和服务，常被制造商作为采用直接销售方式的重要理由。对某些用户来说，一些技术标准比较固定的产品，仍需要通过技术咨询来选择最适合其产品性能的渠道。

7. 渠道成员调整

由于市场环境的变化或者企业分销目标的调整，企业有时不得不对分销系统进行调整，如对分销系统成员的增加、减少或者更换。增加渠道成员可能会引起现有成员的不满，而减少或更换渠道成员则可能导致渠道忠诚度的降低，从而诱发渠道冲突。

8. 经营竞品或另择经销商

一方面，制造商显然不希望他的分销商同时经营竞争企业同样的产品线。尤其在当前的工业品市场上，用户对品牌的忠诚度并不高，经营第二条产品线会给制造商带来较大的竞争压力。另一方面，分销商常常希望经营第二甚至第三条产品线，以扩大其经营规模，并避免受制造商的控制。各自利益不同，形成目标差异，引起冲突。

7.3 渠道冲突的处理策略

7.3.1 渠道冲突的处理

1. 缓解渠道冲突

营销渠道既然是合作系统，那么一定要由合作者确立共同的奋斗目标以及共同的合作价值观，这通常是管理营销渠道最重要的内容，也是处理渠道矛盾与冲突的主要方法。共同目标可以让每个成员把渠道合作作为自己的权利和责任予以认可和接受，一旦全体渠道成员都有了合作的意愿，就要有效地开展有助于合作的行动，其中包括组织共商共议活动，让渠道成员有参与渠道建设的机会，提高渠道成员的地位。

这种方法特别适用于渠道成员感觉到环境威胁，比如在出现强有力的竞争性渠道、市场竞争日益激烈、消费者需求发生变化或者法律环境变化之后，让渠道成员确立共同目标，能够较为有效地缓解渠道矛盾，遏制渠道冲突。

2. 互动式合作

渠道中的合作通常不是由资本渗透引起的，而是由一定的人际关系引起的。所谓渠道成员之间的良好关系，主要表现为有关销售人员、管理人员之间的良好关系。彼此尊重、经常沟通是渠道合作的基础。在管理渠道冲突问题上，可以让有关成员相互咨询意见，比如召开咨询会议，邀请有关方面人员参加董事会、讨论会等，使合作伙伴能够感受到他们的意见得到倾听、受到重视，从而对对方更加信任和敬重。成员之间经常交流意见，还可以达到不断改进营销工作、提高营销效率的目标。

3. 发挥渠道领袖的调解作用

如果渠道成员由于实力强大和办事公道而赢得其他渠道成员的尊重和信任，取得了渠道领袖地位，就能充分发挥其在渠道协调和冲突调解方面的作用，从而减少渠道冲突，巩固渠道系统。

4. 激发分销商的销售热情

分销商对企业产品销售的不重视是大多数企业都会面临的问题，也是企业与分销商发生冲突的主要问题所在。

为解决这个问题，企业可以采取以下几种解决方法：一是提供有足够诱惑力的销售奖励办法；二是协助分销人员开展促销活动，提高他们的销售业绩，让他们从企业的产品中得到足以与其他品牌产品相媲美的实惠，让他们感受到企业对他们的关心；三是为他们提供必要的服务支持，如售后服务支持、及时供应合适数量和合适质量的产品或服务等；四是提供销售管理方面的专业知识，如产品陈列、人员训练、库存管理、店面管理、订货系统等方面。

5. 调整渠道运行结构

一个再好的渠道系统由于时过境迁，都必须进行或多或少的改进与调整，更何况当渠道冲突成为摆在桌面上的问题时，渠道调整更是如箭在弦上，不得不发。传统的销售渠道呈金字塔式的体制，因其广大的辐射能力，为厂家产品占领市场发挥出了巨大的作用。

但在供过于求、竞争激烈的市场营销环境下，传统的渠道存在着许多不可克服的缺点：一是厂家难以有效地控制销售渠道；二是多层结构有碍于效率的提高，且臃肿的渠道不利于形成产品的价格竞争优势；三是单向式、多层次的流通使信息不能准确、及时反馈，这样不但会错失商机，而且还会造成人员和时间上的资源浪费；四是厂家的销售政策不能得到有效的执行落实。因而，许多企业正将销售渠道改为扁平化的结构，即销售渠道越来越短、销售网点则越来越多。销售渠道短，增加了企业对渠道的控制力；销售网点多，则增加了产品的销售量。如一些企业由多层次的批发环节变为一层批发，即厂家—经销商—零售商，一些企业在大城市设置配送中心，直接面向经销商、零售商提供服务。

6. 遵循互利互惠的原则

所谓互利互惠，是指营销渠道中的一位主要成员，主动向有关成员提出建议，表示自己愿意为了渠道的稳定而做出某些让步，并希望对方也重新考虑自己的立场。运用互利互惠原则解决冲突时，企业特别要注意选择与对方有过交往的人作为代表，以求取得对方的信任，同时还要提出对双方都有吸引力的条件，这样才能起到事半功倍的效果。

总之，在设计解决渠道冲突的策略时，常常会遇到相当大的阻力，以至于需要对营销渠道进行改组和重建。上述的各种解决渠道冲突的策略，实际上包含着这样一个假设，即渠道冲突是可以控制的。通过有关管理活动，消除引起冲突的不利因素，营销渠道将恢复到正常运行状态。在这种假设条件下，管理渠道冲突的成本将得到有效控制。如果不具备这个条件，采取上述方式不仅于事无补，反而会加快渠道的瓦解，造成"鸡飞蛋打"的后果。

📍 知识延伸

如何平衡线上与线下渠道冲突

随着近些年来电子商务的发展，人们的消费观与购物习惯发生了变化，人们日益习惯于在网上购物，以网店为平台的互联网渠道的地位与作用日益显著，企业的市场拓展出现了新的难题：究竟以线下经销商、批发商、实体店销售为主还是以网店销售为主？如果同时拓展线下与线上渠道，又怎样平衡两者在渠道资源、销售价格、促销政策、客户关系上的分配？事实上，很多企业对此都非常纠结，当今互联网环境下，不上网销售不行，上网以后线上线下价格冲突、关系冲突、窜货等问题又难以解决，迄今还没有找到很好的解决方案。目前看来较为有效的解决办法包括以下几种。

（1）线上线下实行一样的价格、一样的促销政策，这样可以保持稳定的市场秩序。强势企业、强势品牌可以采用这一方法，如格力电器就是这么做的。

（2）将线上销售的产品（规格、型号）与线下销售的产品（规格、型号）区别开来。

这样线上线下的产品就没有明显的可比性，能够避免直接冲突。

（3）将线上的销售额根据消费者所在区域进行统计，计入线下经销商的销售额，纳入年终返利核算。对线上价格给予适当优惠，用销售额归属方式补贴线下经销商以化解冲突。

资料来源：作者编写。

7.3.2　六种方式解决渠道冲突

实践证明，渠道冲突尽管具有一定的可控性，但仍然是不可避免的。渠道冲突解决的办法多种多样，大多数渠道中解决问题的方式或多或少地依赖于权力或领导力。以下是解决渠道冲突的六种典型方式。

1. 沟通

同一渠道的成员之间往往由于各自的特殊情况而缺乏了解，即使进行沟通有时也难以消除误会。解决的办法之一就是成员之间相互派遣管理人员到对方驻地去工作一段时间，让有关人员亲身体验对方工作的特殊性。不少企业的经理经常到经销商那里去"蹲点考察"，亲身体验经销商的经营方式、管理者的思维方式等。经销商也可以派出自己的管理人员到企业的销售部门或者经销商政策部门去工作一段时间。当这些人员回来后，就会根据亲身体验，从对方的角度出发考虑有关的合作问题。

2. 劝说

通过劝说来解决冲突其实就是在利用领导力。从本质上说，劝说是为存在冲突的渠道成员提供沟通机会，强调通过劝说来影响其行为而非信息共享，也是为了减少有关职能分工引起的冲突。既然大家已通过超级目标结成利益共同体，劝说可以帮助成员解决有关各自的领域、功能和对顾客的不同理解的问题。劝说的重要性在于使各成员履行自己曾经做出的关于超级目标的承诺。

3. 谈判

谈判是营销渠道成员讨价还价的一种方法，谈判意味着某种程度的妥协，其目的在于和平解决渠道成员之间的冲突。在谈判过程中，每个渠道成员都会放弃一些利益，从而避免冲突发生。但利用谈判解决渠道冲突的成效关键在于各成员的沟通能力，以及放弃部分利益的态度。事实上，无论用哪种方法解决冲突，渠道中的每一个成员都既要维护自己的利益，又要兼顾渠道共同的整体目标，以确保能够避免冲突、化解矛盾，使问题得以有效解决。

4. 申请仲裁

当渠道冲突通过谈判未能成功解决，渠道成员又不愿意诉诸法院来解决冲突时，就可以采用经济仲裁的办法。仲裁的优势在于其程序简便、结案较快、费用开支较少，同时能独立、公正和迅速地解决冲突，并给予当事人以充分的自治权，同时它还具有灵活性、保密性、终局性和仲裁易于得到执行等优点，从而为越来越多的当事人所选择并采用,尤其是在国际分销事务中使用范围更大。每一个地区都有经济仲裁机构,专门解决经济纠纷。

5. 法律诉讼

当使用以上的方式都不能有效解决渠道中产生的冲突时,可以使用法律手段(诉讼)来解决问题。比如在特许经营体系中,特许商认为特许总部不断新增的加盟商侵蚀了它们的利益,违反了加盟合同中的地理区域限定,这时就很可能采用法律手段来解决这一问题。当一方成员向有管辖权的法院起诉时,另一方必须应诉。由于法律诉讼是有一定强制性的,在解决矛盾时,双方成员关系紧张,有伤和气,导致双方的冲突不断增加,使关系日益恶化,因此,法律诉讼只能是解决冲突的最后选择。

6. 清理或退出

对于那些由于当初考察不慎,实践证明未达到公司对渠道成员在人格、资信、规模和经营手法方面的资格与标准要求的渠道成员,对于那些不遵守渠道游戏规则、恶性销售行为屡犯不改的渠道成员,都应该重新审查,必要时将其清除出渠道队伍。如对那些肆意跨地区冲货、超低打压价格、制造价格混乱和恶性争抢客户的分销商,或长时间未实现规定销售目标又消极对待而没有改进空间的分销商,都可以采取清理的解决方法。另外,退出某一营销渠道也是解决渠道冲突的一种方法。事实上,当水平性或垂直性冲突处在不可调和的情况下时,退出也许是一种可取的或者说是一种明智的选择。当然,企业从现有渠道中退出可能会产生一些负面影响,但企业可以调整渠道布局,将重心放到其他优势渠道或新兴渠道上。

7.4 窜货及其治理方法

有专家认为,"窜货是一种极易被忽视,但对品牌和企业经营杀伤力很强的营销病症,特别是对有深厚品牌积累的企业",它被称为"渠道的顽疾",对此,业界多有争论。内行人把它视作"洪水猛兽",深知它对企业品牌和市场的巨大破坏力;而外行人却不以为然,其结果是市场垮了,还不知道是怎么回事。其实,窜货是一种非常严重的渠道冲突行为,是真正的"渠道杀手",应该引起我们的高度重视。

7.4.1 窜货的概念界定

1. 窜货是一种恶性销售行为

窜货俗称冲货,是销售渠道中的分销机构受短期利益驱使,违反销售协议,有意识地跨区域低价销售产品,并造成市场混乱和严重影响厂家声誉及渠道关系的恶性销售行为,如图 7-2 所示。

具体来讲,窜货表现为分销机构跨区域销售,即将产品销售到本来不属于自己的销售区域或渠道领域,同时往往伴随着低价或变相低价。而且,所谓窜货,往往是一种偷偷摸摸的销售行为，是分销机构有意识的违规，其实质是追求眼前的利润或者渠道权力，最终会殃及价格体系和市场秩序，引发价格战，伤害厂家信誉和品牌。所以，窜货属于一种恶性销售行为。

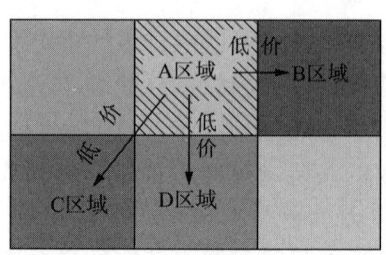

图 7-2　A 区域分销商窜货

2. 区分与窜货相关的几种销售形式

（1）自然性流通。自然性流通是指经销商在获取正常利润的同时，无意中向自己辖区以外的地区销售产品的行为。这种流通在市场上是不可避免的，只要有市场的分割就会有此类流通。它主要表现为相邻辖区的边界附近货物互相流动，或是在流通型市场上，产品随物流走向而流通到其他地区。这种形式的流通，如果货量小，影响不大；如果货量大，该区域的通路价格体系就会受到影响，从而导致通路销量和利润水平下降。

（2）良性冲货。良性冲货是指企业在市场开发初期，有意或无意地选中了流通性较强的经销商，使其产品流向非重要经营区域或空白市场的现象。在市场的开发初期，良性冲货对企业是有好处的，可以激活市场。一方面，在空白市场上企业无须投入，就提高了其知名度；另一方面，企业不但可以增加销售量，还可以节省运输成本。只是在具体操作中，企业应注意，由此而形成的空白市场上的通路价格体系可能较乱，因此企业要加强该区域市场的价格监管。

（3）恶性窜货。恶性窜货专指为获取非正常利润，分销商蓄意向自己辖区以外的市场倾销产品的行为。经销商向辖区以外倾销产品最常用的方法是降价销售，主要是以低于厂家规定的价格向非辖区销货。恶性窜货给企业造成的危害是巨大的，它扰乱企业整个经销渠道的价格体系，易引发价格战，降低通路利润，使经销商对产品失去信心并最终放弃经销企业的产品，同时，混乱的价格会导致企业的产品、品牌失去消费者的支持与信任。因此，本章所讨论的所有窜货行为都是指恶性窜货。

7.4.2　窜货的原因

渠道发生窜货，有厂家的原因，也有经销商的原因，有客观的市场方面的原因，也有主观的销售人员方面的原因，但不管是出于什么原因，窜货都会对渠道的正常发展造成危害，如图 7-3 所示。

1. 窜货的一般原因

（1）价格体系混乱。价格体系的不完善所形成的价差诱惑是促使经销商跨区域冲货的重要原因。目前,许多企业在产品定价上仍然沿用老一套的"三级批发制",即总经销价(出厂价)、一批价、二批价、三批价,最后加个建议零售价。这种价格体系中的每一个阶梯都有一定的折扣。如果总经销商直接做终端,其中两个阶梯的价格折扣便成为相当丰厚的利润。如果经销商比较看重利,不太注重量的话,那么这个价格体系所产生的利润差异就非常大,因此形成了经销商越区销售的价格和利润空间。

(2)经销商选择不当。不少厂家因急于开拓市场,或受短期利益驱使,只要有人愿意拿钱买货就发货,就可以成为当地经销商,不考虑对方的资质和商业信誉,因此可能招来不讲究商业信誉、不遵守市场规则的不良经销商,也可能出现一个地区多个经销商互相倾轧的现象,这也是导致跨区域窜货的原因之一。

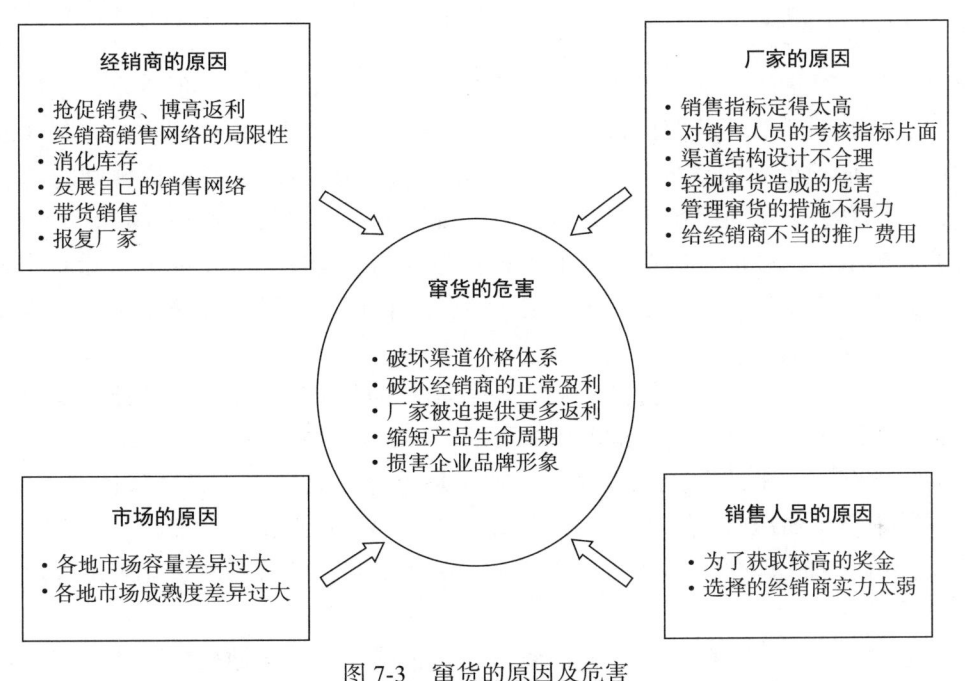

图 7-3 窜货的原因及危害

(3)销售目标过高。当企业盲目向经销商增加销售指标时,也很容易诱导或逼迫经销商走上窜货的道路。很多企业对某个产品在某个区域的市场消费总量不进行科学预测和理性判断,单凭感觉和过去的经验,盲目确定指标。这导致经销商在完不成指标的情况下,只能向周边地区"开闸放水"甚至"泄洪",其结果是引起周边地区的经销商也压价窜货,推波助澜。

(4)激励措施偏颇。为激励经销商的销售热情,提高销售量,现在很多企业都对经销商施行"年终奖励"等返利措施。通常,厂家与经销商在签订年度目标时,往往以完成多少销量、奖励多少百分比来激励经销商,超额越多,年终奖励(或称返利)的折扣就越高。于是,原先制定好的价格体系被这一年终折扣拉开空间,导致那些以做量为根本、只赚取年终奖励就够的经销商为了获得这个百分比的级数差额,开始不择手段地向外"放水"。

(5)推广费运用不当。推广费是企业在运作市场时的一种基本投入。一些厂家因为缺乏相关的企划人才，又懒得跟经销商争论，往往会同意经销商的要求，按销售额的一定比例提供推广费拨给经销商使用，厂家只是派人看看经销商有没有运作，而运作效果如何往往要等结果出来后才能评判，故不易确定。至于经销商将厂家拨给的推广费是否全部用于推广，其实根本无法掌握。因此，推广费由经销商自己掌握后就变相为低价位，造成新的价格空间，给"跨区销售"提供"炮弹"。

（6）渠道治理不严。有些厂家为了片面追求销量或市场份额，容忍甚至鼓励下游经销商跨区域窜货。对于窜货的危害认识不够，对经销商窜货现象不够重视，表现为对窜货现象的信息反馈不及时、不重视，对经销商窜货行为处理不及时、不坚决，有听之任之、姑息纵容之嫌。这是导致窜货行为愈演愈烈的"官方原因"。

2. 窜货的根本原因

我们认为，窜货的根本原因在厂家。窜货虽然由分销商所为，但它是由于厂家的销售政策和管理原因所致。分销商并不是天生就热衷于窜货的，而往往由厂家制度的偏颇和管理的不力所迫使、所诱发。因为厂家大多是"渠道领袖"，是渠道规则的制定者和执行者，当然要为渠道问题承担主要责任。综观渠道窜货现象，不外乎以下几大诱因。

（1）冲销量。厂家给分销商下达的销售任务太高，迫使其为了完成目标而斗胆跨区销售，因为不完成销售目标就会脸上无光，在厂家面前没有地位，甚至危及经销权，更谈不上获取优惠政策。

（2）博返利。厂家在渠道促销、年终返利等方面力度过大，也会诱使分销商为博取高额返利而大肆窜货。追逐利润是渠道成员的天性，是眼前的利益诱惑所致。

（3）清库存。与上述两点相联系，为冲销量，为博返利，或者厂家销售管理不严，品类管理不当，拼命压货至渠道，也会造成分销商部分产品积压、滞销，如果厂家不能及时帮助分销商消化库存，那么，分销商必然铤而走险，低价抛货以化解库存风险，这种现象非常多见。

（4）抢地盘。当厂家在划定各分销商的经营区域或渠道领域模糊不清，或存在交叉和真空部分时，往往会出现分销商之间以低价冲货争抢地盘和争抢客户的现象。

（5）报复行为。因厂家违约、未兑现承诺，或者因撤换区域引发分销商冲突，或者分销商之间有过节，都会引发分销商的恶意报复行为，目的在于以少量低价产品扰乱区域价格，给对方添乱。

（6）价格落差。分销商之间获得的优惠政策不同，会产生价格落差，这是导致窜货的内在动因。如果厂家实行价格歧视，对于不同的分销商，其返利、渠道促销、费用支持差距较大的话，实际上就是为窜货创造了利润空间。一些厂家过分倚重大客户的政策（给予较大力度的价格优惠）常常会导致窜货的结果。

（7）考核偏颇。如果厂家以结果导向对销售人员以单一销量考核，收入与销量直接挂钩的话，销售人员出于自身的利益考虑，会默认、纵容，甚至协助分销商有目的地向外区窜货，这是绩效考核与管理制度本身的偏颇造成的。

除此以外，市场发育程度不均，或者相邻两地供求不平衡，也会导致成熟市场向周边非成熟市场以变相低价（贴运费）的形式窜货，这是客观原因。分销商有时也会用畅销产品低价的形式搭带非畅销产品销售到外区（俗称"带货"），形成事实上的窜货，这是主观原因，属于分销商本身的经营道德问题。但无论如何，编者个人认为，窜货的主要根源在厂家，治理的根本也在厂家。

7.4.3 窜货的危害

对于成熟产品、成熟市场来说，恶性窜货无异于"慢性自杀"，这就是为什么好卖的产品往往不挣钱，热销产品会突然间销声匿迹。

1. 跨区域低价窜货势必导致被窜货地区价格混乱，影响经销商的利益和销售信心

以低价为特征的窜货势必会压低被窜货市场的产品价格，破坏该地区的价格体系，引发价格战，致使被窜货地区分销商利润受损，由此产生对厂家的不满，失去销售信心。因为价格一旦被卖低，当地分销商就不得不跟风降价，否则没法销售。而价格这个东西很微妙，一旦压低，常常很难回升到原来的水平。如果往复竞价，最后很可能把价格卖穿，大家都没有利润，分销商失去信心转而经营其他品牌和产品，此时竞品乘虚而入，取而代之。

窜货遵循的是"窜货—低价—跟风竞价—卖穿价格—失去信心—萎缩退市"的逻辑路径，它为对手提供商机，这绝不是危言耸听，旭日升等知名品牌的黯然退市就是明证。因为价格要素是最敏感的营销要素，价格是市场的命脉，价差（利润）是渠道运行的根本动因，所以维护价格体系的稳定对于任何企业来讲都十分重要，任何对价格体系的破坏都会招致市场的惩戒。

2. 以低价为特征的窜货为假冒伪劣者提供了空间，影响消费者的消费信心

以低价为特征的跨区域窜货必然会引起该地区的价格混乱，为假冒伪劣产品乘虚而入创造了机会和提供了空间，同时，由于混乱的价格，消费者担心买到假冒产品而对该品牌不敢问津，进而影响消费者的消费信心和品牌忠诚，客观上缩短了该产品的生命周期，这是极为危险的，因为"营销是一场战争，竞争对手是我们的敌人，我们要占领的阵地是消费者的头脑"（转引自艾·里斯、杰克·特劳特著《营销战》）。

3. 窜货会影响企业形象，影响品牌美誉度和消费者的忠诚度，伤害厂家品牌

窜货带来的是价格波动、市场混乱、消费者怀疑、分销商不满，这些负面的责任都只能由厂家及其品牌来承载，因此都会伤及品牌，影响品牌的美誉度，进而影响消费者的满意度和分销商的忠诚度，而这些对于企业经营者来说都是至关重要的。从长远来看，窜货影响企业及其品牌声誉，影响其产品的市场吸引力，进而影响企业盈利能力。

4. 窜货会引起分销商之间的互相报复，引发渠道冲突，殃及整个渠道关系

一方面，这种冲突首先表现为渠道利益的争夺，分销商之间的互相倾轧，但最终受害者是厂家。因为窜货抢夺的是本属于对方的销售量和利润，同时降低了对方原来的利润水平。另一方面，这种冲突也是双方渠道权力的争夺。争抢地盘，争抢客户，报复行为，其实都是为了获取渠道控制权。这些冲突的受害者不单是被窜货一方，还有厂家、

品牌和市场，甚至消费者，整个渠道体系都会受到牵连。

7.4.4 窜货的治理方略

营销渠道成员都是独立的经济实体，往往都有各自独立的利益追求，从这个意义上讲，跨区域冲货是无法完全避免的，但我们总是有办法去减少和控制这种恶性冲突的发生的。娃哈哈等企业的成功经验告诉我们，窜货不能根除，但窜货可以治理。

1. 设计和执行级差价格体系

必须严格设计和执行分销层次与价格层次相匹配的级差价格体系，保证分销过程中每一个环节的利润空间，并且制定强有力措施保证每个环节按规定计划执行价格，这是治标又治本的办法。从横向来讲，实行到岸价，由生产企业承担运费，以保证各分销机构进价统一。从纵向来讲，需率先设定分销层次，设定各级合理价差（利润）以及对应价格。以三级分销为例，可以制定相应的厂价（针对分销商）、批发价（针对二批）、KA价（针对大型零售终端、团购）以及建议零售价，逐级加利，保证层层有合理利润，当然还需辅助一些惩戒措施，以保证价格体系得以严格施行。

2. 严格控制渠道促销

必须控制渠道促销的力度、频度以及执行程度，并且考虑区域联动因素。事实上，很多窜货由促销引起，比如，促销奖励力度太大，分销商往往将促销奖励的一部分预期打入价格，拉低价格出货，以博上量。返利太高也有同样的效果。另外，促销不宜过于频繁，如果过于频繁，原有压货未消化又有新促销，分销商只能低价抛售，势必窜货而且价格再也反弹不上去，只有持续走低，这是非常危险的。由于渠道促销在力度和频度上具有微妙性，会对周边市场造成影响，所以促销时必须考虑周边联动，以减少价格波动和冲击力。

3. 制定合理的销量目标

销量目标应尽可能客观合理，不强行压货压销量。厂家的目标年年攀升，给分销商的任务也年年加码，虽说没有压力就没有动力，但如果压力太大了，或者把分销商压垮，或者就被迫冲货，结果得不偿失。所以，销量目标不但要具挑战性，还要具可实现性，要适度，最好由厂、商之间本着求实的精神协商确定。

4. 制定公平的渠道政策

销售政策应尽量兼顾公平，避免厚此薄彼，以减少分销机构之间的价差，特别在渠道激励上，尽量避免过分偏向大客户，避免激励了少数几个大客户而打击了大多中小客户，激励方式上应多奖物，多奖培训和"助销"，少奖返利，少奖优惠价格，尽量减少市场上的价格反差和价格歧视。有人总结可口可乐的渠道奥秘，那就是：协调平衡！个中的含义值得玩味。

5. 加强库存管理

加强库存管理，积极疏导经销商库存。有的企业只管向分销机构压货，不管分销机构死活,在品类管理上也没有什么章法,结果是大量货品积压,最终不得不大力度促销清货,这可是窜货的一大源头,而这种情况也是可以通过加强销售管理和客户关系管理(CRM)来减少和避免的。

6. 明确双方权利、责任

在合同上必须明确双方权利、责任,合理、清楚地界定分销商的分销区域和价格。通过合理划分分销区域,保持每一个区域分销商的合理密度,防止过密供过于求以引起窜货,同时避免分销区域交叉重叠,还要保持区域内分销商规模、范围与销售指标的均衡。

7. 建立综合渠道考量制度

建立综合渠道考量制度,并将不冲货、不乱价作为年终返利的必要条件。鼓励分销商遵守规则,共同维护价格体系和市场秩序,将不冲货、不乱价作为年终返利的必要条件写入合同。很多厂家对分销商只进行销量考量,只重结果不重过程,特别在返利计算上只依据销量指标,这是危险的、短视的,是鼓励窜货的制度根源所在。如果将返利的条件设定为综合指标,比如销量目标完成、价格体系保持、分销网络维护、品牌推广支持等,将返利总额分解到各个指标考核发放,情况将会大为改观。

8. 对公司产品进行区域标码识别

对公司产品进行区域标码识别的目的是实现产品区隔。采用区域标码识别,必须结合处罚制度执行,这是治标的一种手段。区域货物标码可分为明标、暗标、外箱标码和内箱标码,可用文字、颜色、符号甚至批号相区隔,只要能够识别区域货主即可,它可以作为查处的凭据,对各区域分销商也是一种管理威慑。

9. 建立严格的窜货处罚制度

建立严格的窜货处罚制度并坚决执行。实行"窜货处罚、不窜货奖励"的市场维护条例,并写入合同,双方签字认可,以增强反窜货的有效性。有的企业设立专门机构,配备专职人员执行,如娃哈哈、金龙鱼等,收到良好的效果。在这个问题上,处罚条例要清楚严厉,奖励条例也要明确、兑现,不能心慈手软,不能讲人情。例如,嘉里粮油("金龙鱼"品牌拥有者)就专门成立了"监察部"负责市场管理,治理窜货,其做法是:第一次发现窜货,除了罚款(按每件 x 元计)外,减去窜货者相应销售额同时增加被窜货分销商相应的销售额,外加要求窜货者提交整改报告;第二次发现则在第一款上外加"取消年终评优评奖资格";第三次发现则在第二款上外加"取消相应年终返利"的严厉条款,严重者甚至"取消经销资格"。相反,而对遵守条例不冲货、不乱价者给予一定比例的返利(奖励)。这样一来,分销商想跨区域销售时就会有所顾忌,权衡得失。当然,这些严厉处罚条款的执行也会考验厂家的态度和决心。

10. 实施业务人员综合指标考核

和渠道考量一样,对业务人员的业绩考核也应建立相应的综合指标,如客户开发、市场维护、价格体系、品牌推广等,而非单一销量指标。业务员的收入也要跟综合指标挂钩,以免业务员为了个人私利,不顾公司整体利益,帮助分销商进行有意识的跨区域冲货。

案例 7-2

东盛制药从内部"下刀"治理窜货

制药企业在连锁经营方面的发展步伐滞后于商企。医药(商业)公司和药店在全国四处调货的时候,会认为这是正常的营销行为,即便有部分药品进入非自己控制的渠道也不是什么大事。但是,因为制药企业仍然实行片区管理制,为了保证对终端网点的渗透,也为了便于对企业内部营销人员的考核,所以,在制药企业中出现了"打击窜货"的口号。在打击窜货的过程中,东盛科技股份有限公司(简称东盛)是这样操作的。

1. 控制价格,不控制区域

首先,在看待窜货这个问题上,东盛副总裁关平就显示出与众不同的观点:"面对窜货,喜忧参半。喜的是既然有窜货,说明我们的产品还畅销,忧的是窜货使价格混乱,利润损失在渠道上,个别经销商因窜货短期受益,但时间一长,大家都没钱赚,最后将导致厂、商疏离。"

东盛既不放任窜货存在,严厉打击恶性窜货,同时又通过一定的措施保证所有经销商的利益,因为只有保证经销商的利益才能保证制药企业自身的利益。具体的政策是"东盛只控制价格,不控制区域"。也就是说,东盛事先与批发商、分销商约定一定的销售区域,只要能保证各终端执行东盛的批发和零售价格,批发商若要跨区域批货,只需告知东盛即可。

如何发现恶性窜货呢?其实很简单,被窜货地区的经销商对此最敏感。一旦市场上出现价格远远低于东盛零售指导价的商品时,受损地区经销商一定会立马获悉信息。东盛在接到该经销商举报的时候,坚持"谁举报、谁举证"的原则。所谓证据,一是经销商进货发票,一是包装盒(箱)上的物流码。发票是用来证明违规经销商在接受异地窜货时是否执行东盛批发价体系的证据,而通过物流码在东盛的物流信息系统上很容易发现货物到底是由哪一区域具体哪一家经销商发出的。

2. 从内部"下刀"

发现恶性窜货怎么办?东盛的做法是处罚自己的片区营销经理。为什么只处罚自己人,而不处罚经销商?第一,因为东盛与商家的合作是采取赊销的方式,即便想处罚对方也收不上来罚金;第二,更重要的是,因为东盛采用统一供价,商家的利润并不高(批发商的利润平均只有0.57%),商家若要窜货,一定是有东盛自己的营销经理提供促销资源支持。这些促销资源对商家的分配本来是有一定比例的,目的是提高产品在当地的市场占有率,但个别营销经理为了冲业绩,即便知道经销商争取促销支持的目的在于窜货,有时也睁一只眼闭一只眼,将大量促销资源集中提供给个别经销商了。

至于具体处罚措施,东盛有一套"黄牌条例":第一次发现窜货,出示一张黄牌;第二次发现窜货,再出示一张黄牌;到第三次窜货,出示一张红牌。前两次被罚黄牌的时候,同时处以罚金;当营销经理接到红牌的时候,轻则调离岗位,重则从公司开除。

最后,总结打击窜货的关键时,关平说:"要让我们的营销队伍达成共识,要让兄弟们都有钱赚。事实上，老是不遵守公司政策的人通过窜货侵犯了别的同事的利益，最后就会出现人人喊打的局面。"

资料来源：根据《中外管理》期刊上萧三匝的相关文章编写。

总之，窜货虽然是一种极其可怕的渠道病症，会对企业的品牌和市场造成致命伤害，但只要认清它的实质和根源，掌握其发生、发展和运动的规律，这一"顽疾"还是可以治理的。从理论上讲，虽然我们不能将其根除，但我们可以通过政策的完善和有效的管理，减少和控制此类恶性窜货现象的发生。总之，"千里之堤"容易"毁于蚁穴"，对于窜货，我们不能轻视，更不能纵容。商家不能"以小而为之"，厂家也不能"因小而不为"。

专题七

建立渠道"伙伴关系"

有一句话说得好："商界没有永远的敌人，只有永远的利益"，当渠道成员之间发现打打闹闹、互相争斗，最后只能是两败俱伤、毫无益处时，也开始反思，进而转向相互理解、相互支持，寻求合作，建立渠道伙伴关系，走向渠道联盟，谋求双赢。这是渠道发展的必然趋势，也标志着渠道成员的理性与进步，因为竞争的最高境界是"竞合"。

1. 新时期厂、商关系的特征

厂、商之间既是矛盾对立体，更是利益共同体。可以说，厂、商之间建立这种紧密型的伙伴关系是经济发展的客观要求，也是社会分工和专业化的必然。厂家的人力、财力是有限的，不可能完全直营，更不可能完全自建网络，必须依靠经销商专业化、本地化的分销力量，才能实现对区域市场的有效覆盖。而经销商也不能无中生有，也必须借助厂家的产品、品牌及市场支持，才能生存和发展。

新时期厂、商关系应该是一种"合作伙伴关系"，厂、商之间地位平等、相互依存、荣辱与共、风雨同舟、共同发展。双方遵循的是平等互利、协作双赢的原则。双方之间就像树与藤，是一种共生关系，谁也离不开谁。

然而，厂、商之间要建立这样一种关系并不容易，能否建立这种伙伴关系，首先要看双方对"相互依存、荣辱与共、风雨同舟、共同发展"的关系理念能否形成共识，其中更主要取决于厂家对经销商地位及作用的认识和态度，其次看双方在合作过程中能否相互得益。金龙鱼、娃哈哈、宝洁等企业的行为就是其中有力的佐证。

2. 为什么要建立渠道伙伴关系

渠道冲突已成为渠道中一种普遍的现象，但其中既存在着许多矛盾，促使其相互竞争，又由于共同的利益关系使两者紧密地结合在一起，因此，加强渠道内部各成员间的协调与合作便成为大家共同努力的方向。事实上，无论哪种类型的渠道合作，其最终目标都不是单纯地获取商业利益,而应是确立一种渠道伙伴关系。

伙伴关系有三个明显的特征:目标统一、资源共享和相互依存。要想真正建立渠道成员间的伙伴关系,通常需做到以下几点。

(1)注重战略关系的培养。不要将成员间各自的短期利益放在首位,而应着眼于满足顾客的需要,将渠道成员看作一个利益共同体。渠道管理者从一开始就应该在渠道中灌输这一思想,并努力通过实际的操作手段(如管理渗透、参股经营、聘请经销商当顾问、成立商会等)不断强化这一思想,使之付诸实施。

(2)提高整体渠道的经营能力。要强调分销的效率,注重从提高整体渠道的能力及素质入手,大家共同发展提高。主要包括实施深度分销,给客户当经营顾问,实施关键客户的管理,给经销商进行培训,搭建学习提高的平台等方式。

(3)实现信息共享、资源共享的一体化经营体系。实施电子网络化管理(如客户关系管理或管理资源重组等),使客户沟通渠道更加通畅、关系更加紧密,努力实现渠道成员与消费者及渠道成员间的实时信息传递,从而最大限度地合理调配资源,节约运营成本。

总之,渠道成员间创建合作伙伴关系不仅大大降低了企业运营的风险,而且提高了渠道的运营效益,降低了运营成本,为建立一个长期稳定的渠道体系打下了良好的基础。

案例 7-3

娃哈哈"联销体"模式的奥妙

娃哈哈的"联销体"模式虽然有一定的时代特征,但娃哈哈一直以来对经销商的尊重和重视是不争的事实。据宗庆后自己讲,娃哈哈在制定渠道政策时首先考虑的总是经销商的利益,娃哈哈的促销大多也是针对经销商的。娃哈哈通过渠道利益的合理分配稳定价格体系,通过控制窜货稳定市场秩序,通过帮助经销商开拓、维护市场和培训经销商队伍促进经销商成长,使经销商乐意先打预付款,乐意配合厂家的品牌和市场策略,厂、商真正融为一体,形成一股巨大的合力,进而成为娃哈哈独特的渠道优势。在娃哈哈的经营理念里,经销商是娃哈哈销售队伍的一种延伸,所以,娃哈哈派人员"助销",帮助经销商赢利和拓展市场,增进了客情,实现了双赢,形成了"命运共同体"关系。

资料来源:作者根据网络资料编写。

3. 维护和发展渠道伙伴关系

(1)正确选择并评价渠道伙伴。目前,形成渠道联盟、建立伙伴型渠道关系是一种潮流,也是一种竞争需要。建立伙伴型渠道关系的第一步,是对现有的渠道交易伙伴按照一定的标准进行评价,选择合乎制造商标准的分销商发展成为企业的关系型营销渠道伙伴,以谋求渠道关系和渠道利益的长期发展。要建立长期合作的伙伴关系,对分销商的评价除了常规的标准外,要着重对分销商的信用和财务状况、分销商的声誉、分销商的企业文化与价值观、分销商的管理能力及其发展潜力、分销商的销售能力与销售绩效等多个方面进行评价，才能找到优质的伙伴。

（2）构建共同愿景，发展相互信任。在经过考察、了解之后，企业会确定可以进一步发展合作关系的对象，接下来的重点就是发展双方的共同愿景和相互信任，为建立伙伴关系打好基础。构造共同愿景需要遵循的一个基本原则是要把目标与价值观结合起来。因为企业的价值观决定了企业的经营方式以及合作的很多方面，如应对变化的态度、对待合作伙伴的态度、如何考虑合作的价值等。共同愿景目标的构建可以通过高层沟通、互派联络员或企业不同部门层次的领导和员工的对接来逐渐达成共识，形成双方共同的长远规划，并在各个层次的不断交流与合作的过程中发展相互信任的关系型渠道，其中最重要的就是双方合作的意愿与诚心。

（3）制定明确的合作协议。渠道伙伴关系的建立和发展需要制度化和规范化，需要制定明确的合作协议以免日后发生争议。伙伴关系双方在发展了共同愿景目标和相互信任的基础上，应对合作中的一些具体问题共同制订一个详细的计划，以便于合作各方在以后的协作中遵循。这些计划的重点内容包括明确双方的权利和义务、建立共享分配机制、确定决策和协调程序等几个方面。

（4）渠道关系的运行与磨合。渠道关系的发展有一个磨合的过程。当渠道合作协议签订以后，渠道关系建设正式投入运行，在运行中也许会不断地发现问题，需要本着互利原则及时协商解决，使伙伴关系不断完善。在运行之初，可以采用互派联络员或分销伙伴助理的方式，在联合促销、联合库存管理支援、有目的的培训等方面打破组织间的界限，互相协助共同开展工作，逐渐达到组织之间各层次的关系整合，提高渠道的运行效率。

（5）在关系运行和发展中运用激励。可以适当运用激励方式，促使双方友好合作、互惠互利并增进感情。激励方式主要有：①给经销商提供适销对路的优质产品，这是对中间商最好的激励；②给予中间商尽可能丰厚的利润以提高经销的积极性；③协助中间商进行人员培训；④授予中间商独家经营权；⑤双方共同开展广告宣传或给予中间商广告及渠道费用补贴；⑥给予成绩突出的分销商奖励等。一个企业要认真研究目标市场的发展和竞争情况，客观地衡量本企业与合作伙伴双方的得失，共同拟订销售策略，建立休戚与共的伙伴关系以求长期共同发展。

（6）妥善解决渠道冲突以维护渠道关系。由于渠道成员之间合作制度和合作机制内容规定的不完善，以及渠道成员在利益、经营战略和策略方面的变化及差异性，制造商与分销商在渠道合作各环节过程中往往会发生矛盾和冲突，主要表现为利益冲突和争夺对渠道的控制权。渠道冲突的类型有两种：一是渠道各层次各环节之间的纵向冲突，二是同一渠道层次各成员之间的横向冲突。渠道冲突的内容包括观念冲突、利益冲突和控制权的冲突。要能够妥善解决渠道冲突，必须本着公平公正、真诚合作和互利双赢的原则，学会换位思考，多站在对方的角度考虑问题，维护双方的共同利益，这样才能有效维护渠道伙伴关系。

（7）实现互利双赢和渠道满意。渠道伙伴关系的建立与维护是合作双方共同的事情，实现互利双赢是渠道合作的目标和最高原则，任何有损合作伙伴利益的思想和行为都不利于渠道伙伴关系的发展。其中，渠道满意是渠道管理研究的前沿问题，是渠道关系管理追求的目标，也是渠道关系质量的重要体现。完整意义上的渠道满意应该是制造商对中间分销机构、中间分销机构对制造商以及中间分销机构之间的"双向"和"多向"的满意，体现出渠道运作和渠道关系的和谐状态。

4. 建立渠道"战略联盟"

渠道战略联盟是指渠道关系发展到一定阶段，处于同一营销渠道中的双方或多方成员通过协议形成的长期利益共同体。在渠道战略联盟中，渠道成员按照协议的规定，共同开发市场，共同承担市场责任和风险，共同管理和规范销售行为，公平地分享经济利益和合作成果。

（1）渠道战略联盟的特点。渠道战略联盟主要有以下三个重要特点。

1）渠道战略联盟的一个重要特点是长期性。如果交易伙伴只是为了交易方便和谋求短时的利益而暂时联合起来，这种联合可以称为战术联盟或普通商业伙伴；渠道战略联盟信奉的是关系营销而不是交易营销的理念，追求的是双方的持久关系和长期利益。

2）渠道战略联盟的第二个重要特点是参与各方的平等性和自愿性。有的联盟往往是建立在不平等的权力关系之上的，实力强大的一方实际上通过联盟实现对实力弱小一方的控制。而真正的渠道战略联盟是建立在平等和双方自愿基础之上的，成员之间在技术、产品、技能和知识等方面平等交换，通过交换分享资源和挖掘市场机会，实现互利双赢，谋求长期共同利益。

3）渠道战略联盟的第三个也是最重要的一个特点是彼此遵循高水平的承诺。可以说，没有渠道成员彼此间的信任和承诺，就没有战略联盟，只有当渠道成员既有维持一种渠道关系的愿望，同时又愿意为维持这种关系而付出或承担某种责任和义务时，联盟才能得以维持。战略联盟本质上就是一种承诺，成员间遵守承诺是建立渠道联盟的核心内容。

联盟也是一种依赖关系。联盟及承诺意味着一种长期的眼光，促使联盟中的渠道成员即使做出短期牺牲也要保持和发展这种关系。承诺也意味着渠道成员要承受增加对其渠道伙伴依赖性的风险，做出承诺的渠道成员必须承受这种风险并采取适当的措施进行管理。尽管联盟中各方的承诺可能存在不对称的情形，但在渠道战略联盟中承诺往往是对称的，要么各方都做出承诺，要么大家都不做出承诺。

（2）"渠道战略联盟"的形式。企业间分销渠道战略联盟有多种形式，常见的有会员制、销售代理制和联营公司等。

会员制是一种比较松散的渠道联盟，彼此间约束力不强；销售代理制是一种关系更为紧密的渠道联盟，存在相互利用、依赖的利益关系；联营公司包括合资经营、相互持股等方式，这是通过法律形式构建的利益共同体，利益共享，风险共担，双方或多方之间存在紧密的利益关系。此外，特许经营也可以看作一种特殊的渠道战略联盟形式，特许方、受许方可发挥各自的资源和能力优势，联盟合作，共同创造价值，共同受益。

总之，建立渠道战略联盟为当今渠道管理大势所趋。因为建立渠道战略联盟可以获得诸多益处，如渠道成员可以实现资源共享，风险共担，更好地发挥联盟内各个成员的优势，从而获得其他渠道系统所难以获得的竞争优势，这是一种商业竞争的需要。但也要考虑到，建立渠道联盟可能会引起渠道运作成本的上升；如果联盟的基础不牢固也可能导致联盟内的投机行为；还可能因为联盟捆住了渠道成员的手脚，从而失去了市场竞争中的灵活性。是否加入渠道战略联盟，企业可以根据自身的情况及战略需要进行选择。

案例 7-4

伊利与京东：最佳合作伙伴

2018 年 2 月，在京东商城大快消事业群消费品事业部的合作伙伴大会上，乳制品企业伊利拿下了全场重磅奖项"京东 2017 最佳合作伙伴奖"。

从 2018 年开始，伊利与京东在协同创新、场景聚合、用户连接、智能驱动等领域展开更深层次的战略合作，借助全渠道模式充分发挥伊利快消品牌龙头的优势。伊利通过优化供应链体系、大数据整合、产品溯源、开放分销渠道网络能力，与京东实现跨组织、跨渠道的数据共享，积极构建一体化智慧供应链，推动与京东超级店、京东仓、区块链品质溯源及收银台等项目的对接，充分借助京东的技术创新能力提升品类发展，提高运营效率。

伊利还将重点推进与京东的营销创新，如持续打造食品内容营销生态，建立强大的达人中台和数据后台整合双方优势资源，共创品牌联合价值，通过营销项目 IP 化、营销活动场景化来挖掘和培育流量产品，以创新驱动营销短客户从流量思维转化为超级用户思维，以运营思路主导大促活动，整合大数据生态系统，把用户需求作为产品创新的最高出发点，加强反向定制等。随着伊利与京东深度战略合作的推进，双方将积极探索无界零售全新消费生态和产业链协同，实现共赢。

资料来源：王方.渠道管理[M].2 版.北京：高等教育出版社，2019.

测试题

一、名词解释

1. 渠道冲突
2. 水平渠道冲突
3. 垂直渠道冲突
4. 窜货
5. 渠道战略联盟

第 7 章
测试题参考答案

二、选择题

1. 渠道冲突从实质上讲，主要表现为_____、观念冲突和目标冲突。
   A. 利益冲突　　　B. 关系冲突　　　C. 人员冲突　　　D. 时间冲突

2. 渠道冲突处理策略多种多样，主要有六种典型方法解决渠道冲突：①_____；②劝说；③谈判；④申请仲裁；⑤法律诉讼；⑥清理或退出。
   A. 沟通　　　　　B. 对抗　　　　　C. 冷战　　　　　D. 调解
3. "窜货"俗称"冲货"，是销售网络中的分销机构受短期利益驱使，违反销售协议，有意识地跨区域低价销售产品，并造成市场混乱和严重影响厂家声誉及渠道关系的_____。
   A. 恶性销售行为　B. 良性销售行为　C. 关联交易　　　D. 促销行为
4. 新型的厂、商关系应该是一种"_____"，厂、商之间既是矛盾对立体，更是利益共同体。
   A. 合作伙伴关系　B. 交易关系　　　C. 对立关系　　　D. 管理关系
5. 战略联盟信奉的是_____而不是交易营销的理念，追求的是双方的持久关系和长期利益。
   A. 关系营销　　　B. 战略营销　　　C. 服务营销　　　D. 顾客关系管理

三、简答题

1. 怎样理解"渠道冲突的根源"？
2. 窜货会带来哪些危害？
3. 新时期厂、商关系具有什么样的特征？

四、论述题

怎样辩证地理解渠道冲突的作用？

训练设计

1. 开展一场辩论赛，主题是渠道冲突的利与害。正方——渠道冲突有害无利；反方——渠道冲突有利无害。可以将辩论主题假定或限定在同学们比较熟悉的行业，如食品、日化、文具等行业。

2. 模拟某公司的相关行业、环境、数据、资料，利用业余时间起草一份防止窜货的约束条款协议书，设定其中的处罚条例和奖励条例，约定操作规范，注意可操作性。

综合案例

小米应该如何化解渠道冲突

1. 小米手机渠道结构现状

小米手机销售渠道与同行业常见销售渠道大相径庭。一般的手机销售渠道在宽度与深度上都非常突出，其覆盖面也大，但是这样的销售渠道模式，除了需支付员工的工资外，还需要支付门店的租金及装潢费用，以及通路费用和存货成本。而小米手机主要依靠电商平台渠道的销售（占销售份额的70%），这较其他渠道而言更为经济、有效。小米将出货大量置于线上,这是其优势,但也注定是其问题所在。因其线下渠道狭窄,消费者能获得产品的途径非常有限,小米必须将对渠道进行拓展,增加销售渠道的宽度。对此,小米有些纠结。

2. 小米手机销售渠道存在的问题

(1)运营商互相抢占渠道,导致假货层出不穷。小米为开拓线下渠道,设计通过中国联通和中国电信推出合约机。但联通机与电信机的价格差异较为明显,也增加了两大运营商之间的竞争与摩擦。虽然小米公司在这个时候可能会对价格更低的联通机保持一种默许态度,但是,这无疑会潜藏风险。

(2)至今没有手机线下专营店。小米出于节约销售成本等原因,没有设立专门的小米手机专营店。小米公司已在一些较大城市设立了小米之家综合产品直营店,现阶段其主要承担客户服务中心的功能,主要业务是为用户解决临时性问题,为小米的广大忠实用户提供一个便于交流的场所,以及提供手机配件、手机售后和一些技术性的支持等服务,使小米的手机用户有一个相对固定的交流场所,但是不提供直接销售手机的业务。

(3)线上"黄牛"扎堆,一机难求。小米的互联网销售模式通过线上渠道,采用的是在线预约和按时定点抢购的形式,用户与"黄牛"同时在线上抢购。在线上未满足购买需求的用户会转而到线下看货,用户流量就会有一部分流向线下。而"黄牛"在线上用"黑科技"抢货,比普通用户更有可能抢到产品,这就导致最终产品到达消费者手中时价格偏高。面对小米官方定价与现实卖场的差距,消费者难免会有抵触情绪。

(4)销售渠道有待扩展。从实际销售比例来看,小米的核心渠道中官网销售占比高达70%,运营商渠道略显不足。小米一直争取把销售渠道始终掌控在自己的手里,从而能够更有效地管理终端价格和客户,但依靠小米官网渠道作为主要的售卖方式,虽然拥有众多"米粉",从客户群体细分而言,必会将损失一批没有上网消费习惯的消费者。

3. 小米手机营销渠道的应对策略

(1)建立快捷的防伪系统。运营商的不良操作可以通过建立快捷的防伪系统来控制,消费者可以直接在官网进行查询,也可以通过扫描二维码的模式查询,只有防伪码正确,才能证明是真货。这样的模式能有效防治手机假货泛滥。

(2)将小米之家转型。以小米现有的渠道实力,不可能直接抛弃运营商渠道,独自建立线下直营店,一是由于建立实体店需要大量的资金支撑,一时间难以筹集到这么庞大的资金量,二是由于其他手机厂商都与运营商相互合作,小米在这上面独树一帜显然并不可取。因此,小米可以将小米之家逐渐扩展转型,将自己的产品投入到小米之家进行销售,这样不仅能解决小米产品在渠道宽度上缺失的问题,也能有效减少与运营商之间的摩擦。

(3)更新信息认证规则。小米可重新设置官网购机规定以限制"黄牛"抢到手机并转卖出去:第一,注册账户的时候要求必须绑定手机,发货之前要求买家必须全额付款;第二,取消货到付款的选项,截断"黄牛"囤货方式。做到这两点,"黄牛"就会大大减少。

（4）增加更多社会渠道。虽然小米的特色营销模式让它不可能放弃电子商务平台，但小米仍可以和国美、苏宁这样的大型连锁卖场合作。拓展实体店渠道对消费者而言也有益，他们可以更方便地买到放心的真货，即使相对网上较贵，但只要在消费者可以接受的范围之内就会有效。

资料来源：根据小米网站资料整理编写，有删减。

问题思考：

1. 小米现有渠道结构模式存在哪些渠道冲突？
2. 对小米手机渠道存在的问题你还有哪些对策建议？

CHAPTER8　第 8 章

营销渠道维护与创新

章首语

新发展理念即创新、协调、绿色、开放、共享的发展理念。

党的二十大报告强调，贯彻新发展理念是新时代我国发展壮大的必由之路。党的二十大报告中还强调了创新的重要性，指出创新是第一动力。企业渠道管理工作也需要不断开拓、创新，以适应新时代消费者的购物便利性需求。企业要做好营销渠道的维护工作，这样才能保证市场秩序，实现货畅其流。同时，企业还要根据新发展理念，运用先进的科学技术，进行渠道模式与渠道管理的创新，这样才能更有效地满足人民群众日益增长的美好生活需要，助力我国经济的科学发展和高质量发展。

学习目标

1. 了解渠道产品优化与渠道维护。
2. 认识渠道价格的协调与控制。
3. 探讨渠道促销的力度与频度。
4. 讨论渠道客情关系维护问题。
5. 分析渠道调整与完善问题。
6. 探讨我国营销渠道的新发展。

开篇案例

鲁花靠真情投入赢得客户

山东鲁花集团（简称鲁花）是 1999 年进入市场的，靠着业务人员的真情投入以及灵活的渠道策略迅速发展成为花生油行业的第一品牌。

在传统批发渠道，鲁花将目标放到了不被食用油领导品牌——益海嘉里集团重视的二级批发商上，这些批发商虽然实力不如"嘉里系"一级经销商雄厚，但是这些二级批发商熟悉当地包装油市场，都有一定的流通销货能力，他们不甘心为"嘉里系"充当不可能发展成为一级商又不赚钱的搬运工角色,因此,鲁花在全国建立了 60 多个销售分公司,发展了上千家经销商,销售人员达 2 000 多人,实现了批发市场的快速上量和对零售终端的占有率。

在团购市场,鲁花各地分公司在团购前期大批量派出专职人员帮助经销商跑团购业务,将本地市场内的单位以划区包干的形式一家一家地跑,而且一年四季,坚持不懈,拉到的单子就给经销商。这让许多实力还不是很大、自己没有精力跑团购的经销商很感激。另外,由于鲁花的产品利润空间较大,各级中间商和采购经办人获利丰厚,从而极大地促进了鲁花在团购市场上的发展。再者,在卖场团购争取上,鲁花除正常的团购资源投入外,还额外给予相关经办人员奖励,于公于私,大卖场的大宗服务处当然极力推荐鲁花的产品。

在 KA 渠道,不同于某些品牌由一级商开发、业务人员经常耍大牌、卖场人员得不到好处的情况,鲁花从不吝啬客情投入,着力建立与卖场采购人员和主管的良好关系,从而使鲁花以远少于"嘉里系"的促销费、进场费、堆头陈列费,却得到了更多的关照和实惠。这就使得鲁花一直在终端保持着很好的正面形象与主推陈列,对产品销售和品牌宣传起到了非常好的促进作用。

资料来源:根据中国营销传播网发文整理编写。

问题思考:你认为鲁花的哪些做法值得学习和推广?

企业的营销渠道是一个系统,同样面临一个创新与持续发展的问题。在企业分销实践中,渠道的维护往往比渠道的开拓更重要,更需要专业技术。难怪有人感慨:"打江山容易,守江山难!"企业营销渠道管理首先要树立渠道维护意识,然后还要掌握渠道维护技术。渠道维护技术贯穿在渠道设计和渠道运作过程中,它要求"未雨绸缪",而不是"亡羊补牢",它强调前瞻性、系统性、科学性和稳定性。可以说,在某种程度上,渠道维护比渠道开拓更困难,更需要系统思维,更需要讲究科学。本章从产品优化决策、价格体系控制、促销节奏平衡、客情关系维护、渠道调整与完善、我国营销渠道的创新发展等方面展开分析和讨论。

8.1 渠道产品优化决策

产品决策是指企业在企业经营战略的指导下,根据市场研究的结果,结合企业自身的条件,确定企业在未来一段时间内的产品线、产品组合、产品规格的方向与策略,以及制订产品创新方案的过程,通俗来讲,就是生产什么产品,用什么产品来适应市场需求。营销渠道中的产品决策主要涉及产品线决策、产品组合、产品生命周期管理、新产品开发等内容。产品决策必须和渠道特点相结合,做到相互协调,才能收到良好的销售效果。产品在市场营销组合诸因素中占有举足轻重的地位,因为营销的价格策略、分销策略和促销策略都是围绕产品展开的,产品是渠道运作的核心要素,产品决策在渠道维护中也具有重要的地位。

8.1.1 渠道产品及品牌创新

根据熊彼特的创新理论,创新是一条永恒的法则,不创新则死亡;创新也是事物发展的动力源泉,唯有创新才有活力。可以说,渠道产品的不断创新是渠道管理的一项重要内容,它为渠道的发展增添了生机与活力,也是渠道维护的核心内容。

比如,娃哈哈的"联销体"渠道模式在业界享有盛誉,为了维持渠道的活力,娃哈哈不断进行产品的创新以充实渠道,并有节奏地逐步投放以激活渠道,使得渠道运作始终具有足够的动力源。娃哈哈先后投放市场的产品,早期有儿童营养液、营养八宝粥、果奶等,接下来有纯净水、非常可乐、非常柠檬、茶饮料等,后来有番茄汁、营养快线、功能饮料等。总之,它始终保持产品、品牌不断创新的势头,给顾客一种新鲜感和吸引力。

1. 渠道产品创新越频繁越好吗

渠道产品创新包括开发投入全新产品、推出改良产品、推出换代产品、引入新品牌等内容。渠道产品创新能够为渠道的运作提供动力,增添渠道活力,因为渠道成员需要经营新产品以保持渠道的新鲜感和对消费者的吸引力,同时,新产品的投放也能保证渠道成员的经营利润,因为新产品往往都有较好的利润空间。但渠道产品的创新也存在一个节奏问题,创新产品投入太慢,会使渠道显得太陈旧而缺乏活力,如果投入新产品太频繁,又会让渠道成员应接不暇,会导致渠道经营的混乱,所以,凡事都得讲究一个"度"的问题。

2. 渠道产品创新的差异化原则

根据 20 世纪 50 年代罗瑟·瑞夫斯提出的独特的销售主张(unique selling proposition,USP)理论,企业的营销策略只有具有独特性,实现差异化,才能形成竞争力,才能获得竞争优势。渠道产品创新的目的是增强渠道的吸引力和竞争力,使用最为广泛的产品创新决策是实行渠道产品差异化,即经营与众不同的产品、进行独特的产品组合或者提出差异化的产品创新主张。一句话,要与竞争渠道的产品形成区隔,才更具有竞争力,才有利于渠道的维护和持续发展。

比如,蒙牛早期在渠道销售的主打产品是蒙牛纯牛奶,后来随着渠道竞争的需要,陆续细分开发出蒙牛低脂奶、蒙牛高钙奶、蒙牛加铁奶、蒙牛加锌奶、蒙牛学生奶、蒙牛早餐奶、蒙牛酸酸乳、蒙牛特仑苏等具有差异化特征的产品和品牌满足多层次消费者多样化的需求,赢得了渠道优势。

然而,产品差异在很大程度上是渠道成员所期望的,这就使得自己的产品区别于其他竞争者的产品,甚至其定价可能会高一些,利润可能更丰厚一些,对购买者也更加具有吸引力。创造产品差异不仅仅是制造商的任务,制造商还应该激励所有渠道成员参与创造产品的独特性、差异性,以激活渠道。如终端产品展示和零售的方式、产品零售商类型以及所能提供的服务等都可能成为塑造产品差异的舞台。

8.1.2 渠道产品、品牌优化组合

产品是渠道销售的核心要素,一切渠道问题都因产品的运动而展开。产品组合是渠

道管理必须要考虑的问题，它包括产品线的组合、产品规格的组合、产品品牌的组合等内容。产品优化组合就是探讨渠道产品线、产品规格、产品品牌的优化组合问题，换句话说就是，关于应该选择经营哪些产品线、哪些产品规格以及哪些产品品牌加以组合以实现渠道销售的最大化和渠道效益最优化的决策。

根据经济学的二八原则，20%的渠道产品会带来80%的渠道销量与利润。所以，渠道产品结构需要进行优化组合，以准确找到那20%的产品或品牌，用最低的渠道费用获取最大的渠道效益。实际上，渠道产品、品牌的优化组合就是实现重点管理以避免渠道资源浪费的问题。另外，由于目前产品极大丰富，20%的主流产品、品牌的确定越来越困难，所以学界、企业界也提出长尾理论，兼顾其他非主流系列产品、品牌的销量与利润贡献。

案例 8-1

"全品项分销"教训深刻

刘经理是广东某民营食品企业派驻武汉的地区经理，主要负责公司在湖南、湖北等中南地区的销售工作。在刚刚进入两湖地区的时候，刘经理将公司的凉果、酱菜、饼干、月饼几大类共计200多种规格的产品通通发往经销商处进行全品项分销，造就了早期市场的"繁荣"，成为公司"全品项分销"的榜样。但半年之后问题出来了，经销商发现，只有少数几个品种规格畅销，很多品种规格不适合在当地销售，产品积压问题严重，要求厂家折价处理和退货。由于还有应收账款在经销商手上，厂家只好同意折价处理和退货，结果使公司蒙受很大的损失，但也收获了一个教训，认识到"全品项分销"是行不通的，企业必须有所选择有所放弃，进行渠道产品的优化组合，才能避免损失和提高效益。

资料来源：作者根据亲身经历编写。

制造商可以根据市场的变化不时地扩展或缩减产品线以及产品项目。实际上，它们在着手将那些处于生命周期末端的产品淘汰掉的同时，也要不断地增加新产品。这样的产品线扩展和缩减策略很可能会与渠道成员产生矛盾：当产品线及产品项目扩展时，一些渠道成员可能会抱怨由于产品品种过于复杂，会增加它们的仓储及销售成本；当产品线及产品项目缩减时，一些渠道成员又会抱怨失去了那些依然还有相当销量和利润的产品。因此，在进行渠道产品线及产品项目的扩展或缩减决策时，制造商要认真权衡渠道成员对此决策的态度及满意度，并尽可能争取它们对该产品决策的支持。

8.1.3 节奏性推出新品以保证渠道产品的利润空间

产品总有老化的过程，产品在其生命周期中，到了成熟期或衰退期之后，由于竞争的原因，其利润空间会越来越小，其渠道吸引力会越来越低，这时，企业必须适时推出创新产品，以补充渠道产品的总体利润空间，形成新的利润支点，以不断吸引渠道成员的注意力，保持渠道的持续吸引力。作为营销渠道的主体，企业有责任努力提高其产品力和品牌力，特别是当产品力下降时，急需产品的推陈出新，只有这样，才能满足消费者日益多样化、个性化的需求，才能维持渠道的生机和活力。因为新产品竞争者少，透明度低，可以产生超额利润，它能保证中间各环节足够的利润空间，再加上其本身的新意，必将对中间商形成销售动力。

但是，任何事情都有一个度的问题，新品的推出也不是越多越好或者越快越好，我们主张在适当的时间、适当的地点，以适当的方式重点推出，采用集中性原则，推一个扶持一个，推一个成功一个，要讲究一个合适的"节奏"。但无论如何，产品的推陈出新是渠道维护的一项主要内容，是渠道得以充满活力的真谛。

8.2 渠道价格体系控制

价格是营销要素中最敏感的要素，它具有"牵一发而动全身"的效果。渠道价格体系的制定实质上就是确定渠道利润的分配，价格体系维护得好，大家都有利益，大家都有销售热情，渠道就能够良性运作。相反，如果任何一方渠道成员的利益受到损害，渠道就会失去平衡，引发渠道冲突。因此，渠道价格体系的制定及其协调与控制就成为渠道维护的关键。

8.2.1 实施级差价格体系

1. 什么是级差价格体系

级差价格体系就是厂家针对渠道中的经销商、批发商和零售商等不同对象，分别实行出厂价、经销价、批发价、零售价以及特价和团购价的综合价格体系。

级差价格体系的实行是因为存在渠道层次和价格层次的分别。渠道层次是根据各种渠道的分类特征及与之匹配的价格水平和营销地位的差异划分排列的渠道类型。以消费品为例，其营销渠道层次可以划分为：特殊通道（含集团购买）、大卖场、连锁超市、批发市场、直销、经销商、代理商等几种类型，根据不同渠道的特点及销售实践的需要，不同的渠道类型对应着高低不同的定价水平，由此形成了与渠道层次相匹配的价格层次，如图 8-1 所示。

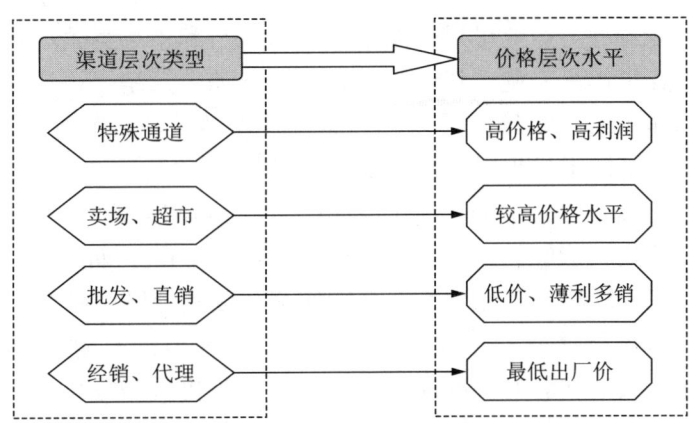

图 8-1 消费品渠道层次与价格层次的匹配示意图

级差价格体系能否成功，关键在于各层次渠道成员之间的利润分配是否合理。分销机构是否努力销售或推广公司品牌一般是由其中的利润和销量决定的，利差设计的核心就是如何合理分配最终零售价与出厂价之间的中间流通利润。如果分销各个环节利差设计合理，那么所有渠道成员都得到激励，否则某些渠道成员就可能没有积极性。如果厂家把大部分利润都分配给中间环节，则终端零售环节所获得的利益就会很小，产品就很难在终端形成热销；如果厂家把大部分利润都分配给终端零售环节，则会影响批发商的积极性。所以，级差价格体系既要求对不同渠道层次成员按照它们所在的层次来确定规范匹配的价格，也需要按照客户的重要程度来灵活调整价格。如按照现有客户的实际购买量或潜在购买量分别确定不同的价格折扣率，对购买量大的客户给予较大的折扣，对购买量小的客户给予较小的折扣等。

2. 合理分配渠道各个环节的利润

渠道的各个环节组成一条完整的分销价值链，从厂家到经销商到批发商到连锁卖场再到小店以及特殊通道等零售终端，环环相扣，紧密相连，任何一个环节的断裂都会导致整个价值链的崩盘。而渠道利润是一个恒量，某环节多了，另一环节自然少了，利润少了参与者必然没有兴趣与热情销售，销量必然下滑，如此恶性循环，通路必然阻塞，销售出现危机。所以，要使分销链能够正常运行，合理分配各环节利润空间就显得非常重要。这就牵涉一个利润平衡的问题，只有渠道各环节、各成员都有钱可赚，或者有利可图，分销工作才能有效进行下去，任何环节的无利可图都会造成通路的阻塞，这是由激励的全面性原则决定的。在这方面，"金龙鱼"为我们树立了榜样。"金龙鱼"根据市场实际严格规定了各规格产品的出厂价、卖场（KA）供价、一般连锁供价、二批供价、二批批发价，以及各层次零售终端的参考零售价、最低限价，并制定专门政策强制执行。这套价格体系设置了各分销环节的合理利润，充分保障了厂家、经销商、二批商以及各级零售终端的利润，做到了凡是销售"金龙鱼"肯定有钱赚，各级分销商纷纷参与，此举保证了各渠道成员对该品牌的忠诚，保证了分销网络的永续发展。

3. 级差价格体系的管理

企业制定级差价格体系只是渠道管理的基础，能否严格执行级差价格体系才是渠道管理及其价格维护的关键。企业可以根据市场需求水平和市场竞争的状况制定级差价格体系，接下来的重要工作是实施严格的管理，否则，如果营销渠道成员之间不遵守价格规则，相互杀价倾销或跨区域窜货，就会严重扰乱渠道秩序，危害渠道的生存。所以，在制定和执行级差价格体系过程中特别需要注意以下几点。

（1）要保证二批商甚至三批商等中间商有合理的利润空间。一级批发商（经销商）和零售商的利益一般比较能够得到保证，而处于中间层次的二批商和三批商的利润受到一级批发商和零售商的制约，若处理不好会破坏整个级差价格体系。

（2）为保证级差价格体系的稳固，无论是厂家、一级批发商（经销商），还是二批商，在面对团购和个人消费者时，都应严格按照团体销售价和零售价出售，确保不会冲击批发及零售市场。如果上游中间商以低于零售商的价格出售，就意味着抢了零售商的生意，将会引发渠道成员间的冲突，有可能招致零售商的报复行为。

（3）为保证各地一级批发商进货价格一致，厂家与一级批发商（经销商）可以按到岸价结算，所有运费都由厂家承担，以尽可能杜绝各地经销商之间的窜货。

（4）对于大型零售超市的供货价一般较高，要预留超市开展特价销售的利润空间。这样即使超市降价促销，也不至于低于批发价，不会扰乱整个价格体系。

此外，为了保证级差价格体系的合理性和执行性，厂家还要注意以下三个方面。

1）要尽可能地掌握渠道定价的主动权。如果放任由中间商自由定价，就可能导致价格失控、价格混乱。而且一旦确定以后，就必须严格执行，写入合同奖惩条例。

2）既要保持级差价格体系的相对稳定，也要随渠道环境的变化及时进行适当的价格调整，以保持定价策略的灵活性和级差价格体系的合理性。

3）在合理的级差价格体系中，不仅要对每个渠道层次类型制定一种价格水平，还应当使不同地区、不同细分市场、不同购买时间和不同订购量有一定的价格分别。

8.2.2 渠道层次与价格层次之间的平衡

为什么要考虑渠道层次与价格层次之间的平衡呢？因为渠道是有层次的，每个层次的渠道都具有其特征和规律性，只有实现渠道层次与价格层次之间的匹配与平衡，才能使渠道的运作井然有序，才能有效避免窜货、乱价现象的发生。同时，渠道是一个系统，系统内部存在内在的动力源泉，渠道层次与价格层次的平衡意味着渠道利益分配的平衡，它为渠道的有序运行提供源源不断的内在动力，反之就会引发渠道冲突，破坏渠道。难怪有人认为可口可乐渠道管理的成功秘籍就四个字：协调平衡。

1. 处理好分销层次与价格层次之间的匹配关系

原则上，分销必须有层次，价格也必须有层次，这是渠道管理的基本要求。企业只有根据其特点，以及相关价格、费用和服务要求进行定位，构建具有清晰层次特点的分销网络，并制定相应的价格体系与之相匹配，才能保证产品销售的顺畅进行。如果分销没有层次，眉毛胡子一把抓，结果会一团糟。按目前惯例，对于一般消费品的分销层次结构，最高层次是购物中心、大卖场、大连锁店（又称 KA 或 A 类店）；第二层次是中小商场、便利店、专营店、专卖店（又称 B 类店）；第三层次是小店（又称 C 类店）；第四层次是批发市场。明确定位分销层次是我们正确定价的基础，是我们建立良好市场秩序的前提。分销层次确立以后，价格体系的层次必须与之相匹配，正确的定价原则是 A 类店定价最高，B、C 类店次之，批发市场定价最低，也就是说，定位较高的分销层次必须具有相对较高的供货价格，而定位较低的层次需要配合相对较低的供货价格，这样才能使终端售价总体趋于平衡，减少由于价差形成的市场冲击，使市场持续平稳销售，达到综合销量最大化，它是基于"终端造势，周边出量"的市场结构指导思想的，即大店重点做形象，做标杆，做影响，拉开（拉高）价差档次；中小店和批发市场顺利走量。其中，做好各类店之间的价格和政策平衡是关键。

然而，分销层次与价格层次之间的平衡是相对的。平衡可以保证市场的有序和价格的稳定适中，而适当的不平衡或者冲突有必要，甚至可以转化为渠道动力。因为适度的不平衡必将引起渠道成员之间的竞争，而良性的竞争是渠道得以发展的推动力量。所以，我们有时要利用渠道激励、促销等手段，主动制造不平衡，挑起竞争，激活渠道，才能把握和掌控渠道，引领渠道健康发展。渠道的发展本身就是一个从平衡到不平衡再到平衡的动态过程，只有这样，才能既保证渠道的相对稳定，又保证渠道的可持续发展。

2. 把渠道冲突转化为渠道动力

渠道冲突在终端环节更多地体现在分销层次与价格体系之间的矛盾过程中，这种价格冲突往往错综复杂、此起彼伏，若解决不好，它会成为一种消极的渠道力量，若运用得当，它可以转化为推动渠道良性运作和发展的动力。因为价格的平衡是相对的，不平衡才是绝对的，渠道冲突可以转化为渠道动力。价格是市场的生命线，是市场要素中最敏感的要素，任何价格的波动都会引起市场的联动反应，甚至恐慌。市场价格总是处在一个从平衡到不平衡再到平衡的过程中，价格冲突永无休止，假设没有这种冲突，渠道将失去竞争，失去活力，失去发展的动力。所以，我们要放手利用这种冲突，甚至有时要主动制造冲突，激发竞争，激活渠道，这样才能把握和掌控。

就促销来讲，终端与终端之间、终端与批发之间有时必须打破平衡，挑起竞争。比如对终端的特价促销，在促销时间和品种选择上就不能一刀切，不宜同一时间对同一产品进行同样方式的全面特价促销，否则容易被终端理解成降价而不领情，达不到促销效果。最好在不同时间、不同卖场针对不同产品进行个别促销，打破商家的心理平衡，使卖场与卖场之间产生利益冲突和心理冲突，互相攀比，暗自较劲，厂家则利用手中的促销资源进行促销补偿，化解冲突，平衡矛盾，同时又创造出新的矛盾。如此一波未平，一波又起，终端就被激活了。这时，各卖场都会反过来竞相争取厂家支持，厂、商关系更紧密了，厂家也更主动了，这就叫作"鹬蚌相争，渔翁得利"。此外，对终端进行大规模特价促销必然会引发批发渠道的不满，批发销售也会暂时停顿，这时必须跟进渠道促销，消除不满，同时突击销量。反过来，批发渠道大力度促销的同时也必须有终端促销配合，这样才能让各类渠道成员满意，达到相得益彰、互相促进的效果。但促销必须坚持一个原则，就是零售终端的价格水平必须高于批发渠道，否则就会出现货物从终端倒流至渠道的虚假销售现象，造成渠道堵塞。因此，我们不难看出，渠道冲突是一个变数，处理不好的话，它是一种破坏力量；若处理得当，它可以转化为渠道动力。每个企业都有必要提升自己把握渠道冲突的能力以及驾驭整体渠道的能力。

8.2.3 渠道价格体系的控制与维护

价格作为营销组合的一个重要因素，在市场竞争中处于举足轻重的地位。价格也是一个非常敏感的营销要素，销售过程中价格体系混乱往往成为我国企业管理面临的难题。如果利润分配不合理，价格体系混乱，就可能影响渠道成员的积极性，进而扰乱整个市场秩序,影响企业的市场竞争力。所以,价格体系的控制与维护是渠道维护的关键环节和内容。造成渠道价格体系混乱的原因有的来自生产企业,有的来自中间分销商。究竟应怎样进行渠道价格体系的控制与维护,以下我们站在制造商的角度进行分析。

1. 制定稳定的价格政策

厂家在和经销商签订合同时就要明确规定稳定价格的条款。厂家要制定和维护一个相对稳定的价格体系,对不履行价格义务的经销商,厂家有权取消其经销资格。一个完善的价格体系应该对不同的分销机构,如经销商、代理商、批发商、零售商等,制定不同的价格政策,使每一个分销机构都有利可图,都愿意经营本厂家的产品。厂家的价格政策要兼顾公平,对任何一个经销商的差别对待,都可能因价格歧视而引起其他经销商的不满。例如,某一地方食品企业,其所在地的商业机构都不愿意经销其产品,原因是该企业经常以批发价甚至以出厂价向当地消费者出售商品,使得经销商的价格没有竞争力,经营利润得不到保证;又如,某企业经常以优惠价格向本厂职工出售产品,大量产品流向市场,严重影响了市场价格,使经销商的利益受损,导致经销商不愿意再销售其产品。

2. 谨慎使用不同地区价格差异的政策

有的厂家在制定价格策略时,考虑到不同地区消费者购买力的差异、竞争的差异、厂家投入的促销费用的差异、运输费用等方面的差异,因而在不同的目标市场上采取不同的价格策略。这种价格策略如果运用得当,就会增强产品在各个目标市场上的竞争能力,实现销量最大化,但如果运用不当,则可能导致市场价格混乱。有些经销商可能利用不同地区的价格差,将产品从低价格地区转移到高价格地区销售,造成窜货。并且,当市场上存在多种价格时,经销商和消费者可能提出要求平等享受最低价格的权利,对这项要求,厂家很难提出有力的理由加以拒绝。针对不同的目标市场制定不同的价格有时是必要的,但必须要掌握的一个原则是,不同地区的价格差异不足以对市场价格体系造成混乱,价格差异的幅度应该控制在不能导致在不同地区市场上窜货的范围内。

3. 积极应对定价策略变化引起的反应

厂家常常因生产成本上升、竞争加剧或其他环境因素的变化,需要改变价格策略,涨价或者降价。但是,渠道成员一般不愿意接受这种价格的变化,只习惯于与采用某种固定模式来定价的厂家打交道。对于厂家定价策略的改变,许多经销商会不适应并提出反对。因此,厂家在计划对定价策略做任何改变时,都应当提前做好市场研究,估计渠道成员可能的反应,拟订应对策略并做好说服和疏导工作。

4. 妥善处理渠道定价中的涨价行为

在厂家不得不涨价并把它传递给下游渠道成员时,如果每一个渠道成员都依次把价格上涨传递出去,并最终为消费者所接受,则渠道运作顺畅。但是,这种价格上涨通常不能全部传递给下游成员,渠道成员不得不消化一部分价格上涨。这时,厂家就应当考虑如何缓和涨价所带来的消极影响,而不仅仅只是简单地转嫁价格上涨了。在计划涨价之前，厂家应该认真地权衡涨价与保持原有价格之间的利弊。有时，尽管从短期看涨价好像是必要的，但是从长期看，是完全不值得的。对于厂家来说，只要不损害长期利益就应当尽量维持原价不变。在不得不涨价的情形下，厂家也应当尽量给渠道成员甚至最终消费者提供非价格的其他优惠条件，也可以通过改变营销组合的其他因素，来消除涨价给渠道成员带来的负面影响。

5. 加强厂家对渠道价格的控制

大多数制造商充当渠道领袖的角色，肩负着制定和控制价格的责任，所以，厂家对渠道成员的定价实施某种程度的控制是必要的。例如，为了维持产品的定位和形象，厂家不能允许渠道成员大幅降价；同时，为了保证产品的促销效果和追求市场占有率，厂家要求渠道成员不能追求过高的利润率。但是，渠道成员对定价往往会有自己的意见，坚持自己对定价的自主权。只要厂家试图对渠道成员的定价实施控制，渠道成员就会认为厂家侵犯了它们的自主权，从而引起渠道冲突。由此可见，厂家在试图对渠道成员实施价格控制时，应当注意：① 除非必要，厂家应当尽量避免对渠道成员进行严格的价格控制，否则，可能会导致与渠道成员之间的关系冲突，厂家不应采用强制的手段来控制渠道成员的价格；② 厂家对渠道定价实施控制时，应该采取说服的办法，一方面向渠道成员说明执行厂家定价策略的必要性，另一方面可以考虑对它们提供其他补贴，以换取它们的支持与配合。

6. 慎重使用厂家对渠道的奖励政策

现在许多厂家不是以经营利润来激发经销商的销售积极性，而是对经销商施以重奖和很高的年终返利，目的是鼓励经销商多销售其产品。由于奖励和返利多少主要是根据销售量多少而定，因此个别经销商为博取年终高额的返利和奖励，就千方百计地销售产品，有时甚至不择手段，不惜以低价将产品销售出去以实现销量目标，有的甚至把预期的奖励和年终返利中的一部分拿出来让给下游经销商。其结果是必定导致价格体系混乱，价格被卖低，这种做法对于渠道的危害是很大的，比如当初的"旭日升"，就是因为高返利的刺激使自己昙花一现，走向了不归路。所以，厂家不能急功近利，不能过度使用重奖和高额年终返利等极端手段，只能适度使用对渠道的奖励政策，鼓励经销商追求经营利润，厂家还要加强监管，避免渠道短期行为，只有这样才能实现渠道的稳定和持续发展。

8.3 渠道促销节奏平衡

针对渠道成员（经销商、代理商、批发商、零售商等）开展渠道促销是企业营销渠道管理的重要内容之一。从生产企业来讲，提升销量最直接有效的手段就是渠道促销，特别是在各个节日、销售淡季和年终，许多企业的营销部门为提高节日和淡季销量，都喜欢使用渠道促销手段达成销售目标。从流通渠道看，如果企业促销措施落实不到位，可能无法保证销量，也无法保障各个层级商家及消费者的利益。

然而，渠道促销是很讲究节奏（力度、频度）的。如果渠道促销的时机、力度、频度掌握不好，很可能扰乱市场秩序，破坏价格体系，引发区域间的渠道冲突，还可能引发区域联动效应，影响渠道的健康发展。

8.3.1 渠道促销的界定

渠道促销是厂家或商家针对中间渠道商（经销商、代理商、批发商、终端零售商）所进行的促销活动，目的是刺激渠道成员的进货热情和销售积极性。从内容的层面讲，促销包括渠道促销和终端促销两个方面。其中渠道促销主要是指针对中间渠道成员采取的促销行动，一般是在旺季来临之前或者新产品上市的时候采用，目的是将更多的产品推入渠道，占领渠道成员的资金和销售陈列空间，以获取渠道竞争优势，所以，渠道促销又叫作"推的策略"；而终端促销是指中间渠道成员针对消费者采取的促销行动，如特价促销、有奖销售、搭赠等，目的是让消费者购买更多的公司产品，属于销售的"临门一脚"，也叫作"拉的策略"。

8.3.2 渠道促销的目标

企业在节日和销售旺季来临之前、在新产品上市推广之初，或者在淡季为了完成销售任务，都会开展渠道促销活动。企业为什么重视和频繁开展渠道促销？我们从实现铺货率、扩大销量、新品上市推广、消化库存、季节性调整、应对市场竞争等几个方面进行讨论。

1. 实现铺货率

市场推广的一项重要指标是"铺货率"。在产品上市阶段，一定的铺货率对产品推广、广告配合、稳定市场等都有着极为重要的作用。为确保铺货率目标的实现，企业需要按计划来组建、扩大或调整营销渠道，并通过渠道促销扩大产品"铺货率"。

2. 扩大销量

在市场达到较高"铺货率"之后，企业的主要目标就是提高市场占有率，换句话说就是要提高销量。特别是在旺季来临之前，企业可以策划渠道促销活动（如进100送5）以迅速提高销量，同时抢占渠道成员的资金和仓库，抢占渠道及终端销售陈列空间。

3. 新品上市推广

由于顾客需求呈多样化和个性化趋势，企业往往需要不断向市场推出新品。在新品上市的过程中，由于经销商对新品不了解，也缺乏信心，所以，企业需要进行大量的宣传并制定相应的销售促进政策，以促进经销商进货和推广。

4. 消化库存

由于受经营规模、运输及仓储等条件的限制，企业需要定期清理库存。通过给予促销折扣可以处理库存积压问题，但大量处理库存可能会打乱市场价格体系，并导致企业利润降低，所以，在设计处理库存的促销活动时以及在时机选择、力度控制方面要多加考虑。

5. 季节性调整

有些行业（如空调、冷饮、糖果、礼品等行业）产品的销售会受到季节性因素的影响，这是由产品特性和消费者需求变化引起的。产品不同，淡旺季也不同。企业不仅要分析本企业产品的季节性变化趋势，还要分析竞品和行业的趋势，策划季节性促销以赢得竞争优势。

6. 应对市场竞争

竞争对手的销售行为是企业制定促销政策时必须考虑的重要因素。当某行业生产企业不多、市场集中度较高、产品差异性不大、消费者有相当的识别能力时，分析竞争者的市场行为就显得尤为重要，企业可以通过渠道促销削弱对手的优势，缩短与对手的距离，但促销的目的必须与企业的整体营销战略相一致。

另外，在确定具体的促销方式之前，企业应进行周密的市场调查和促销规划，并且与分销商进行充分有效的沟通，只有这样，促销活动才能有序进行并得到分销商的理解和支持，也只有这样，才能达到预期的促销效果。

8.3.3 渠道促销的力度与频率

渠道促销的实质同样是渠道利润的再分配（厂家让利），也是厂家或商家惯用的渠道激励方法。渠道激励是一项复杂的系统工程，其激励在时效、形式、力度、频度、条件、执行等方面都显示出极大的变动性、灵活性，甚至微妙性。如果激励得当，则它可以像"杠杆"一样撬动渠道，甚至推动渠道整体良性运行，而如果实施不当，出现激励过度、激励不足、激励失效等问题，它则可能变成渠道发展的阻力，甚至是破坏力。所以，如何把握渠道激励各环节的"度"（力度与频率），如何控制"渠道节奏"，对于渠道的平衡与维护至关重要。

1. 渠道促销的时效问题

一般来说，新品上市，库存处理，旺季冲销量，淡季保市场，都需要进行渠道促销，这是厂家的惯用做法。渠道促销具有适度超前的特性。特别是季节性促销抢量，更需要恰当掌握适度超前的时机。就拿一般消费品来讲，一年里至少有"五一""国庆""中秋""双11""元旦""春节"几个大的销售旺季，这几个时段的销量往往占到全年总销量的60%以上，所以，做好这几个时段的促销文章就显得尤为重要。

根据行业运作规律，消费品渠道促销应该在（终端）大旺季销售来临之前进行，因为商家有一个旺季前备货的过程。旺季前抢得先机进行针对渠道商的促销，可以抢占渠道的资金、仓库和陈列空间，挤压和排斥竞争对手，实现销量最大化并赢得竞争优势。而如果到了终端销售旺季才进行渠道促销，那就晚了，渠道商可能既没有资金也没有仓库来进你的货了。那应该提前多久进行才最合适呢？根据以往经验，提前15～30天都可以，20天左右最好。因为太早，渠道商没有兴趣，太迟，渠道商无暇顾及。

2. 渠道促销的力度和频度

按照管理学的观点，市场营销是一种销售产品的艺术，特别是在营销的节奏与频率方面，往往欲速则不达，过犹不及，其中蕴含着辩证原理。同样，渠道促销在力度和频度上也非常讲究，掌握不好就很难达到预期的效果。因为促销力度太小了对渠道商没有吸引力，力度太大了厂家又没法承受，而且容易引发冲货。促销次数太少，不利于突击销量和拓展市场，促销太频繁，又容易使渠道商厌倦，产生疲软。总之，渠道促销这个"度"很难把握。

根据江明华等人对"价格促销"的研究，消费者对品牌感知质量的评价和购买意向是消费者实际购买的基础，而频繁的价格促销则会降低消费者对促销品牌感知质量的评价，损害其购买意向，降低消费者对促销品牌的品牌忠诚，最终对促销品牌的品牌资产造成极大的负面影响。换句话说，价格促销是一把"双刃剑"，在争夺竞争对手市场份额的同时，也将严重损害企业的长期品牌资产（见图8-2）。

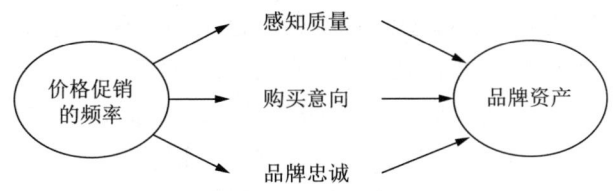

图8-2 价格促销与品牌资产关系图

有的企业有时为了追求当期销量最大化，或者在和竞争对手的对决中为了出一口恶气，总之种种原因之下，不顾大力度促销可能带来的副作用而突破行业促销的限度，采取大规模、大力度的促销。其结果是，当期可能获得很大销量（透支需求），但是，价格必然被拉低，原有价格体系必然遭到破坏，竞争对手为了生存必然竞相杀价，长期来看，价格战在所难免，最糟糕的结果是价格被卖穿，再也反弹不上来。这时，企业陷入死结，要么降价，要么更大力度促销，否则根本没法销售。

合适的促销力度的标准是促销期间不至于大量冲货，促销结束之后其价格很快反弹到原来的水平。促销期价格卖低再不能反弹，说明力度太大；促销期客户没兴趣进货，说明力度太小。根据销售经验，渠道促销的力度以"有吸引力且不至于引发冲货"为原则。比如食品的促销，一般控制在销售额的3%～5%，这个力度有一定的诱惑力，但又没有足够的空间支持冲货，因为从一个城市运到周边城市，运费也要达到销售额的3%～5%，冲货没有意义。所以，产品从一个城市运到周边城市的平均运费（比率）就是该产品在该城市可采用的促销力度的参考值。

此外，促销的频度也有讲究，合理的频度应该以"库存得以消化、价格已经反弹"为原则。如果企业连续不断地在某一渠道长期促销（促销过于频繁），将会使渠道变得疲惫和麻木，影响促销的效果。上一次的促销在渠道中囤积的货物如果已经得到有效消化，渠道商已经开始以原价进货，批发价已经恢复到未促销时的水平，说明市场已经恢复平稳，此时可以准备第二波促销动作，最好持续一阵再进行，并且最好与淡旺季相吻合。因为渠道促销本质上是透支未来销量，它往往造成销售价格下跌。

合适的促销频度标准是上一次促销之压货库存消化完毕，市场价格已恢复到原有水平，并且还要维持一段时间才能进行下一次促销。如果促销过于频繁，库存未能得到很好消化，必然造成渠道积压严重，小则跌价窜货，大则低价甩卖，导致渠道崩盘。如果促销过于频繁，渠道商会形成促销依赖，不促销不进货，逼着厂家一次次加大力度促销，直至不堪重负，旭日升的覆灭就是鲜活的例证。如果促销过于频繁，价格还没有反弹到正常水平又开始促销，势必形成降价惯性，价格会越卖越低，永远也反弹不上来。价格卖低，渠道利润会下降，厂家利润也会下降，渠道商会消极应对，整个渠道会因为驱动力不足而逐渐萎缩。到这时，厂家离退出市场也就不远了。

3. 渠道促销的形式、执行及区域联动因素

渠道促销有变相降价和涨价两种形式，以变相降价形式为主。主要表现为进货折扣（现金折扣、数量折扣、功能折扣、季节折扣等）、提供赠品、抽奖、赠送奖券、市场支持承诺（包括广告投入、终端促销、费用支持、人员支持等）以及其他促销措施，这些都是积极有效的渠道激励形式。但是，渠道促销在执行过程中有很大的弹性，往往容易出现很大的漏洞而使本来很完美的促销方案的效果大打折扣。比如说，对于折扣政策，厂家希望的是通过这种方式刺激经销商大量进货、享受折扣，并且将折扣政策往下分解，让下游批发商、零售商也享受折扣，以促进对方积极进货。但如果执行不力或监控不力的话，经销商往往会将折扣独享，囤积货物慢慢销售，这就违背了厂家开展渠道促销的初衷，对于提供赠品、赠送奖券以及市场支持，情况仍然如此。

渠道促销还应该考虑区域联动因素，也就是说，一个地区的促销要考虑它对周边市场的冲击，包括价格冲击和市场秩序问题，要把一个大的区域市场当作一个整体市场来考虑，统筹安排，长远规划，才有利于整体市场的良性发展。所以，一个地区搞促销，最好不会对另一地区市场造成严重影响。如果控制不了，最好同时进行，可以考虑以同样力度但以不同方式进行，以避免雷同而影响促销效果。

8.3.4 渠道促销的有效策略

渠道促销的方式多种多样，制造商通常采用渠道促销补贴、合作投放广告、终端展销协助、店内促销支持、开展销售竞赛、特殊促销协议等促销形式来争取渠道中分销机构的支持和配合。

1. 渠道促销补贴

渠道促销补贴最典型的做法是向渠道成员直接提供一定金额的现金补贴，或按交易额的一定百分比支付现金补贴。提供补贴是为了鼓励分销商多购买制造商的产品，给产品更多好的货架陈列位置，在特定的楼面或走道顶端宣传制造商的产品，形成产品推广的特色氛围等。近年来，越来越多的制造商正通过提供给中间商更多的促销补贴以达到推广效果。

2. 合作投放广告

制造商还通过合作广告的方式给予渠道成员促销激励。采用这种方式时，制造商与渠道成员分摊合作广告成本，共享广告利益。虽然有多种不同方式分摊广告成本，但最普遍的做法是双方按一定比例分摊，以分销商与制造商交易额的一定比例进行提取和投放。有的是由厂家负责策划投放和承担费用，有的是由双方合作策划投放分摊费用。

3. 终端展销协助

制造商要求中间分销商采取现场销售（POP）的展示方式，也可以采用现场秀、终端抽奖、促销套装、店内特别展销、邮寄宣传资料等方式来促销制造商的产品。由制造商的市场人员负责策划和设计，并提供展销的设备、条件、奖品以及技术支持，帮助分销商开展终端展销并指导其提高推广效果。

4. 店内促销支持

店内促销属于终端营销范畴，是零售商惯用的促销方式，其目的是提高产品附加价值。店内促销作为一种比较细致文雅的促销方式，需要精心的策划和设计，才能打动终端消费者。它主要适用于较高档的服装、鞋子和珠宝等消费品的促销。所以，制造商有责任提供最新的、最好的产品以及最美观、最动人的设计帮助零售店开展终端展示。

5. 开展销售竞赛

销售竞赛这种促销方式在实践中应用非常广泛。这种促销方式一般由制造商发起，并承诺以现金、实物或其他形式来奖励经销商的销售业绩突出的销售人员，从而激励营销渠道成员为销售其产品投入更多的热情和努力。由于销售竞赛是促销支持中最难管理的形式之一，它容易使营销渠道成员产生抵触，因此，在进行各种销售竞赛活动时，制造商应先了解营销渠道成员对这种促销方式的态度并获得他们的支持。

6. 特殊促销协议

特殊促销协议是企业在特定时间为了达到某个特殊的销售目的而与分销商签订的补充销售协议，包括销售公司某一类产品（如新产品）所给予销售渠道成员特别的折扣、某一时期给予消费者特别优惠（如国庆期间买一送一）、某节日如母亲节赠送优惠券、累计销售赠送特别奖品（如一个季度累计销售奖励）、开展有奖销售活动等。另外，当制造商面临库存压力、新产品上市、销售旺季以及应对竞争对手进攻时，常常要开展渠道压货促销，与分销机构签订特殊促销协议，此方式比较适用于具有很强渠道控制力的企业。

8.4 渠道客情关系维护

8.4.1 正确理解渠道客情关系

客情关系，又称客户关系，是指企业和自己的供应商、分销商、服务商以及消费者之间因为业务往来而形成的交互关系，它既包括业务的关系，也包括情感的关系。在企业通常叫"客情关系"，而书面用语通常称为"客户关系"（customer relationship）。

1. 客情≠感情；客情关系≠庸俗关系

在企业实践中，老板或经理通常都会要求业务人员"搞好客情关系"，于是，业务员就去与分销商套近乎，请吃请喝，其结果是业绩没有提升上去，生意没有多少进展，业务员还花了不少精力和钱财。为什么会出现这种得不偿失、枉费心机的事情呢？原因在于业务人员错误地理解了"客情关系"的内涵，以为"搞好客情关系"就是请吃请喝，就是吹吹拍拍，就是结交酒肉朋友，陷入了建立"庸俗关系"的误区。当然，这跟我们的一些不良社会风气有关，社会上流行哥们义气，对商业文化也产生了影响。

我们认为，"客情关系"需要建立在一定的沟通和交流的基础之上，需要投入一定的感情，但是"客情"并不简单地等同于"感情"；"客情关系"是厂、商之间的业务关系，它首先表现为一种业务员与客户之间的人际关系，但并不简单地等同于"人际关系"，更重要的是体现为一种厂、商利益关系。

2. 良好的客情＝充分的沟通＋双方的得益

根据关系营销客户关系管理（CRM）的思想，"客情关系"更重要的是一种沟通关系，一种利益关系。厂、商之间需要充分的沟通、交流，互通信息，增进了解，才能更有效地合作，才能提高渠道管理的效益。可以说，沟通是手段，利益才是目的。沟通的方式多种多样，请吃、请喝、请玩是一种沟通方式，但是一种庸俗的关系手段，往往达不到好的沟通效果，互通信息、共同开发和管理市场、共同制定和执行方案、共同调整和总结、共同培训和提高也许是更加积极、有效的沟通方式。

充分的沟通是良好客情的基础，而良好客情得以维系的前提是双方的得益，这是商业社会的基本游戏规则。没有了双方利益的保证，客情就会成为一句空话。因为企业的最大职责是赢利，商业活动的最高原则应该是利益原则。而经销商都是"经济人"，追求利益是渠道的天性，所以，把保证"双方的得益"作为渠道客情维护的根本点是合情合理的事情。故此，客情关系管理最终是建立关系型、伙伴型的渠道关系，追求和谐共赢、合作发展。以下是一个反例。

📍 案例 8-2

李经理的无间"客情"

某公司的李经理，平时为人豪爽仗义，喜欢交往，还喜欢看球、喝酒和唱歌，在公司人缘很好，领导和同事都很喜欢他。李经理是公司驻杭州的地区经理，他在浙江地区发展了十几个经销商。李经理善于交朋友，和他的经销商的个人关系都很好，甚至亲密无间，每次去拜访经销商，经销商都热情款待，请吃饭、请唱歌，甚至提前买好整箱李经理喜欢的白酒放在办公室里，吃完饭必定去唱卡拉 OK。经销商来杭州，李经理也是非常大方地接待，大家合作得很好。但后来问题出现了，经销商在旺季推说资金紧张，要求李经理在超信用额度的情况下发货，旺季后付款，李经理冒险答应了。之后，李经理去拜访客户催收账款，经销商更加热情地款待，请吃，请喝，还请玩，提供一条龙服务，可是第二天催款时经销商说最近几天资金紧张，承诺过两周打款，实则却是一拖再拖。李经理所辖地区经销商的应收账款数额越来越大,公司发现情况不对不再发货了,市场陷入停顿,李经理的业绩也直线下滑,不久辞职,黯然离开。

资料来源:作者根据亲身经历编写。

8.4.2 有效处理客情关系

渠道关系变革的趋势是建立关系型、伙伴型的营销渠道,最终的目标是实现渠道成员间的和谐与忠诚。虽然渠道客情关系的建立与维护需要各渠道成员的共同努力,但是对于渠道的领导者——制造商而言,它的地位和作用是极其关键的,制造商应该在渠道客情关系的管理和维护中发挥主导作用。

1. 选择实力和理念相匹配的分销商

制造商要建立起关系型、伙伴型营销渠道,首先必须对分销商进行甄选。甄选的标准包括:分销商的规模、资金实力、财务状况、销售能力、销售额增长情况、仓储能力、运输能力、社会关系和影响能力、市场管理能力、对品牌的看法和态度、营销道德以及分销商企业文化与生产商企业文化之间的异同等。

在分销商的选择上,我们主张门当户对。从总体实力上讲,分销商往往与厂家无法相比,但我们认为,分销商只要在自己的区域和行业里具有相对的竞争优势,原则上就属匹配,就能衔接。匹配包括实力的匹配、理念的匹配。实力的相对匹配是基础,理念的匹配是关键,没有一致的理念,很难形成共同的目标,很难就营销策略、市场规划和发展方向达成共识,因此也就很难有步调一致的行动。

2. 为分销商提供满意的产品及服务

制造商能否提供为广大客户所接受的产品,是分销商的根本利益所在。而向分销商提供完善的服务,也是获得分销商合作与支持的条件,这要求生产商做到如下几点。

- 制造和分配优质产品。
- 对产品质量及售后服务质量严加控制。
- 供货价格公平合理。
- 供货及时、有保证。
- 与分销商分担广告费用。
- 为分销商提供销售服务,如举办销售培训班等。
- 给分销商以技术帮助,包括技术说明、操作、使用、维修等。
- 提供管理协助与发展规划建议。
- 给分销商合理、优惠的政策支持等。

3. 与分销商开展平等的对话

能否真正建立起伙伴关系,所取的姿态很重要。这是一个观念问题,一个态度问题。其实,不论厂家还是经销商,各具优势,只是分工不同而已,厂家有综合实力优势，有品牌优势，而经销商有区域分销优势，有渠道网络优势，大家的地位是平等的，关系是对等的，不存在应该谁听谁的问题。厂家因此不能以势欺人，经销商也不必妄自菲薄，大家在各自的领域里都是"过江龙"或"地头蛇"。所以，只有从思想上摒弃"店大欺客、客大欺店"的传统观念，确立对等意识，尊重对方，才能发挥各自的优势，实现双赢，才能真正建立起如伙伴般的亲密合作关系。

4. 与分销商进行及时有效的沟通

良好的沟通是建立良好客情的基础。它不仅指标准、及时的信息沟通，也应该包括双方情感的交流。沟通是了解的前提，了解是理解的前提，理解是信任的前提，信任才能形成忠诚。密切的沟通可以使厂、商之间更好地了解，有助于消除双方的误会，也有助于减少观点、做法的分歧，形成双方的共识。厂、商之间只有实现充分、及时的沟通，才能消除误解、建立信任，才能同心协力克服市场障碍。而及时的沟通也有助于双方做出正确的决策。沟通的方法包括个别交流、互访活动和定期或不定期的会议以及媒介沟通等。

其实很多厂、商之间的矛盾大都源于沟通障碍，或者是信息失真造成的相互误解。有了误解就有偏见，如果不及时沟通，积怨会越来越深，隔阂会越来越大，或鱼死网破，或两败俱伤，对双方都没有好处。许多公司都把与分销商之间的沟通作为促进双方关系发展的重要步骤。

5. 提供支持帮助分销商发展

中国文化重视礼尚往来，有困难互相帮助，只有这样才能建立起深厚的友谊。朋友之间是这样，企业之间也是这样，企业与企业之间同样需要多为对方着想，力所能及地帮助对方发展，当自己遇到困难时对方才会伸出援助之手。作为厂家，有责任和义务帮助分销商进行营销策划、营业推广、业务开拓和队伍培训，提供市场支持，帮助分销商成长。制造商应该为分销商制定较高的激励标准，通过返利和市场促销等措施提高分销商的利润水平，为销售渠道成员在基础设施和推广活动方面的投资提供支持。作为分销商，也有责任全力配合厂家的品牌宣传和市场推广，帮助厂家培育市场和提升品牌，最终达到互助、共进、双赢的效果。

6. 与分销商分享利益和承担风险

厂、商之间既是矛盾对立体，又是利益共同体。利益是关系的源泉，利益原则是一切商业关系的最高原则，战略伙伴关系同样是建立在相互利益的基础之上的。一方的获益不能建立在另一方的损失基础之上，任何一方不能获益都会导致关系的解体。如果厂家与分销商不能共同分享利润、主动承担风险，再好的关系也会瓦解。所以，厂家在制定销售政策时必须保证分销商的利润和市场收益，分销商在进行市场操作时也必须考虑厂家的利益，避免各自为政和吃独食，不能因为追求个人的眼前利益而损害双方的长远利益。

7. 追求与分销商的共同成长

厂家和商家都有共同的目标，一是赢利，二是追求事业发展或公司成长。厂家希望提高公司产品的市场份额，提升品牌的价值，做行业领袖。商家则希望借此扩大销售网络,提高经营和管理水平,做渠道领袖。所以,厂、商要建立战略伙伴关系,必须支持对方的发展目标,才能相互促进,共同发展。厂家有责任对分销商提供"助销",提供市场支持,全面帮助分销商做大、做强。商家有责任全力配合厂家进行市场推广,帮助厂家打造强势品牌,理想的合作是双方都能兼顾对方目标,相互促进对方目标的实现,达到双赢和共同成长的效果。

8. 重视发挥业务人员的个人魅力

人与人之间友谊的建立和持久关系的保持常常依靠个人魅力。广博的知识、出众的能力、鲜明的个性、高尚的人格都能成为吸引对方、让人景仰的力量。厂、商关系的创建者、维护者必须丰富自己的知识,提高自己的专业能力,并完善自己的人格,将自己塑造成为"行业专家"和"道德高尚的人",这样才能赢得对方的尊重和认可。只有厂、商之间,或者双方代表之间相互欣赏、相互信任和尊重,才有可能建立高水准的理想客情。企业与企业的交往是通过人与人之间的交往来实现的,这就对营销从业人员提出了较高的要求,要想建立良好的客情关系,必先明善诚身,提高自己,把自己变成一个高尚的人、一个有道德的人、一个专业的人、一个有益于企业和市场的人。

9. 适度保持与分销商的距离感

厂、商之间作为相互独立的经济主体,必然存在各自不同的利益和立场,也就是说,厂、商关系有合作的一面,也有对立的一面。因此,厂、商关系的创建者、维护者必须站稳自己的立场,在政策允许的范围内为对方谋利益,谨防落入对方布置的陷阱,绝对不能以出卖公司利益为代价获取个人利益,这是原则问题。由此,必要时还需保持一定的关系距离,以使厂、商关系更纯洁、更持久。有的厂家派驻的销售代表,由于经不起分销商糖衣炮弹的攻击,往往丧失立场,置公司利益于不顾,与分销商勾结,牟取私利,大则造成公司重大经济损失,破坏公司形象,小则出卖个人尊严和价值,影响了厂、商之间客情关系的良性发展,甚至身败名裂。所以,厂、商之间以及厂、商人员之间保持一定的距离是必需的,坚定自己的原则立场是必要的。

8.5 渠道的调整与完善

企业要在竞争中生存和实现可持续发展,就必须适应不断变化的营销环境,对营销渠道适时进行调整与完善。即使外部环境变化不大,营销工作本身也不可能做得完美无缺,也需要不断改进,甚至推陈出新。另外,科技的进步、消费者购物习惯的改变、竞争者营销渠道的变化势必也会迫使企业调整或重新设计自己的营销渠道。一句话,面对竞争的压力与挑战,企业必须与时俱进,调整和完善原有的营销渠道。

案例 8-3

苏宁的第三次渠道战略转型

苏宁的第三次战略转型取得了巨大的成功——创立了"苏宁易购"并确立了"超电

器化"、线上线下融合发展的目标,明确提出了苏宁和乐购仕双渠道品牌运作、"旗舰店＋互联网"的战略模式,全方位满足消费者对购物便利性、产品丰富度、互动体验、定制需求、售后服务等方面的需求,全面实现了"科技转型、智慧服务"升级。

在线上,苏宁易购加快开放平台建设,拓展产品线,同时通过企业并购、战略联盟等方式,与红孩子、凡客诚品、优购等电商企业建立深度合作;在线下,实体店推出"超级店"新业态,经营品类全面"超电器化",从硬件产品到虚拟服务,从体验到智能云服务,从产品导购到整体解决,全面颠覆家电零售行业传统模式。苏宁的此番渠道模式创新旨在追求产品升级、服务升级、体验升级、模式融合,引导线上线下互动式消费模式,给消费者带来全新的消费体验。

资料来源:根据《今晚报》相关报道编写。

8.5.1 渠道调整的理由

1. 现有渠道未达到发展的要求

企业发展战略的实现必须借助分销的能力,如果现有营销渠道在设计上有误,中间商选择不当,管理力度不足,或者现有渠道在规模、水平上不能满足企业发展的要求,就会促使企业进行相应的渠道战略或策略调整,甚至渠道创新,以适应新形势下企业的分销要求。

2. 客观条件发生变化

也许当初设计的营销渠道对当时而言很科学,但现在各方面因素发生了某些重大变化,从而产生了调整营销渠道的必要。因此,企业有必要定期地、经常地对影响营销渠道的各种因素进行监测、检查、分析。另外,企业若能准确预测和把握某些营销渠道影响因素的变化,则应提前对营销渠道实施调整。

3. 企业的发展战略发生变化

任何营销渠道的设计都构成了渠道战略的一部分内容,渠道战略是围绕着企业的发展战略展开的,因此,如果企业的发展战略发生了变化,自然也会要求企业调整其营销渠道。

8.5.2 渠道调整与完善的主要方向

为了适应市场变化与竞争需要,整个渠道系统或部分渠道必须适时加以调整与完善。当然,这种调整与完善一方面要尊重中间商的选择,另一方面企业要尽可能与中间商建立更为紧密的合作伙伴关系。同时,调整过程中还要注意处理好企业内部人员和中间商之间的感情与利益关系,防止出现较大的负面影响,尤其要避免将中间商推向竞争对手的情况。企业的营销渠道调整与完善主要有以下几个方向。

1. 关注顾客满意度

面对不满的顾客,企业应找出使顾客满意的关键驱动因素,投资于那些给顾客带来实际效益和满意感而成本较低的渠道。当初戴尔正是由于有了从计算机知识比自己更少的经销商处购买电脑的不快经历，才开创了电脑直销法，创造了个人计算机业的神话。

2. 开发新兴渠道

新兴的营销渠道会带来全新的顾客期望值，并且会重新定义成本或服务标准。如在消费品行业，仓储式大型超市重新划定了规模和价格/价值关系，从而获得了传统零售商不可比拟的成本优势。所以企业应定期全面评估现有和可替换的渠道，以开发利用新渠道，服务新细分市场。

3. 填补市场空白

各个营销渠道趋向于服务各个不同的细分市场，如果企业未使用其中一种营销渠道，便可能错过整个细分市场。曾有一家计算机设备公司由于忽略了系统集成商而失去了其巨大的潜在市场。因此，企业可以在不伤及其主要的旧渠道的基础上引进新渠道，以填补市场空白。

4. 重组渠道

成功的企业在管理内部问题之余，往往也积极维护整个分销系统的竞争力。由于渠道成本受规模成本影响，因此企业可通过鼓励分销商整合来加强其网络系统，取得成本优势。此外，那些向优秀分销商提供优惠政策的渠道优化重组法也可提升整个渠道的经济性。譬如，为了使分销商保持竞争优势，美国通用电气公司（GE）的电气用具部发展了外部支持系统，包括引进顾客化库存，加快了库存周转速度，降低了运输成本。

案例 8-4

戴尔中国的渠道之变

总部设在得克萨斯州奥斯汀市的戴尔公司于1984年由迈克尔·戴尔创立。他的理念非常简单："按照客户要求制造计算机，并向客户直接发货。"这使戴尔公司能够极为有效和明确地了解客户需求，迅速做出反应。这种直销模式消除了中间商，减少了不必要的成本和时间，让戴尔公司能以富有竞争力的价格，为每一位消费者定制并提供配置丰富的计算机。

戴尔平均四天更新一次库存，把最新的技术带给消费者，远远快于那些运转缓慢、采取分销模式的公司。经过二十多年的发展后，戴尔以直接生产、快速交货的直销模式取得了巨大的成功，成为全球市场占有率最高的计算机厂商。不仅如此，它的直销模式还革命性地改变了整个行业，使全球的客户都能以更低的价格购买到计算机产品，很多人的生活和工作状况由此得以改善。

然而，在全球市场，戴尔面临着惠普咄咄逼人的竞争；在中国市场，联想等本土品牌的强势崛起也给戴尔巨大的压力。戴尔电脑的直销模式在中国曾经面临挑战，主要是来自信息到达、物流配送和中国消费者购买习惯的挑战。中国市场地域辽阔，当时科技不发达、网络不普及，商品信息难以到达，物流配送也很困难，而且，大多数中国消费者习惯在店里购物，所以，戴尔不得不做出渠道策略调整，尝试分销，以适应中国的市场竞争环境。2006年，戴尔整体业绩表现不佳，其赖以成功的直销模式受到业界和华尔街金融界的质疑，这迫使戴尔不得不重新考虑它在中国的渠道模式。为了站稳中国市场，戴尔自2008年开始颠覆了其发展23年之久的单一直销模式，开始学习和借鉴中国特色的联想分销（代理）模式，并宣布进入零售渠道，与沃尔玛、家乐福、百思买、史泰博等全球连锁零售巨头合作进行分销，采取了两条腿走路的策略。

戴尔中国公司渠道总经理表示："我们不会效仿联想的模式，而是在过去直销成功的肩膀上，再创造一个成功。"这意味着戴尔中国的营销渠道的重点在直销和分销两方面，双管齐下。为了保证中国渠道的长期、稳定发展，戴尔公司成立了专门的渠道业务部门为合作伙伴提供直接支持，开通了专门的合作伙伴计划网页以方便合作伙伴注册并与戴尔沟通。

自2015年起，我国出台了一系列推行"互联网+"的产业政策，为戴尔中国的发展提供了新的机遇，戴尔网络直销模式的优势得以充分发挥，但戴尔顾及中国市场的庞大及其特殊性，拓展了直销与分销相结合的复合渠道模式。近年来，戴尔着力渠道调整与创新，拓展了四种营销渠道互为支持、全面覆盖：一是网上（在线）购物，二是电话购物，三是客户体验中心直接购买（主要针对企业客户），四是零售渠道分销（包括各大电商平台、分销代理、大型商超、家电连锁机构、电脑专营店、戴尔专卖店）。

总之，戴尔通过线上直销与线下分销相结合的渠道战略转型，各项业务取得了稳步发展，在中国市场获得了稳定的消费群并缩小了与联想等本土企业的销量差距。可以说，戴尔与时俱进、兼收并蓄，真正领会、把握了中国市场规律，并且通过渠道变革站稳了中国市场。

问题思考：怎样看待戴尔中国的渠道变革与创新？

8.5.3 渠道改进的主要策略

1. 调整渠道政策

渠道是一个动态的系统，其系统要素构成和竞争环境都在不断发生变化，所以，渠道不是固定不变的，渠道相关政策也不能一成不变，而是需要根据实际需要不断调整。特别是通过渠道绩效的评估发现问题以后，更应该及时调整和纠偏，以保证渠道运作的高效和良性发展。渠道政策的调整包括渠道战略方面的调整，如渠道模式创新、渠道成员增减等，还包括渠道战术方面的调整，如渠道产品组合、新产品上市节奏、价格变动、广告和促销政策、铺货和信用政策、市场推广策略、人员管理政策以及渠道激励政策等。

2. 增减渠道成员

增减某些中间商经常是渠道调整的一种做法，但裁减渠道成员，是要冒一定风险的。制造商在做出这项决策时要进行渠道调整分析，要考查增减某个中间商会给生产企业的销售和利润带来什么影响。调整渠道成员、改变渠道结构不仅会影响渠道的正常运作，也会对销售部门、财务部门、物流部门等产生连带影响，因此，制造商在进行渠道结构调整前，要对因中间商的替换而产生的各方面影响进行综合分析，同时要考虑除销售、利润、成本外，这种替换对渠道整体性功能所产生的影响，以便做出明智的选择。

3. 改进整个渠道系统

渠道系统的改进是一项复杂的系统工程，因为它不仅涉及改进，还涉及整个营销系统的修正和创新。整体渠道调整，对企业及整个渠道运作的影响都很大，而且如果决策失误，短时间内又难以补救，损失将更大。所以，在渠道调整以前一定要做好可行性分析与渠道评价工作，认真考虑这种调整是否可行，中间商的反应如何，是否会引起某些重大冲突等问题。对新渠道的费用、收益及利润的分析也要从整个渠道系统角度统筹考虑，权衡利弊。有时，限制因素的变化只是暂时的现象，不久又会恢复原状，这时不要急于调整渠道；有时，限制因素虽已变化，但未来的情况难以预测，这时应尽量通过渠道管理消化这些变化，注意监测这些因素的进一步变化。渠道的调整主要表现为中间商的增减和渠道政策调整，而中间商的增减常常引发许多问题，所以事先必须周密考虑，防患于未然。

4. 增减某些市场渠道

增减某些类型的市场渠道是一种战略决策。例如，当我们通过渠道绩效的评估发现，企业产品不适合在某类渠道销售，可能出现得不偿失的情况时，就应该果断决策，放弃或删减某些市场渠道。如某公司产品线较窄，产品规格、品种不够多，尝试了进行连锁经营，但发现销售业绩不佳，入不敷出，这时就应该果断叫停，退出连锁经营而选择其他渠道模式。

当然，偶尔会出现很多经销商不能完成销售任务的情况，这种结果往往是由生产企业设定的目标与实际不符造成的，但也不排除其他原因造成经销商懒惰或有意抵抗。例如，竞争者给予渠道商更多利润时，渠道商就更倾向于销售竞争者的产品，对生产企业产品的关注度则会降低。生产企业有权删减不合格的市场渠道，但必须考虑删减市场渠道带来的负面效应。在充分考虑以下因素后，如果企业认为删减渠道利大于弊，就可以做出删减渠道的决策。

第一，减少渠道意味着减少渠道库存，也意味着将缩减生产，因为制造费用和管理费用将被分摊在较少的产品上，所以产品的单位生产成本将会提高。

第二，可能减少产品销量，闲置部分设备，引起有限资源的人为浪费。

第三，原有的一些市场机会可能转到竞争者手中，增加对手的经营实力。

第四，可能会引起其他经销商的不安和不稳定感，不利于渠道关系的维护。

8.6 我国营销渠道的创新发展

渠道创新指的是开发新的产品销售渠道或者是为原有渠道增添新的形式、新的内容。渠道创新主要包括原有渠道的优化整合、新的渠道模式的创新两个方面的内容。

创新是我们这个世界永恒的主题，不断创新才能保持旺盛的生命力。企业界往往遵循"不创新则死亡"。渠道的维护也需要不断创新，与时俱进，以顺应分销环境的变化，及时调整、变革、完善，为渠道增添活力，达到"穷则变，变则通，通则久"的效果。

8.6.1 渠道的优化整合

渠道的优化整合本身就是一种创新。十几年来，中国营销发展如火如荼，渠道变革日新月异。一时间，连锁企业蓬勃兴起，成为现代商业的主角，并大肆进行规模扩张，似乎规模等同于效益，致使很多卖场、连锁店亏本经营。与此同时，各生产企业盲目进行规模化深度分销，力图将自己的产品分销到市场的各个角落，不顾成本，不讲效益，致使投入大于产出，难以为继。这种盲目追求分销深度和规模的做法造成了渠道的盲目扩张和混乱，浪费企业资源，影响效益。所以这几年企业不断将渠道的优化和整合提上议事日程，以经营效益为考核目标，把企业当作一个利润中心而不是单独的销售中心，以期在提高整体渠道的分销效率的同时，改善企业的整体效益。

如 TCL 曾经进行"渠道瘦身"，大规模裁减自己的销售队伍，在优化销售队伍的同时优化分销商结构，并把自己的销售公司建成独立的销售平台，同时代理销售飞利浦家电和东芝彩电，大大提高了其渠道的影响力、竞争力和含金量。其中，渠道的优化整合包括淘汰落后的、多余的、不服从管理的、对公司不忠诚的渠道成员，同时吸纳一些认同公司文化的、有现代经营观念的、有一定综合实力的、资信状况良好并且具有发展潜力的成员，为渠道补充新鲜血液，以此激活渠道。TCL 在其各地区分公司的统筹下也寻找小区域经销商开展分销，同时建立"幸福树"连锁专卖店，在中国广大的农村乡镇市场开展家电产品的连锁经营。

此外，渠道的优化整合还包括渠道重心下移、渠道扁平化、深度分销、区域精耕、电子化直销、直播带货等综合渠道技术的应用，包括建立渠道战略联盟和构建复合型渠道，实施新零售和全渠道营销。如果这些渠道创新技术使用得当，就可以帮助企业改善分销网络质量，增强渠道活力和竞争力。

8.6.2 渠道模式的创新

渠道的创新还表现为渠道模式的创新。我国地域辽阔，营销环境复杂，各地区需求差异很大，其分销结构体现出明显的不平衡性和巨大的变动性与差异性。目前看来，没有任何一种单一的渠道模式能够满足我国市场多层次、多样化的分销需求。事实证明，企业只有因地制宜，不断进行渠道创新，才能获得比较优势，才能在竞争中克敌制胜。

想当初，联想从做代理开始，建立了自己的销售网络，后来形成自己独特的"贸、工、技"相结合的模式，并在此基础上，创建和扩张了自己的"联想1+1"连锁帝国，既掌控了终端，又保证了市场拓展和售后服务。后来，联想更宣布学习戴尔模式，尝试直销，目的是构建联想多层次、多结构的分销网络，形成强大的渠道竞争力，同时，联想通过并购 IBM 的 PC 业务，把自己独特的分销模式复制到世界市场，将其强大的网络延伸到了海外。海尔的销售通路也是从原来的依靠大型百货商场,到后来建立店中店、产品专柜,再到今天形成直营结合专卖店的形式,经过不断调整提升,增强了渠道运作的有效性。

此外,业界熟知的格力电器"区域股份制销售公司"模式、娃哈哈的"联销体"模式、商务通的"小区域独家代理"、雅芳的直销模式、戴尔的直销结合分销的模式、阿里巴巴的网络渠道平台、当当网的电子渠道、汇源的餐饮直销模式、苏宁易购的核心家电3C业务和定制包销模式、拼多多的团购模式、京东的自建物流模式以及格力电器的"格力董明珠店"直播带货模式等,都是非常具有生命力的渠道创新模式。

案例 8-5

格力电器拓展新渠道

格力电器成立于1991年,发展至今已经历企业初创、高速发展、转型升级三个阶段,目前正处于渠道变革阶段,正积极布局新零售渠道。在渠道变革的过程中,降低渠道加价率,以及提高对于终端价格的把控能力,是格力最核心的变革路径,目前格力电器的渠道变革方向是渠道扁平化和新零售渠道体系的建设。

格力电器线下经销体系包括区域销售公司、代理商等多个环节,格力电器根据区域销售公司每年销量分配提货任务,再由区域销售公司统一管理。过去,线下经销商打款提货,由于区域销售公司、代理商等多个环节存在加价行为,致使格力电器线下产品价格高、性价比低。从2020年开始,格力电器线下门店大量缩减,其空调产品逐步向线上渠道转移,实体门店的关闭推动了直播电商的快速发展,"格力董明珠店"逐渐成为格力空调的重要销售渠道之一。

自2020年6月1日第四次直播起,格力电器直播由线下经销商协助引流,在线上实现统一转化。线下经销商以"类地推"方式将线下流量集中,消费者通过经销商专属二维码进入直播间,待消费者线上下单后,再由格力电器将销售额分配至线下经销商。销售成交后则由线下经销商就近发货。在本次渠道变革中,格力电器引导经销商积极转型,促进线上线下渠道融合,推进经销商分享新零售渠道红利。2020年4月至6月,格力电器董事长董明珠在抖音、快手、京东等平台亲自直播带货,5场销售额累计达178亿元;2020年7月10日,格力电器开启全国巡回直播第一站,实现销售额约50.8亿元。

直播过后又有媒体爆料,有的经销商的"刷单"现象遭到了格力电器的抵制。直播过程中,直播间的产品定价会比经销商的售价略低,但高于经销商从格力电器拿货的成本价,用户在直播间落定的订单将会分配到对应的经销商。本质上相当于格力电器借助直播帮经销商完成了线上销售,这也是董明珠在直播时一再强调的,帮助经销商一起渡过难关。这种销售渠道扁平化体系,对格力电器的传统销售模式形成了巨大冲击,对专卖店模式的打击无疑是毁灭性的,而且会对格力电器的价格体系造成干扰。尽管格力电器直播对经销商产生了不小的冲击,格力电器依然声称要保护经销商的利益,但这就等于放弃了一部分给消费者的利益。目前来看,格力电器的电商直播+经销商这种销售体系,导致格力电器的产品层层加价,最终导致终端售价上涨10%~20%。

从格力电器目前的战略步骤来看，经销商在未来的销售体系中一定会逐渐缩减，甚至最终被淘汰。直播累计销售额破百亿元验证了新模式的可行性，但经销商也不能直接一刀切，如今来看，直播可以作为一个契机，格力电器或许正在经销商和新零售之间寻找一个新的平衡点。

资料来源：根据网络资料编写。

问题思考：怎样看待格力电器新一轮的营销创新？

毫无疑问，渠道需要创新才会充满活力，但并不是越新越好，越超前越好。当初很多企业都想模仿戴尔的直销模式，但那是不现实的，连IBM都无法克隆这种模式，因为它要求极高的信息到达、物流配送和柔性生产水平，也许它根本就不适合其他许多企业。所以，渠道的创新必须遵循独特性与适应性相结合的原则，必须因地制宜，切忌盲目模仿。

8.6.3 电子营销渠道的兴起

1. 电子渠道时代的到来

信息科技的发展，催生出一个巨大的网络市场以及相应的电子营销渠道，电子商务的普及和逐步走向成熟，颠覆了部分传统的渠道管理规则，也使企业的渠道管理工作变得更复杂和更具挑战性。一方面，电商新渠道的出现，增加了渠道决策与管理的困难性，因为电商的出现给企业提供了新的更多的可供选择的渠道形式，企业要面对是否开辟电商渠道的权衡，同时企业又必须承受来自线上、线下渠道争夺客流的矛盾与煎熬，绞尽脑汁避免线上线下的渠道冲突。另一方面，电商模式的出现导致了消费者购买行为的变化，因为消费者网购行为与传统渠道中的消费者购买行为存在差异，每一个试图拓展网络渠道的企业都必须研究现代网络环境下的消费者购买行为特点，以及建构提高新的网络渠道分销精准性及效率的策略与方法，因此，拓展网络渠道既有风险，也对企业提出了更高的要求，网络渠道的异军突起为我国企业营销渠道管理带来了挑战。

互联网的出现改变了人类的生活方式、工作方式，也改变了企业商业活动的运行模式，正在给未来经济发展带来无限活力与商机。科学技术，特别是与计算机、互联网相关的技术，已经对现代营销渠道的设计和管理产生了重大的影响。互联网是一个覆盖全球的信息网络、社交平台，正演变成为全球巨大的虚拟交易渠道和平台。目前全球的互联网用户有数十亿之多，并在蓬勃发展，继续增长。使用互联网从事直接的网上销售虽然有一定的限制，也有一定的不确定性风险，但消费者仍乐于接受这种购物形式。随着伴随互联网成长的80后、90后、00后成为社会主要消费群体，网购市场将迎来突破性发展。可以说，在线销售已经成为企业参与市场竞争的有力手段，以互联网为载体的电子渠道正在成为一种主流的营销渠道。根据中国互联网络信息中心发布的第52次《中国互联网络发展状况统计报告》，截至2023年6月，我国网民规模已达10.79亿人，不仅遍及大小城镇，也覆盖了广袤的乡村。另外，从网络平台的交易情况看，京东、当当、淘宝网、苏宁易购、唯品会、美团网、大众点评、携程旅行网、1号会员店等电商平台已经成为当今人们购物消费的主要场所，日常交易量已几乎占领了国内市场的半壁江山。总之，电子渠道交易特别是手机移动终端已经成为当今我国商品交易的重要渠道，未来电子渠道的前途真是不可限量。

案例 8-6

华为的电商渠道拓展

华为是一家总部位于中国深圳的生产和销售通信设备的民营通信科技公司。自电商平台兴起以来，华为在电商渠道的探索就从未停止过。截至 2022 年，华为已在京东、天猫、淘宝、抖音等多个电商平台上销售产品，华为终端电商授权商家数量已多达 224 家。早在 2021 年 10 月 20 日由华为云和亿邦动力联合主办的 2021 华为云电商创新增长峰会上，华为公司副总裁张修正就表示，华为云已经与很多电商客户和伙伴开展了深度合作，如梦饷集团、食行生鲜、一手电商、百应科技、赛盒科技、蘑菇街、微拍堂等，在流量增长、精细化运营、技术创新等方面展开探索和实践。"华为云专属月·行业深耕电商"专项行动的启动，代表华为云将深入电商行业，与越来越多的电商客户和伙伴携手并行，共建新生态，共赢新未来。

除了与各大电商平台通力合作，华为还专注于开发属于自己的电商平台，华为商城（Vmall）是华为公司旗下的自营电子商务平台，以最终消费者为主要对象，提供华为手机、无线上网设备、平板电脑、配件等系列终端产品和相关服务，是以营造用户的移动信息生活为服务宗旨的互联网商务平台。华为为这个平台的开发付出了不小的努力，如为解决平台在面临海量用户进入秒杀活动时资源利用率低、扩展性差导致传统部署无法满足等问题，为华为商城业务量身打造了公有云解决方案，从安全性、灵活性及业务延展性等方面提升网络宽带综合性能。依靠华为打造的公有云平台解决方案，电子商城不仅有效降低成本，提升安全性能，提高资源利用率，更大大解决了高峰时期的访问量负荷问题，极大地提升了客户满意度。

多措并举，华为今天不止能依附于电商平台进行分销。在华为官网，华为云-云商店板块下，我们可以看到一个叫"网站建设"的单元，这是华为打造的网络（如电商）平台的模块，今天的华为还可以为其他企业提供网络销售的渠道。华为 2021 年的财务报告中，净利润一项高达 1 137 亿元人民币，电商业务功不可没。华为正紧跟时代步履，推进电商深耕，逐步实现全平台、多渠道的产品分销、服务拓展，助力公司业绩稳步提升。

资料来源：根据中建信息网发布文章整理。

问题思考：电商时代，华为怎样盘活电商渠道这步棋？

总之，随着现代信息科技的深入发展，互联网特别是移动互联网已经成为当今商品交易的主要载体和平台。B2C、B2B、微博、微信、QQ、app 等虚拟渠道受到消费者的青睐并在企业经营中逐步得到推广和广泛应用，由此进一步形成了 O2O 等线上和线下相结合的新型渠道模式。当然,线上线下双渠道并行也给企业带来各种矛盾和冲突,需要企业在渠道创新及管控上更加努力并且兼顾各方利益相关者的利益,主动适应市场需求的变化。零售行业也正在探索新零售的发展之路,即以互联网为依托,通过运用大数据、人工智能等先进技术手段,对商品的生产、流通与销售过程进行升级改造,进而重塑业态结构生态圈,并对线上服务、线下体验及现代物流尝试深度融合的零售模式。近年来,移动终端发展尤为迅猛,利用智能手机或其他电子设备进行网络购物也已经成为一种新的时尚、潮流和生活习惯,越来越多的人乐意通过互联网以及其他移动终端购物消费和支付,各行各业步入了"互联网+"新零售时代。

2. 电子营销渠道的界定

渠道管理专家伯特·罗森布洛姆认为,电子营销渠道是"利用互联网得到产品和服务,从而使目标市场能够利用计算机或其他可行的技术购物,并通过交互式电子方式完成购买交易"的渠道形式。通俗来讲,电子营销渠道是指综合利用互联网络、电子计算机和数字交换等多种技术,实现把特定商品或服务从制造商转移到消费者的经营活动过程。电子营销渠道又被称为电子商务、互联网商务、互联网购物、在线购物、虚拟购物、电子分销等。就目前的情况来看,以电脑(互联网)为依托的电子营销渠道出现了两种新的发展趋势。

(1)移动的电子营销渠道。移动的电子营销渠道又名移动商务,是指能够使消费者在任何时间、任何地点都能很方便地进行购物或消费的电子渠道或方式。近年来,智能手机的出现使这个功能得以实现,消费者对于移动购物的兴趣也日益浓厚。智能手机极大的便携性和强大的功能为消费者随时随地购物消费提供了可能的平台,而越来越多的消费者不但使用智能手机购物消费,还利用其研究产品、寻找优惠券和比价,手机成为现代消费者重要的生活智库和购物渠道。随着手机银行等支付功能的完善,网络环境的净化,网络购物风险的降低,消费者利用移动终端购物的心理障碍将逐步消除,移动商务将成为未来的主流消费渠道。

(2)社交网络的电子营销渠道。随着现代信息技术的发展和人们互联网生活的丰富,作为虚拟空间的社交网络也逐渐发展成为一种可供选择的销售渠道。在美国等发达国家,大多数居民注册了Facebook或MySpace、Twitter等社交账号,用于交流思想、互动,也用于购物消费,社交网络已成为一种普遍的商务推动力量。在我国,智能手机基本普及,大多用户开通了QQ和微信相关功能,有的经营了自己的微博,商家利用QQ和微信等平台推广产品已经成为一种有效的选择,消费者利用QQ、微信等平台购物消费也成为现实。事实上,随着大量商家开始使用社交网络与顾客接触,不久的将来,在社交网站里布满电子销售渠道将成为这些网站的商业特征。

3. 电子营销渠道的优势与劣势

由于电子渠道费用低廉而且有效,许多企业都在着力拓展。目前已取得成功的领域主要是网上电子订购。消费者可通过个人电脑进入制造商在互联网上的主页查看其产品信息,然后发电子邮件或打电话购买特定规格的产品。比如,戴尔电脑公司就是主要通过这种电子渠道方式营销,发展成为全球第一大个人电脑供应商的。

与其他营销方式相比,以互联网为平台的电子营销渠道具有如下优势。

(1)电子渠道的全球性。企业的营销活动可以通过互联网与世界市场直接沟通,企业可以获得广泛的顾客接触面,成为世界经济的一分子,获得广泛平等的交易机会,有利于拓展市场空间。

(2)电子渠道的便利性。便利性是消费者选择互联网购物的最重要原因。与其他零售店铺购物相比,消费者足不出户就可以买到自己喜欢的、需要的商品,还可以浏览多个网上商城。特别是智能手机的出现,更是使消费者随时随地消费成为现实。

(3)电子渠道的交互性。顾客与企业可以开展双向交流,顾客可以从网上获取企业的商品或服务的信息,也可以向企业咨询、洽谈、订货;企业可以按照顾客的要求进行个性化服务,也可以通过配送系统向顾客送货。企业还可以与其他企业进行网上交流,加强业务往来。

(4)电子渠道的低成本。网络营销几乎不需要大的固定资产投入,千人传播成本[①]最低;企业可以随时更新网上信息,省去了在传统媒体做广告的费用;企业可以从网上收集信息,减少派人收集信息的成本;电子营销渠道还可以实现"无纸化",从而节约办公费用。

(5)电子渠道的直接性。电子营销渠道可以使企业直接向顾客销售产品,不必采用间接渠道,从而减少分销环节,减少了渠道费用;企业可以根据顾客的网络订货量的多少组织生产、供货,从而减少库存,实现"即时生产"。

(6)电子渠道的高效性。电子营销渠道可以使企业迅速获得技术信息和市场信息,及时调整自己的生产经营策略,迅速将自己的产品或服务推向市场,达到"先入为主"的制胜效果。

(7)电子渠道的形象性。发布产品信息之文字、图像、声音等,可以利用多媒体技术制作,图文并茂,生动形象,富有感染力,以提高传播效果,促进销售。

(8)网络运行的全天候。电子营销渠道可以使企业随时待命,一年365天,一天24小时,从不间断,随时都可以发布信息,随时都可能实现销售,有利于提高销售效率。

(9)网上信息的无限性。企业既可以从网上海量信息中获取自己想要的信息,同时又可以面向世界通过网络发布有关本企业的商品、服务等全方位的信息。

(10)基于数据库的客户关系管理。电子营销渠道有利于广泛收集现有客户和潜在客户信息,建立顾客数据库。以此为基础,可以进行数据分析和数据挖掘,了解顾客需求与偏好,帮助企业识别客户、识别市场,锁定重点客户和目标顾客群,开展精准营销和客户关系管理,因为互联网的优势之一就是能够追踪顾客浏览的企业网页信息,使得企业与顾客进行对话并保持长期关系成为可能。

[①] 千人传播成本也称千人成本,是指广告主购买1 000个广告收视次数的费用或者是广告被1 000人次看到所需的费用。

> **案例 8-7**
>
> ### "光棍节"刮起的购物风暴
>
> 所谓"光棍节"（11月11日），本来并不是什么传统节日，只是民间对于单身汉找个理由找乐子的戏称。但近年来，"光棍节"经过阿里巴巴的营销，成了一个消费者的购物狂欢节，也成了商家的销售狂欢节。据《今晚报》报道，2012年"光棍节"期间掀起了一股网购的狂潮，当天通过支付宝完成交易的总销售额达到191亿元（人民币），在当时创下世界纪录，也让世界见证了中国电子商务的市场能量，显示出我国网上消费的巨大潜力。不少传统品牌也搭上了网购的顺风车，创造出骄人的销售业绩，如骆驼服饰、全友家居等单日销售额都突破亿元大关，这个现实必然会催生我国企业营销渠道的电子化变革。更让人吃惊的是，至2014年的"光棍节"，当天通过支付宝完成交易的总销售额超过300亿元，2015年的"光棍节"达到500亿元，2016年的"光棍节"超过900亿元，2017年的"光棍节"达到1 200亿元，2018年的"光棍节"超过1 400亿元，2020年的"光棍节"销售额更是近2 000亿元……年增速超乎想象，可见中国市场的强大消费力以及新时代我国消费者对网购的火热激情。难怪有人放言"淘宝十年后会超越亚马逊、沃尔玛"，你觉得呢？
>
> 资料来源：根据网络资料编写。

与其他营销方式相比，电子营销渠道也不可避免具有一些劣势。

（1）消费者无法接触实际产品。通过电子渠道购物，只能网上浏览产品的图片展示，不能直接接触到实物。换句话说，消费者只能大体感受到产品的外观形象，不能触摸到它的质感，不能体味到它的味道，更不能试穿、试吃，因此，对所购产品的质量以及是否完全符合购物期望没有十足的把握。图片与实物之间往往存在差距，有如隔山买老牛，购物满意度很难保证。

（2）购物的成就感、愉悦感滞后。通过电子渠道购物需要一个订单处理、支付货款、产品分装、物流配送的过程，往往存在购物的成就感、愉悦感滞后的问题，特别是对于性格比较急躁的消费者或是产品急需者来说更是一种煎熬，遇到节假日、购物旺季，货物积压、配送拖延也许更为严重。

（3）购物网站鱼龙混杂，难以选择。由于电子渠道所应对的是一个虚拟的世界，从制造商到零售商，各种层次成千上万的商家都在互联网上建立自己的网站，消费者只能凭借网站上的信息进行真伪判断和优劣判断，往往难以了解企业的真实面目，难以筛选到适合自己的好的商家，因此，网络环境的混乱成为虚拟空间的一大问题，消费者容易被一些虚假表象所蒙蔽。

（4）网络购物存在安全风险。网络购物的风险除了货不对版情况外，主要表现为假冒伪劣产品和信用安全风险。网络销售平台开放、分散，其销售主要依靠信用监督（评价），很难做到产品质量的全面监管，因此，不少假冒伪劣产品的制造者利用网络渠道售假，坑害消费者，如《焦点访谈》就曾经报道过深圳宝安某村全村制售假冒某知名品牌洗发水的事件，规模惊人。此外，网络平台中也会有一些钓鱼网站，行骗取消费者钱财之事,如每年高考后都有假冒高校招生骗财的事件发生。

4. 电子营销渠道的建设

一般来讲,基于网络的电子营销渠道主要有两种类型或模式——B2B(企业对企业)和 B2C(企业对消费者),这两种类型(模式)都具有各自的特点。

B2B 模式具有购物批量大、购货频率低、客户数量少、客户关系比较稳定、购买方比较集中等特点,因此,其网络渠道建设的关键是设计便利的订货系统,以方便购买企业进行选择和下订单。这种模式的基础是供货企业与企业客户之间容易建立了解和信任,资金流和信息流比较顺畅,一般是通过网络进行信用支付,结算也比较简单可靠。同时,由于该模式订货批量大、次数少,也便于专业的物流配送。

B2C 模式则具有购物批量小、购货频率高、客户数量多、客户关系不稳定、购买方非常分散等特点,因此,其网络渠道建设的关键是设计便利高效的订货渠道、结算方式和物流支持系统,这也是网上购物渠道必须要突破的瓶颈。现阶段的 B2C 主要有两种操作方式:一是制造商建立网店系统直接面对消费者销售其产品,实行网络直销,我国不少知名企业都采用这种模式,都有自己的网络旗舰店,如海尔、联想、格力电器、李宁、骆驼等;二是制造商通过专业的电商代理销售其产品,实行网络连锁经营,如淘宝网、唯品会、苏宁易购、京东商城等,就是这样的中间分销平台。

根据以上电子营销渠道的特点,网络渠道建设必须要做好以下几方面的工作。

(1)网络渠道设计必须考虑克服顾客的心理障碍。网络是虚拟世界,消费者又不能触及目标商品,因此,上网购物往往缺乏安全感,怕买到不合心意的产品,更怕上当受骗,有鉴于此,网络渠道设计要采用顾客容易接受的方式,尽量消除顾客的顾虑,吸引其大胆上网购物,如现在不少网购平台采用货到付款、信用支付(第三方担保)等方式,推行一定时期内无条件免费退货退款等举措,大大增强了消费者的网购信心。

(2)网络渠道设计必须充分考虑顾客购物的便利性。比如订货系统尽量简单明了,让客户易于操作,并且不要让客户填写太多的信息;商品的网上陈列尽量分类清晰、明确,让客户能够轻易地找到自己想要购买的商品;提供详细的商品信息,以便部分客户做深入研究和对比选择。很多网购平台常用的"购物车"模式就充分满足了顾客便利自选的需求,如亚马逊的系统设计就比较人性化,会及时告知订单信息及进展并提示查收;即使下了订单,在未告知已发货之前也可以撤销和修改订单;发货之后还会追踪了解顾客购物体验。

(3)网络渠道设计必须充分考虑顾客支付的安全性。网商应该根据各地区经济发展的水平和环境条件,尽量设计多种购物结算方式供顾客选择,如现金支付、网银信用支付、POS 机刷卡等。更为重要的是,要充分考虑到网购的金融风险,保障顾客支付的安全性,尽量采用信用支付、第三方担保等较为安全的间接支付方式。

(4)网络渠道设计必须考虑建立高效的物流配送系统。物流配送的速度、质量、水平是考验网商运营水平的重要指标,也是影响顾客满意度的一个重要方面。因为网购具有价值实现的滞后性,购物者都会有焦急等待的心理,只有拿到所购货物,心里才会踏实,因此,高效的物流配送系统是现代网商成功经营的保障。同时,高效的物流配送系统还能够降低经营成本，提高企业效益。也正因为网购对物流配送水平的要求，提示企业在设计电子渠道时充分考虑自身产品的特点，看看是否便于运输和配送，是否适合采用网络销售。例如珠宝、机器设备、生鲜食品、家具、商品房等就不太适合网络销售，渠道设计者必须保持理性。

此外，由于电子营销渠道存在虚拟性、跨时空性、科技密集性等特性，渠道管理中除了与传统渠道一样需要控制各个组织成员的渠道权力分配外，还应重点加强基于互联网的订货系统、物流配送系统和网络支付系统的管理，这对于企业渠道管理工作是一种新的挑战。

案例 8-8

三只松鼠的电子渠道策略

1. 布局线上渠道系统

三只松鼠股份有限公司（简称三只松鼠）的全部商品都是通过网络平台进行线上营销，不设有实体店铺。三只松鼠尽可能地通过软性服务，如松鼠客服售后反馈、官方网站设计等来弥补这方面的缺陷，通过情感上的交流打动首次消费人群。三只松鼠不仅拥有最开始的天猫旗舰店，目前还发展了多个网络平台进行营销，在京东商城、1号会员店、拍拍、当当、苏宁易购等平台上都设有网上店铺，消费者可以通过多种渠道进行购买。

2. 追求用户体验至上

三只松鼠的信仰是"要实现为全人类寻找最优质，最新鲜，最健康的森林食品"。它亲切地称呼每位消费者为"主人"，足以看出其对每一位顾客的重视，这样的消费体验会让顾客觉得自己受到了重视。产品的内外包装、企业客服以及售后服务处处都体现着"三只松鼠"真正以顾客为中心的销售理念。

第一，产品包装。三只松鼠的包装箱以原木色为主色调，并印有松鼠的笑脸卡通图案，箱子下角还配有"主人，快抱我回家！"的对话框，给人一种大自然寄来的包裹的感觉。打开包装箱，里面每一袋食品都用牛皮纸袋独立包装，而且不同的食品包装袋上的松鼠漫画形象也不同。不仅如此，包装箱内还配有服务卡、果壳袋、湿巾、食品夹，基于用户体验至上的理念，所有配备一应俱全。

第二，销售客服。进入三只松鼠的天猫旗舰店，通过阿里旺旺与其客服对话时，他们会亲切地称呼每位消费者为"主人"。每位客服以"萌鼠"自居，运用个性化的网络语言，将传统的卖家与买家的关系转化为宠物与主人的关系，这样有趣的购物体验相信是众多年轻的85后、90后消费者无法抗拒的。

3. 强化物流配送能力

三只松鼠能让消费者选择多次购买的原因还在于满意的物流体验。消费者当天下单，一般都能保证隔天即可收到购买的产品，最快甚至当天就能收到。它在北京、成都、广州、芜湖的四个仓库能够供应周边客户的消费需求,尤其是对于食品,消费者都看重新鲜度,因此快捷的物流是大多数消费者多次购买的主要原因之一。

资料来源:根据三只松鼠官方网站资料整理编写。

8.6.4 移动互联网渠道发展

当今移动互联网时代,越来越多的消费者通过自己的智能手机、平板电脑、可穿戴设备等移动终端进行在线购买、支付和消费。而且,因为智能手机等移动终端携带方便,目前功能已经非常强大,成为互联网环境下消费者喜爱的、离不开的交往与交易平台,特别是现代年轻人,已经习惯于使用移动互联网交往、购物消费与工作。智能手机已经成为他们的"伙伴",他们可以利用碎片化的时间随时购物,既方便快捷又安全可靠,因此,移动客户端购物交易量近年来急剧上升,移动互联网渠道呈现蓬勃发展之势。

案例 8-9

象山枇杷:网络直销中崭露头角

象山作为中国枇杷六大产区之一,枇杷的栽培面积达 2.23 万亩[一],与柑橘产业一起成为当地的优势产业。2017 年,整体气候适宜,象山枇杷获得了大丰收,总产量达 8 500 吨。

大丰收欣喜之余,为了应对可能出现的销售压力,象山县政府早早就采取了措施保障产销平稳。当年,县政府策划开展了"2017 象山网络枇杷直销节"推广活动,确立了通过网络特别是移动互联网终端直销象山枇杷的营销战略。通过五大活动篇章,从品牌传播、提升活动影响力、促进枇杷销售等方面,多管齐下,线上线下联动发力,在打通网络销售渠道的同时,带动了线下销售市场,为象山枇杷的销售打开了新的世界的大门。

象山网络枇杷直销节活动刚开始的一个小时内,各平台浏览量就达到了 5 万人次,象山枇杷成为当季移动互联网农产品的"网红",产销两旺。主打的象山白枇杷以其皮薄、肉厚、汁甜、新鲜等特点获得了消费者的青睐,在网上也得到了"象山白仙子"的美誉,成为象山农产品的一张名片。

资料来源:国家旅游地理网发文《象山枇杷大丰收,网络直销中崭露头角》,2017-05-27。

1. 移动互联网渠道的界定

随着智能手机等移动通信设备的出现,互联网渠道发展进入移动互联时代。互联网渠道是以固定终端计算机为依托的网络系统和交易平台,顾名思义,移动互联网渠道依托的是移动客户端设备。互联网渠道和移动互联网渠道共同构成了网络营销渠道。

所谓移动互联网渠道,是指应用移动互联网设备提供可利用的产品和服务,以便使用计算机或其他能够使用的技术手段,通过移动终端完成交易活动。移动互联网渠道

[一] 1 亩 = 666.6m^2。

的媒介多为各种移动终端 app。移动终端 app 就是移动应用服务网址、平台，是各个机构针对智能手机等移动终端设备连接到互联网的业务或者无线网卡业务而开发的应用程序。

2. 移动互联网渠道的特点

移动终端互联网是固定终端互联网因为信息技术升级的产物。根据尹元元、朱艳春等学者的研究，移动互联网渠道不仅具有一般电子渠道的特征，它还具有如下几方面特点。

（1）用户主动性。在获取信息的方式上，移动终端用户比固定终端用户更具主动性。固定终端用户信息的获取主要通过浏览的方式，较大的屏幕能够容纳更多的内容，便于浏览；移动终端用户获取信息主要通过搜索的方式，根据自身需要获取特定的信息。因此，移动终端用户更倾向于主动搜寻交易信息以满足自身及时需求，自主搜寻意识更强。而且，移动终端用户自我表达意识更强，用户逐渐掌握话语权，不再只是被动地接受企业推送的单方信息，而是主动与企业进行平等的对话，互动交流并做出快速反应与消费决策。

（2）时空无限性。移动终端体积小、方便携带的优点，覆盖范围日益广泛的 Wi-Fi 网络环境，以及 4G、5G 技术业务的普及，使得人们运用移动互联网消费变得随意、快捷、安全、有效，人们上网消费的环境不再局限于家中、网吧、办公室等固定场所，而是随时随地享受网络消费带来的方便与快捷。而且，交易双方能够随时通过移动应用了解产品、服务和需求信息，可以随时随地在移动应用上下单、支付并完成交易，及时获得反馈信息和做出反应，不受时间和空间的限制。

（3）高互动性。移动互联网渠道具有高互动性。一方面，客户通过隐私性更强的移动终端与卖方实现更紧密的互动。企业可以与个别客户交流，为其设计个性化的产品和服务，客户也可以通过移动客户端随时分享使用心得、商品评价、促销信息，从而增强客户与客户间、客户与企业间的互动。另一方面，移动终端 app 也可以增加一些有趣味、有吸引力、高互动性的活动、游戏、促销、广告等内容来与客户实现有效交流互动，如摇一摇、微信上墙等活动。

（4）社交化。社交化是移动互联网渠道的基本属性和重要特征。移动互联网渠道成员可以穿梭在各种论坛（天涯论坛）、贴吧、社交网站（QQ 空间等），以及微信、微博等社交平台，根据偏好安装社交、网购、视频、金融、旅游、音乐等各类应用，通过社交圈分享消费经验，发布交易及反馈信息，使虚拟社交圈拓展成为网络营销渠道，并使渠道成员间的社交功能逐步加强。移动互联网渠道店铺成员可以通过微店连接客户粉丝，与客户进行一对一互动、交流感情，培育信任感与顾客忠诚，同时可以一对一推介商品，实施精准营销，使客户获得满意的购物体验并愿意在朋友圈分享。

（5）碎片化时间使用。很多移动终端 app 用户已经养成了在每天上班途中、中午休息时、出差时及晚上睡觉前等碎片化时间拿出手机查看资讯、上网购物或者玩游戏、听音乐的习惯，在休闲中工作，在休闲间消费。同时，移动终端 app 产品一般都具有机器学习能力，移动终端 app 用户可以在不花费太多时间和精力的情况下学会使用，并且乐于尝试使用。

（6）用户黏性。移动终端app具有很强的实用价值，在使用过程中表现出极强的黏性。一旦用户将移动终端app下载到智能手机等移动设备上，并学会了使用，就会经常自觉不自觉地探索和使用，逐渐形成一种生活习惯，"不离不弃"。而且，探索性安装各种移动终端app也可以让用户有效打发碎片化时间并且获得某种探索、创新的乐趣，用户黏性往往会逐渐增强。

3. 移动互联网渠道的优势

移动互联网渠道除了具有一般电子渠道的优势，还具有如下优势。

（1）移动互联网渠道的时空无限性带来的交易便捷性。移动终端app不仅可以满足用户跨越时空的购物需求，还可以满足用户随时随地查找产品信息，查询新产品资料、企业优惠活动、订单运行状态等需求。因其方便快捷广受用户青睐，移动终端app用户往往会迅速扩展。如果能够成为"网红"，其粉丝量可能会呈几何级数增长。

（2）移动互联网渠道的高互动性带来的高推广效率。移动终端用户在有意无意间分享的消费体验信息和推送的交易链接，会有效提高渠道推广的效率。企业可以结合某些移动终端app对目标用户群进行精准营销，对锁定区域内的潜在用户进行精准的产品或促销信息推送，以提高渠道推广效率。如微信内嵌的LBS（location based service）功能，通过摇一摇、查看附近的人等功能，锁定目标人群。QQ、支付宝也曾经通过抢红包、发红包等互动活动集聚了庞大的用户群，并且有效黏住了用户。

（3）移动互联网渠道自发形成的市场壁垒。由于移动互联网渠道的高用户黏性，移动终端app的功能强大，其往往附带特定的信息搜索路径、固定的支付系统和个性化的社交功能，用户改为使用其他移动终端app所需花费的流量成本、时间成本和精力成本较高，因此一般不会轻易转换移动终端app。移动终端app往往提供用户期望的独特产品和服务，有效展示其个性和独特性使其不可替代，与用户建立持久的联系和感情交流，有效提高了转换成本，从而提高用户的忠诚度，形成市场壁垒。比如，如果用户用惯了360杀毒软件，再有人推荐使用其他杀毒软件，顾客就会不乐意和不习惯使用。

4. 移动互联网渠道可能的局限

移动互联网渠道除了具有一般电子渠道的缺点，它还可能有一些特别的局限。

譬如，运营成本相对固定终端互联网渠道较高；相对于固定终端互联网渠道上的浏览器任意固定的普适性，移动互联网渠道上的移动终端app具有特殊性。移动终端app往往具有排他性，需分别使用相应的不同的系统才能有效运行，如现在很多视频网站，其播放器都是相互隔离、互不兼容的。当初苹果智能手机面世的时候，也因要安装其独特的驱动系统而被客户诟病甚至放弃。目前移动终端app操作系统包括Android系统（谷歌公司）、iOS系统（苹果公司）、BlackBerry系统（黑莓公司）、Windows系统（微软公司）、Symbian系统（诺基亚公司）、Bada系统（三星公司）等。而当app要为多个系统研发时成本就相对较高了。况且，移动终端app在使用之前必须下载安装，这样就增加了移动互联网用户的使用成本，包括货币成本、时间成本和精力成本，有的人受技术因素限制或者怕麻烦就不愿意安装和使用了。

专题八

新零售时代的全渠道营销

1. 新零售的概念

新零售作为一个新的概念,在我国首先由产业界提出并进行实践,目前呈现出欣欣向荣、百花齐放的格局。雷军、刘强东等企业家率先倡导互联网思维与新零售营销。譬如,阿里巴巴试图通过供应链的重构、销售全通路的重构、品牌营销与用户连接的重构以及线上线下商业生态的打通和重构来定义并践行"新零售"。根据阿里研究院的研究报告,"新零售"是以消费者体验为中心的数据驱动的泛零售业态。

2. 新零售的本质

随着互联网整体商业生态的发展成熟,共享经济、社群经济、大数据经济等新型商业形态不断涌现,不仅颠覆了以往的商业模式,也造成了传统商业价值链的解体,取而代之的,是一个以消费者体验为中心,拥有全新商业价值、商业逻辑和商业模式的互联网商业时代。在这一背景下,传统实体零售开始主动或被动"触网",借助大数据、云计算等移动互联网新技术,打通线上线下,实现全渠道的无缝对接与融合,从而逐步走向"新零售"。

(1)围绕消费者需求,重构人、货、场。由以生产为导向转变为消费驱动生产,借助千变万化的数字技术创造力,无限接近消费者内心需求。掌握数据就是掌握消费需求。最终实现"以消费者体验为中心"。

(2)基于数字技术,实现价值链重塑。任何零售主体、任何消费者、任何商品都既是物理性的,也是数字化的。新零售基于数字技术,将消费者与商品转化为数据并对大数据进行分析,使企业内部与企业间流通损耗达到无限接近于"零"的理想状态,最终实现价值链重塑。

(3)多元的泛零售形态。借助数字技术,批发零售业、物流业、大文化娱乐业、餐饮业等多元业态均实现了零售形态的延伸,更多零售"物种"即将孵化产生,甚至可能出现"人人零售"。

3. 我国新零售形成与发展的动因

(1)消费升级是新零售产生的牵引力。现今居民购买力日益增强,消费主体个性化需求特征显著,消费主权时代的到来对商品与消费的适配度提出了更高的要求,同时对零售形态升级产生了巨大的牵引力。目前,18~35岁的新生代和中产阶层构成了消费的主体。他们更加注重商品和服务的品质、品牌,以及生活质量。消费的档次逐渐拉开,消费的"羊群效应"逐渐消失。与之相对应,个性化、多样化消费需求兴起并渐成主流。

(2)科技发展是新零售形成的推动力。零售业的发展常常以科技的进步为依托。信息技术的发展改变了零售商和客户之间的交互方式,不管是叫新零售、未来零售还是无界零售，作为划时代的革新，归根到底还是以消费者体验价值作为最主要的标志。在新零售时代，消费者的体验将会融合线上和线下购物的优点，既能体会到线下购物的立体感和真实感，又能感受到线上购物的丰富性和便利性，此外，消费者享受到的服务会更加个性化和智能化。

（3）商业效率提升是新零售发展的内驱力。零售商需要不断提升效率以获得更强的竞争优势。近年来，电商的快速发展打破了传统零售的慢节奏以及渠道中的信息不对称和区域市场分割，在商品选择、价格、服务等方面进行了以用户便利体验为中心的变革和升级，对线下零售产生了巨大的冲击。但线上零售商业经历多年的粗放式跑马圈地、规模扩张后也面临流量红利消退、盈利变现压力加大等困难，电商也需回归理性，与线下零售从对立走向竞合，共同打造可持续发展的未来新零售模式。

4. 全渠道零售

（1）全渠道零售的概念内涵。全渠道零售是指企业为了满足消费者任何时间、任何地点和任何方式的购物、娱乐和社交等方面的体验需求，采用尽可能多的零售渠道类型进行组合和整合销售的行为。这些渠道类型包括线下有形店铺和线上电商平台以及各种信息媒体，包括企业网站、呼叫中心、社交媒体、E-mail、微博、微信、QQ等。

知识延伸

全渠道与全渠道零售

美国贝恩公司的研究员里格比（2011）发表在《哈佛商业评论》上的文章"The Future of Shopping"最早提出全渠道这一概念，文章描绘了未来全渠道购物的蓝图。随后维霍夫等（2015）提出，零售商需要向顾客的每一个购买环节提供无缝的渠道整合策略，保证每个环节都能增加顾客价值。实际上，全渠道是指实体渠道、电子商务渠道与移动终端渠道的全新整合。

国内学者李飞较早研究全渠道零售（omni-channel retailing）问题。李飞（2013）将全渠道零售定义为：企业综合运用尽可能多的零售渠道类型进行有效整合销售的行为，进而满足消费者对于购物、娱乐和社交的综合体验需求。有人认为，全渠道零售就是企业为了满足消费者任何时候、任何地点、任何方式购买的需求，采取实体渠道、电子商务渠道和移动电子商务渠道整合的方式销售商品或服务，给顾客提供无差别的购买体验。可以说，全渠道零售是一种多渠道或跨渠道零售，更关注通过各种销售渠道（即移动网络设备、计算机、电视、书目等）实现与消费者体验的无缝连接。有研究表明，消费者在全渠道购物模式下比在传统模式下消费金额能够增加15%～30%。而且，全渠道购物者更容易通过他们的社交网络、在线活动影响别人，表现出很强的忠诚度。

资料来源：张会新.营销渠道设计与管理[M].西安：西安电子科技大学出版社，2020.引用时有删改。

近年来，随着消费者需求的升级、移动终端的快速发展，加之2020年初暴发的全球性新冠疫情的催化，有形实体商店的地位逐步弱化，使得我国商业零售领域逐渐步入

"鼠标＋水泥＋移动终端"的全渠道新零售时代。全渠道不仅仅是线上、线下和移动终端的简单加成，而是不同渠道、不同购买情境下，信息搜寻、商品比较、客户服务、订单交易、费用支付、物流配送、社交分享等不同环节的无缝对接，为客户提供无差别、趋近完美的购物体验，因此，全渠道零售也被称为"无缝零售"，它体现出以消费者为中心和重视顾客购物体验的特点，同时也融合了O2O的特征。

案例8-10

小米正走向全渠道营销

小米的成功，独特的电商模式功不可没。在互联网到移动终端发展过程中，很多企业得以快速发展，原因在于抓住了网络时代发展的流量红利，找到了自己营销的价值洼地，聚合资源，迅速做大销售规模。按照雷军的思路，小米不会放过任何一个网络时代发展的风口。经过十几年的努力和摸索，小米最终形成了线上线下融合的全渠道营销模式。

1. 小米早期的互联网渠道

小米通过互联网电商发展粉丝，建立起了独特的粉丝文化。小米家宴达到粉丝建设的高潮，目前小米家宴成为小米为粉丝量身打造的年度盛宴。小米通过不同模式与用户连接，建设忠诚的小米粉丝群体，其手机的销售量也达到数千万部。

2. 小米电商平台

这包括小米自身的电商平台建设与小米线上第三方代理。在国内，它主要与京东、苏宁合作，在世界其他地区，主要通过lipkart及亚马逊等第三方电商销售。代理商直接购买小米的产品，然后向终端用户分销。小米线上直营则是通过小米商域，主打小米手机、平板等科技数码产品，也涉及周边生活商品。同时，小米在天猫开设旗舰店，进行小米产品的自营。从2017年开始，小米推出小米有品，打造精品生活电商平台，小米有品采用了多品牌合作的模式，里面除了小米和米家的产品，也有第三方独立品牌。

3. 小米线下布局

小米线下布局基本分为这样几种类型。第一，小米之家，自建自营，线下直营。一线、二线城市进驻大型商城，旗舰店的面积为1 000～2 000米^2，一般店为250～300米^2，集形象展示、产品体验咨询和销售功能于一体。第二，小米专卖店，他建自营，布局三线、四线城市，面积为150～200米^2，小米与各地优秀零售商合作，小米直供产品、直接管理运营。第三，小米体验店，他建自营，小米指导，类似代理商模式，在产品库存量单位的选取上因地制宜，对城市中心店和郊区店做出了区隔。第四，小米直供点，店主在线申请即可获得销售资质，直接从小米小规模订货，店主可通过微信、电商平台、抖音等方式推广。

4. 小米社交电商

通过平台赋能模式，2019年，小米有品开始推广社交电商，发展小米渠道的外部合作力量。小米有品是小米的精品购物开放平台，依托小米生态链体系，用小米模式做生活消费品，预计推出超过20 000种商品，是众筹和筛选爆品的平台。小米商城有2 000种商品，出售的是小米自己和生态链上的产品。每个小米之家大约有200种商品。这些共同组成小米自营全渠道的三层结构。小米建立了S2B2C的运营模式，平台为优质商家提供物流、客服、品控等全方位的支撑，小米与400余家行业头部企业达成合作。小米有品还打造了会员制社交电商平台小米有品推手，小米有品推手采用邀请制注册，新用户通过邀请码注册开通成为会员。小米有品推手会员享有自购省钱、推广赚钱的权益。

5. 小米物流

物流是全渠道策略成功实施的保障，小米在物流方面不断建设拓展。2019年，小米宣布与中国邮政建立战略合作，双方在北京小米科技园举行战略合作签约仪式，签署战略合作协议。在快递物流方面，小米集团充分利用邮政优势资源，与中国邮政开展更广泛的业务交流与合作。中国邮政将为小米集团提供仓储、物流及快递配送相关行政办公类文件、物品寄递等服务。国家知识产权局商标局公布信息显示，小米于2019年6月注册了"小米快递"商标，已经通过审核。小米快递可以提供的服务包括：包裹投递、快递服务(信件或商品)、运载工具故障牵引服务、货物船运、旅行陪伴、贵重物品保护运输、司机服务、商品包装、导航、货物贮存等。

资料来源：根据小米公司官方网站资料整理编写，引用时有修改。

（2）全渠道零售的营销策略。在目前信息技术快速发展、移动终端高度普及的技术环境下，在目前消费者需求极其多样化和现代消费者极为重视购物体验的消费情境下，企业特别是消费品企业重视和开展全渠道营销必将是一条实现突围与发展的光明之路。

1）拓宽连接消费者的渠道。在新零售时代，消费者为经营者提供的信息越来越多样化。以往经营者在判定消费者的消费模式时，通常利用较为典型的维度，如年龄、性别、收入及社交网络等，现在可以考虑更多的动态数据做出分析，进行多维度的洞察，从而提供一个更为全面的视角。

2）利用大数据进行经营决策。在大数据时代，传统零售业发生了诸多变革，其中最根本、最重要的变革就是统计思想与统计方法的变革。只有对数据采集、数据整理、数据分析、数据诠释整个流程进行变革，未来，传统零售业才能更好地与市场需求相适应。

3）利用社交网络助力精准传播。移动终端时代，无论是消费还是购物都呈现出碎片化、情绪化、场景化的特点和趋势，消费者零散分布，企业借助传统的"大传播"方式往往达不到理想的传播效果。面对消费者碎片化的特点，分散化、精准化的社交媒体平台为企业提供了有效的应对方法。

4）实现线上线下渠道的无缝对接。电子商务、移动终端的快速崛起并不意味着电商与实体零售机构的对立，未来，电商不会取代实体零售机构，它们之间是一种相互依赖的关系，线上电商、移动终端与线下实体零售机构相结合的新零售模式越来越得到消费者和企业的认可。平板电脑、智能手机、可穿戴智能设备等智能移动终端的普及，使得商家与消费者能够真正实现无缝对接，从而为全渠道零售模式的发展打下了坚实的基础。现代零售企业只有不断拓展创新，利用现代新技术、顺应当代新消费，在线上与线下的购物场景中为消费者提供更为优质的服务体验，才能有效应对不断变化的市场环境与日趋激烈的企业间竞争。

测试题

第8章
测试题参考答案

一、名词解释

1. 渠道促销
2. 客情关系
3. 渠道创新
4. 电子营销渠道
5. 全渠道零售

二、选择题

1. 根据经济学的_____，20%的渠道产品会给公司带来80%的利润，所以，渠道产品结构需要进行优化组合。
   A．二八原则理论　　　　　　　　B．长尾理论
   C．资源禀赋理论　　　　　　　　D．边际利润理论
2. 为了维护企业渠道成员之间的利益平衡和关系平衡，企业在开展渠道促销过程中不仅要考虑促销的力度和频度，还应考虑_____。
   A．区域联动因素　　　　　　　　B．人际关系因素
   C．管理层级因素　　　　　　　　D．边际成本因素
3. 渠道客情关系是指企业和自己的供应商、分销商、服务商以及消费者之间因为业务往来而形成的交互关系，它既包括_____，也包括情感关系。
   A．业务关系　　B．价格关系　　C．品牌关系　　D．服务关系
4. 就目前情况来看，以计算机（互联网）为依托的电子营销渠道出现了两种新的发展趋势：移动的电子营销渠道和_____的电子营销渠道。
   A．社交网络　　B．大数据　　C．现代物流　　D．云服务
5. _____是指企业为了满足消费者任何时间、任何地点和任何方式的购物、娱乐和社交等方面的体验需求，采用尽可能多的零售渠道类型进行组合和整合销售的行为。
   A．全渠道零售　　B．全品项分销　　C．电子商务　　D．网络营销

三、简答题

1. 怎样正确理解客情关系的内涵？

2. 渠道调整完善有哪些主要方向？
3. 渠道改进有哪些主要策略？

四、论述题

1. 谈谈你对营销渠道调整与创新的认识。
2. 分析电子营销渠道可能存在的问题与局限。

训练设计

1. 邀请一家企业的销售经理或营销总监，就渠道维护或客户关系管理等主题，给学生做一个专题讲座，谈谈其渠道维护的经验与认识。会后在课堂上就这个专题展开讨论，看看哪些经验值得借鉴，哪些属于特殊的情况需要灵活处理。
2. 寻找、选择几个渠道创新的典型案例，在课堂上展开讨论，启发学生的渠道创新思维，并结合我国消费者需求和市场竞争状况，讨论未来十年我国消费品渠道可能的发展趋势。

综合案例

公牛：精细化渠道运作与维护

公牛集团（简称公牛）是我国知名的家电配件企业，年销售额超 100 亿元。除了坚持产品品质，主打产品与安全差异化竞争外，公牛的渠道运作模式是公牛崛起的主要法宝。公牛成立之后，从插座市场的用户痛点入手，解决插座的质量和安全问题，经过消费者的口口相传，很快在市场上打开了局面，公牛品牌已经深入人心。为了有效提高销售额，公牛采取了与众不同的方式，引进了快速消费品的销售渠道管理方法，启用了精细化渠道运作与维护模式。

公牛精耕细作的渠道运作模式主要有以下几个方面。

1. 提高网点覆盖率，查漏补缺，消灭市场空白

公牛通过取消省代制，不断扩大一级经销网络，同时强化一级网络的配送能力，要求不断开拓终端网络，提升市场网点覆盖率。

（1）取消省代制，缩小经销区域。在经销商区域划分上，以地级市为单位，一市一商，后期甚至一市多商，且对于百强县也明确规定以地级市规格同等对待，设立经销商。对经销商的经营区域和经营产品做出明确的划分，并且在打击窜货上严格执行，一经查出，以同等规格市场的半年销量作为处罚。

（2）要求经销商必须配置人员和车辆，提高配送效率。经销商的配送人员和车辆配置作为经销商选择和考核的重要权重因素之一，要求经销商变坐商为行商，挨家挨户送货上门，不断提高配送效率和能力，同时建立自己的分销、批发体系，不断细化、再细化。

（3）广泛布局终端，每个五金店都设销售点，用汽车来配送。在全国 3 000 多个县中，销售网点铺展到60多万个，有三分之二的县已经做到县、镇、村三级渠道全覆盖，到哪里都可以看到、买到公牛的产品。

2. 完善产品线，提高终端店产品占有率

公牛通过不断完善和推广新产品，建立健全产品群，调整产品结构，最大限度地挖掘网点的市场潜力，提高各网点的销量。

公牛每年都会积极推广新产品，建立健全产品群，完善产品线，同时针对主要的五金店和日用杂货店等渠道，开发墙壁开关、节能灯、空气开关进行产品补充，提高单个网点的销量，增加客户黏性。

公牛不断加强网点生动化管理。公牛要求公司和经销商业务人员在走访时要纠正展板、展示品的摆放，不准在公司展板上展示其他厂家的产品，要求走访人员看到展板、展示品不干净时要用抹布擦拭干净。通过种种措施，对网点进行生动化管理。同时，公牛适度开展针对经销商和分销商的促销活动，鼓励经销商向终端客户推广新产品，避免产品单一，相应提高网点销量。

3. 强化终端推广，利用数量优势营造市场声势

公牛通过统一的终端宣传，将终端数量优势转化为品牌推广优势，同时又压制了竞争对手在终端的宣传。由于公牛市场终端众多，通过统一的形象宣传，能够将终端数量优势转化为品牌推广优势。公牛对分布在全国的60多万个市场终端零售店进行品牌宣传推广，如给终端做店招、张贴海报等，将"公牛安全插座"差异化竞争优势传播至全国大街小巷。

公牛利用每年开学以安全教育为主题入校推广，顺带进行品牌宣传。在每年的9月开学季，要求所有经销商对辖区内的重点学校进行入校宣传推广，在开展用电安全教育的同时，进行产品的展示宣传与促销，一是强化品牌效应，二是占领消费者心智。

4. 加强对经销商的培训，提高其经营管理水平

公牛注重对经销商自身的培训和对其员工的培训。公牛每年定期召开经销商会议，加强经销商与集团的沟通和交流，提高经销商思维能力。经销商会议不仅能加强双方沟通，重要的是通过会议向经销商传达总部的各种政策和信息，提高经销商的思维认识。

公牛随货发送公牛内部期刊《公牛报》，传递各地市场信息和方法经验，让各地经销商都可以了解到不同市场的信息以及不同经销商针对不同市场的开拓经验，开阔了经销商的眼界，提高了经销商认识市场的高度。

对经销商员工进行培训。对经销商员工的培训主要体现在两方面。一是由各区域业务员根据各自情况对经销商员工进行培训，一般主要是讲授产品知识，以及市场管理的基础知识等内容，与经销商员工一起开拓市场。二是公司定期组织经销商员工到集团参观学习和参与培训，强化经销商员工对公牛集团、对产品的认同感，提升经销商员工的能力。通过对经销商员工的培训，一方面加强了与经销商的客情关系，另一方面也有利于更好地对终端网络进行管理维护。

总之，公牛就是通过引进快消品精耕细作的渠道运作管理思路，强化经销商的行商

要求，通过缩小经销商经销区域，充分挖掘市场潜力，对各级经销商市场进行培育和支持，提高网点的覆盖率和渗透率，同时，加强网点的产品群建设和生动化管理，利用广告宣传及促销活动等手段来拉动市场，最终达到渠道有效维护和拓展并促进分销商、终端商积极主推的目的，从而有效实现了销售目标，并提高了公牛的市场占有率和品牌影响力。

资料来源：根据公牛集团官方网站资料整理编写，引用时有删改。

问题思考：

1. 公牛集团在营销渠道维护方面都采取了哪些重要的举措？
2. 公牛集团加强对经销商的培训对其渠道管理有什么帮助？

参 考 文 献

[1] 尹元元，朱艳春. 渠道管理 [M]. 2版. 北京：人民邮电出版社，2017.
[2] 陈涛. 营销渠道管理 [M]. 北京：机械工业出版社，2013.
[3] 胡介埙. 分销渠道管理 [M]. 5版. 大连：东北财经大学出版社，2021.
[4] 范小军. 营销渠道管理 [M]. 2版. 北京：中国人民大学出版社，2021.
[5] 周冰. 渠道管理 [M]. 北京：中国人民大学出版社，2021.
[6] 王方. 渠道管理 [M]. 2版. 北京：高等教育出版社，2019.
[7] 张会新. 营销渠道设计与管理 [M]. 西安：西安电子科技大学出版社，2020.
[8] 秦勇，李东进. 营销渠道管理：理论、方法与实践 [M]. 北京：中国发展出版社，2015.
[9] 庄贵军. 营销渠道管理 [M]. 3版. 北京：北京大学出版社，2018.
[10] 王国才. 营销渠道管理 [M]. 北京：对外经济贸易大学出版社，2018.
[11] 郭国庆. 市场营销学通论：数字教材版 [M]. 9版. 北京：中国人民大学出版社，2022.
[12] 赵晓飞. 中国农产品营销渠道联盟问题研究 [M]. 北京：中国社会科学出版社，2015.
[13] 科特勒，凯勒，切尔内夫. 营销管理：第16版 [M]. 陆雄文，蒋青云，赵伟韬，等译. 北京：中信出版集团，2022.
[14] 曼宁，里斯，阿亨. 现代销售学：创造顾客价值：第11版 [M]. 欧阳小珍，童建农，译. 北京：机械工业出版社，2011.
[15] 德怀尔，坦纳. 工业品营销：第4版 [M]. 吴长顺，等译. 北京：清华大学出版社，2011.
[16] 斯特劳斯，弗罗斯特. 网络营销：第5版 [M]. 时启亮，孙相云，刘芯愈，译. 北京：中国人民大学出版社，2010.
[17] 科兰，安德森，斯特恩，等. 营销渠道：第7版 [M]. 蒋青云，王彦雯，顾浩东，等译. 北京：中国人民大学出版社，2008.
[18] 罗森布洛姆. 营销渠道：管理的视野：第8版 [M]. 宋华，等译. 北京：中国人民大学出版社，2014.
[19] 中共中央宣传部. 习近平新时代中国特色社会主义思想学习纲要 [M]. 北京：学习出版社，2019.